Alan Kardec, João Esmeraldo,
João Ricardo Lafraia e Julio Nascif

Gestão de Ativos

Alan Kardec, João Esmeraldo,
João Ricardo Lafraia e Julio Nascif

Gestão de Ativos

Página de créditos

Dedicamos este livro

De Alan Kardec:

À minha esposa Alina Garcia e Sandra (*in memorian*), aos meus filhos Alexandre (*in memorian*), Ana Paula, Leonardo e Janey, e aos meus netos Marco Túlio e Júlio Cesar.

De João Esmeraldo:

À Maria Teodora, minhas filhas Andressa, Elissa e Karime, meus netos Kauan, Banca e Amanda. Ao meu pai Manoel Bezerra (*in memoriam*), à minha mãe Josefa Silvestre e aos meus irmãos Maria Aparecida, José, Carlos e Vera (in memoriam)

De João Ricardo Lafraia:

Dedico este livro aos empregados, diretores e conselheiros da Abraman que me deram todo apoio para participar do Global Fórum de Manutenção e Gestão de Ativos, do qual nossa Associação é fundadora.

De Júlio Nascif:

À minha família

Agradecimentos

Agradecemos aos colegas, abaixo listados, pelas sugestões e cessão de material nas diversas etapas de elaboração deste trabalho:

- Cid Pereira Terra.
- André Faria Nascif Xavier, pelos desenhos e elaboração da capa do livro.
- Colegas do Global Fórum de Manutenção e Gestão de Ativos (GFMAM).
- Direção, Professores, Alunos e Funcionários da Escola de Minas da Universidade Federal de Ouro Preto e da Fundação Gorceix.

Apresentação

O processo de Gestão de Ativos é a mais atual forma de gestão empresarial para ajudar a alavancar os resultados estratégicos buscados por cada organização.

Podemos, didaticamente, enumerar as três etapas de evolução do processo de gestão: a primeira, que vigorou até os anos noventa, privilegiava unicamente a capacitação tecnológica dos ativos e das pessoas; a segunda, iniciada na virada do século, além da capacitação tecnológica, privilegiou a gestão de cada processo da organização. A terceira etapa, cuja caminhada fora iniciada em meados da década passada, incorporou às duas primeiras a visão do todo, ou seja, não basta buscar a excelência de cada processo de forma individual, pois isso nem sempre significa buscar a excelência da organização. O ideal é ter um processo de gestão que envolva todos os processos e todas as pessoas na busca dos resultados estratégicos da organização.

Tendo esta ideia como base, a Abraman – Associação Brasileira de Manutenção e Gestão de Ativos participou, ativamente, em todo o mundo, do Global Forum, formado pelos seguintes países: África do Sul, Austrália e Brasil e representado pela Abraman no Canadá, Estados Unidos, França e Inglaterra, formatando um processo de Gestão de Ativos em consonância com a ISO 55000 e, posteriormente, com a NBR 55000.

Com relação ao Brasil, a Abraman é a única Instituição brasileira credenciada a utilizar o processo do Global Forum e a sua marca em cursos de Gestão de Ativos no Brasil. Para operacionalizar todo o conteúdo programático, constituiu uma Comissão de alto nível que, observadas todas as diretrizes do Global Forum, detalhou as disciplinas que fazem parte de um curso de MBA e, também, de sete cursos de curta duração.

Para viabilizar a implementação destes cursos de capacitação de pessoas, a Abraman firmou parceria com algumas Instituições de Ensino reconhecidas no meio empresarial como sendo de excelência.

Os autores, como integrantes deste processo, estão disponibilizando para os profissionais que têm uma visão de futuro este livro, que engloba vários assuntos pertinentes ao rico processo denominado **Gestão de Ativos.**

Estamos no início desta nova caminhada que proporcionará, sem dúvida, um salto qualitativo na gestão empresarial e, desta maneira, ajudará a alavancar os resultados de cada organização e das pessoas.

Esta nova caminhada pode incluí-lo – DEPENDE SÓ DE VOCÊ!

Os autores

Sumário

Capítulo 1 Evolução da Indústria e da Gestão 1
  1.1 – Evolução da Indústria 2
    1.1.1 – Artesanato 2
    1.1.2 – Manufatura (1620 – 1750) 3
    1.1.3 – Indústria 3
  1.2 – Evolução da Gestão 8
  1.1 – Gestão de Ativos – Conceitos genéricos 14

Capítulo 2 Conceitos Básicos 17
  2.1 – Definições 18
  2.2 – Fundamentos da Gestão de Ativos 24
  2.3 – Valor 25
  2.4 – Garantia 30
    2.4.1 – Risco, Custos e Desempenho 33
    2.4.2 – Exemplo de Análise Quantificada
    de Desempenho, Custos e Riscos 34
  2.5 – Alinhamento 36
    2.5.1 – Alinhamento horizontal – O Ciclo de Vida ... 37
    2.5.2 – Alinhamento Vertical – a área cinzenta coberta pela
    Gestão de Ativos 39
    2.5.2 – A Espiral e morte dos Ativos 41
  2.6 – Liderança 42
  2.7 – As diferenças entre Gestão de Ativos e atividades
  de gerenciamento da cadeia de valor como Projeto,
  Suprimento, Manutenção e Operação 44

2.8 – Informações para a Gestão de Ativos 46
2.9 – Organizações interessadas 48

Capítulo 3 Planejamento Estratégico Organizacional
e Política de Gestão de Ativos 49

3.1 – Estratégia de Gestão de Ativos 50
3.2 – Planejamento Estratégico de Gestão de Ativos 51
3.3 – Plano Estratégico de Gestão de Ativos
(SAMP – *Strategic Asset Management Plan*) 52
3.4 – Objetivo organizacional 52
3.5 – Política de Gestão de Ativos 53
3.6 – Análise de Demanda 54
   3.6.1 – Análise de Capabilidade 55
   3.6.2 – Gestão da Demanda 58
3.7 – Planejamento da Gestão de Ativos 59
   3.7.1 – Plano de Gestão de Ativos
   (AMP – *Asset Management Plan*) 60
3.8 – Documentos estratégicos de um Sistema
de Gestão de Ativos 61

Capítulo 4 Gestão de Projetos de Capital 63

4.1 – Caracterização da Gestão de Projetos de Capital 64
4.2 – Análise do Negócio (FEL 1) 70
   4.2.1 – Identificação da Oportunidade de Negócio 71
   4.2.2 – Projeto Conceitual 71
   4.2.3 – Produtos do FEL 1 72
4.3 – Estudo e Seleção de Alternativas (FEL 2) 73
   4.3.1 – Produtos do FEL 2 73
4.4 – Desenvolvimento do Projeto Básico
e Planejamento da Execução FEL 3. 4.1 74
   4.4.1 – Principais Produtos do FEL 3 75
4.5 – Compras 76
4.6 – Execução 77
   4.6.1 – Gestão da Execução da Obra 78
   4.6.2 – Gestão do Escopo 79

4.6.2.1 – O impacto das Mudanças
de Escopo no Custo do Empreendimento 79
4.6.3 – Gestão da Saúde e Segurança 80
4.6.4 – Gestão de Seguros 80
4.6.5 – Gestão do Meio Ambiente 80
4.6.6 – Gestão das Relações com os *Stakeholders* **81**
4.6.7 – Gestão do Cronograma 81
4.6.8 – Gestão da Engenharia Detalhada 81
4.6.9 – Gestão dos Suprimentos 82
4.6.10 – Gestão da Construção e Montagem 83
4.6.11 – Gestão dos Custos 83
4.6.12 – Gestão da Qualidade 83
4.6.13 – Gestão de Riscos 84
4.6.14 – Gestão da Comunicação 84
4.7 – Comissionamento 85
4.7.1 – Pré-comissionamento 85
4.7.2 – Comissionamento 86
4.8 – *Hand Over* 86
4.10 – Partida (*Start Up*) 87
4.11 – Práticas que Agregam Valor (VIP) 87
4.11.1 – Correlação das Práticas que Agregam
Valor com a Gestão de Projetos de Capital 90
4.12 – A Importância Estratégica da Gestão
de Projetos de Capital 91
4.12.1 – Diferenças entre um Projeto Previsível
e um Projeto Competitivo 92
4.13 – Os Impactos Estratégicos da Gestão
de Projetos de Capital 92
4.13.1 – Além dos Horizontes da Visão
da Gestão Estratégica de Projetos de Capital 93

Capítulo 5 Gestão da Cadeia de Suprimentos 95
5.1 – Introdução 96
5.2 – O conceito de vantagem competitiva 96
5.3 – O conceito de cadeia de valor 96

5.4 – Definição de logística 97
   5.4.1 – Operações logísticas básicas 99
5.5 – A evolução da logística para a cadeia de suprimentos 102
5.6 – Definição de cadeia de suprimentos................................103
5.7 – Gestão da cadeia de suprimentos...................................106
5.8 – Cadeia de suprimentos na indústria
automobilística japonesa..108
   5.8.1 – Funcionamento da gestão da cadeia
   de suprimentos na indústria automobilística 110
   5.8.2 – O funcionamento da rede de fornecedores
   que abastece as linhas de montagem da montadora 112
5.9 – Configurações de cadeias de suprimentos......................113
5.10 – Fatores que dificultam a estratégia
de criação de cadeias de suprimentos.......................................114
5.11 – Os principais processos de negócios-chave
para a gestão da cadeia de suprimentos 115
5.12 – As principais atividades de gestão
de cadeias de suprimentos 119
5.13 – Aspectos relevantes da terceirização (*outsourcing*)........120
5.14 – Parceria empresarial..121
   5.14.1 – Princípios gerenciais para estabelecer
   relações de parceria com fornecedores...............................121
5.15 – Desenvolvimento de fornecedores 123
   5.15.1 – A visão estratégica da atividade
   de desenvolvimento de fornecedor 124
5.16 – O impacto econômico para a empresa da
gestão integrada da cadeia de suprimentos..............................125
5.17 – A importância estratégica da união de esforços
entre a área de suprimentos a operação e a manutenção 129
5.18 – Uma visão além do horizonte da gestão
da cadeia de suprimentos...130

Capítulo 6 Gestão da Operação 133
6.1 – Introdução..134
6.2 – Objetivos da Operação 136
   6.2.1 – Qualificação e Capacitação dos Operadores..............139

6.2.2 – Variáveis Chaves para a Excelência Operacional 140
   6.2.2.1 – Indicadores Chave do Processo 141
   6.2.2.2 – Padrões e Procedimentos Operacionais 145
   6.2.2.3 – Instrumentação adequada e calibrada 147
   6.2.2.4 – Qualidade da Matéria-Prima 149
   6.2.2.5 – Confiabilidade dos ativos 150
6.3 – Considerações sobre a Gestão da Operação 151

Capítulo 7 Gestão da Manutenção 157
   7.1 – Introdução 158
   7.2 – Conceitos de Excelência 160
   7.3 – Caminho para a Excelência na Manutenção 163
      7.3.1 – BASE (CONSOLIDAÇÃO) 165
      7.3.2 – PCM / EXECUÇÃO 166
      7.3.3 – MAUTENÇÃO PROATIVA. 170
      7.3.5 – Melhoria na Gestão 176
      7.3.6 – Engenharia de Manutenção 185
      7.3.7 – Gestão de Ativos 193

Capítulo 8 Gestão de Ativos – Normas e Especificações 197
   8.1 – PAS-55 (*Public Available Specification*
      – Especificação Disponível Publicamente) 198
   8.2 – NBR ISO-55.000: A Norma Internacional
      da Gestão de Ativos 204
   8.3 – ISO 55.000 E PAS-55: Semelhanças e Diferenças 205
   8.4 – Descrição breve do Sistema de Gestão
      de ativos segundo a NBR ISO 55.001 206

Capítulo 9 Gestão de Contratos – Terceirização 219
   9.1 – Introdução 220
      9.1.1 – Objetivo deste Capítulo 222
   9.2 – Competitividade / Sustentabilidade da Empresa 223
   9.3 – Classificação das Atividades 224
      9.3.1 Atividade – Fim 224
      9.3.2 – Atividades-Meio 226

9.3.3 – Atividades-Acessórias..................................227
9.4 – A Correta Terceirização....................................227
    9.4.1 – Terceirização e Empreiteirização..................228
    9.4.2 – Idoneidade Técnica, Administrativa e Financeira. 230
9.5 – Modalidades Básicas de Terceirização..................231
    9.5.1 – Contrato tipo Mão de Obra........................231
    9.5.2 – Contrato de Serviço..............................233
    9.5.3 – Contrato de Resultados / Performance.............234
        9.5.3.1 – Menores Faturamento e Custo × Maior Lucro......236
9.6 – Vantagens da Terceirização 241
9.7 – Desvantagens da Terceirização 241
9.8 – Condições Básicas para Terceirizar......................242
9.9 – Aspectos Legais 242
    9.9.1 – Súmulas do TST..................................243
    9.9.2 – Atividade-Fim x Atividade-Meio:.................243
    9.9.3 – Pessoalidade e Supervisão Direta:...............244
    9.9.4 – Precarização das condições
    de trabalho dos contratados:..............................245
    9.9.5 – Recomendações para Reduzir
    o Risco da Ilegalidade 246
9.10 – A Questão da Segurança..................................248
    9.10.1 – Recomendações para a Contratante
    Relativas à Segurança...................................248
    9.10.2 – Sinais Visíveis de Segurança 249
9.11 – A terceirização de Atividades de Manutenção 250
    9.11.1 – A Terceirização *versus* Primeirização
    na Manutenção 251
    9.12 – Exemplos de contratos por
    Resultados / Performance................................253
    9.12.1 – Manutenção de uma ETE – Estação
    de Tratamento de Efluentes..............................253
    9.12.2 – Montagem Industrial 253
    9.12.3 – Parada de Manutenção..........................255
9.13 – Considerações Finais.....................................255

Capítulo 10 Análise do Custo do Ciclo de Vida..........................257
   10.1 – Introdução..258
   10.2 – Termos e Definições do Ciclo de Vida de Ativos..............262
   10.3 – Quando fazer Análise de Custos do Ciclo de Vida..........264
   10.4 – Análises de Custos do Ciclo de Vida................................265
      10.4.1 – Fundamentos da Análise
      de Custos do Ciclo de Vida...265
      10.4.2 – Processo de Análise do Custo do Ciclo de Vida..........270

Capítulo 11 Planejamento e Execução de Paradas....................289
   11.1 – Introdução..290
   11.2 – Tipos de Parada de Manutenção....................................290
   11.3 – Principais serviços realizados
   nas Paradas de Manutenção...294
   11.4 – Diretrizes Gerais..296
      11.4.1 – Minimizações de Serviços..297
      11.4.2 – Previsibilidade...297
      11.4.3 – Plano de Contratação...298
      11.4.4 – Inclusão de Serviços..299
      11.4.5 – Compromisso com os Resultados...............................299
      11.4.6 – Sistemática de Liberação de Serviços.........................300
      11.4.7 – Regime de Trabalho...301
      11.4.8 – Utilização de Pessoal de outras
      Unidades da Empresa..301
      11.4.9 – Plano de Paradas...301
      11.4.10 – Plano de Contingências..302
   11.5 – Aspectos Organizacionais...302
      11.5.1 – Grupo de Preparativos de Parada (GPP)....................302
         11.5.1.1 – Reuniões do GPP..309
         11.5.1.2 – Subcomissões do GPP.......................................310
         11.5.1.3 – Sistemática e Instrumentos de Planejamento....311
         11.5.1.4 – Acompanhamento do Cronograma....................313
         11.5.1.5 – Relatório de Planejamento...............................313
         11.5.1.6 – Lista de Serviços..314

11.5.1.7 – Prazo para solicitação de Serviços 315
11.5.1.8 – Solicitações de Serviços durante a Parada 315
11.5.1.9 – Contratação de Serviços 315
11.5.1.10 – Suprimento..316
11.5.1.11 – Segurança, Meio Ambiente, Saúde – SMS.........317
11.5.1.12 – Esquema de Liberação
e Recebimento da Unidade 319
11.5.1.13 – Cartilha de Segurança..320
11.5.1.14 – Diálogo Diário de SMS 320
11.5.1.15 – Auditagens e Monitoramento de SMS...............320
11.5.1.16 – Meio Ambiente 321
11.5.1.17 – Transporte e Alimentação na Parada.................321
11.5.1.18 – Relatório Final após o Término da Parada........321
11.6 – Grupo Gestor da Parada (GGP)..322
11.7 – Estabelecimento de Itens de Controle Globais 322

Anexo Gestão de ativos no MetrôRio 326

Bibliografia 335

Índice Remissivo 347

Capítulo 1

Evolução da Indústria e da Gestão

1.1 – Evolução da Indústria

Ao longo da evolução do homem em busca do controle da transformação de matérias primas em produtos acabados ocorreram, segundo escritores e historiadores, quatro fases:

1.1.1 – Artesanato

Foi a primeira forma de produção industrial desenvolvida pelo homem para transformar materiais em produtos. Apesar de isso acontecer desde os primórdios da hiWstória, tornou-se mais consistente no final da Idade Média, com o renascimento comercial e urbano. Consistia na produção independente. O artífice ou produtor detinha o conhecimento, os meios de produção – instalações, ferramentas e matéria-prima e o conseguia em casa, sozinho ou com a ajuda da família. Desta forma, realizava todas as etapas da produção. Não havia divisão de trabalho.

Figura 1.1: Artesanato

1.1.2 – Manufatura (1620 – 1750)

A manufatura foi uma evolução situada entre o artesanato e a era industrial. Foram introduzidas máquinas simples e manuais, além de ter ocorrido a divisão do trabalho e o aumento da produção que objetivava atender, em menos tempo, mais pessoas.

A manufatura predominou nos séculos XV e XVI, período que marcou o fim da Idade Média e início da Idade Moderna, considerado como o estágio inicial do capitalismo. [1.1]

Figura 1.2: Manufatura – divisão do trabalho
e introdução de máquinas simples.

1.1.3 – Indústria

Indústria representa uma atividade econômica oriunda da Primeira Revolução Industrial, entre o fim do século XVIII e início do século XIX, na Inglaterra. Consistiu no desenvolvimento da manufatura com a necessidade de se transformar matéria – prima em produtos comercializáveis. Para isso se utilizava a força humana, máquinas e energia.[1.2]

Considera-se que a Revolução Industrial, por sua vez, surgiu da transição do capitalismo comercial para o capitalismo industrial, durante a segunda metade do século XVIII.

Os historiadores definem três períodos da Revolução Industrial:

Primeira Revolução Industrial (1760 – 1840)

A Inglaterra foi o berço da atividade industrial. Tal pioneirismo ocorrera devido aos seguintes fatores:

- Acúmulo de capital proveniente do mercantilismo e do colonialismo na fase do capitalismo comercial (do século XVI ao XVIII);
- Monarquia parlamentar fortemente colonizadora;
- Reservas consideráveis de carvão e minério de ferro;
- Abundância de matérias-primas em suas colônias espalhadas pelo mundo;
- Concentração de mão de obra nas cidades, função do êxodo rural;
- Capitalismo industrial associado à vocação colonial, proibindo o desenvolvimento industrial nas colônias e garantindo a venda direta dos produtos feitos na Inglaterra.

Nesta fase ocorreu a introdução de máquinas com notável capacidade de produção, mas a grande novidade foi a máquina a vapor criada por Thomas Newcomen, em 1712, e aperfeiçoada por James Watt em 1765. Tal invenção permitiu que a energia pudesse ser utilizada no acionamento das máquinas industriais. Além disso, promovera uma mudança significativa no sistema de transporte, com a criação da locomotiva a vapor (Robert Stephenson 1803), o que aumentou a velocidade de deslocamento das pessoas e das mercadorias. Esse sistema de propulsão a vapor também fora adaptado aos navios em 1787, por Robert Fulton.

Nessa mesma ocasião ocorreu um acelerado desenvolvimento da indústria têxtil e o primeiro tear movido a vapor surgiu em 1787, mais aperfeiçoado do que os teares hidráulicos desenvolvidos por Richard Arkwright (1769) e Samuel Crompton (1779) e o tear mecânico de Edmund Cartwright (1785).

Figura 1.3: Primeira Revolução Industrial

Segunda Revolução Industrial (1860 – 1970)

Considera-se que a Segunda Revolução Industrial teve início em 1860 com o emprego do aço, da energia elétrica e dos produtos químicos. Nessa época foi "descoberto" o petróleo como fonte de energia (1848 Azerbaijão, 1858 Canadá, 1859 EUA).

As principais novidades da Segunda Revolução Industrial foram a transformação do ferro em aço (Processo Bessemer, inventado por Henry Bessemer em 1856), a invenção do dínamo e do primeiro gerador elétrico (Michael Faraday, em 1837), do motor de combustão interna (aperfeiçoado por Gottlieb Daimler, Karl Benz e Rudolf Diesel, entre 1883 e 1892) e do telefone (inventado em 1867 por Alexander Graham Bell).[1.2]

Classifica-se também esse período como a transição do capitalismo industrial para o capitalismo financeiro, quando surgem grandes nomes da gestão industrial (organização e gestão do trabalho e da produção) como Ford, Taylor, Gilberth, e outros.

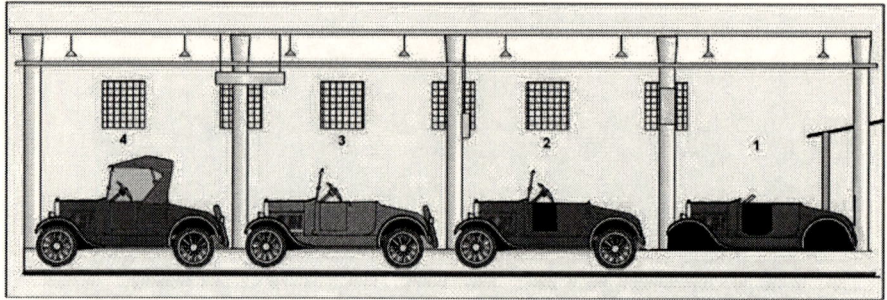

Figura 1.4: Linha de montagem da Ford Motor Co., em 1928.

Terceira Revolução Industrial

Considera-se que a Terceira Revolução Industrial teve início em 1970 e que fora marcada pela introdução da informática nas indústrias. O computador foi inventado em 1946 e a evolução, nesta área, ocorreu de forma muito rápida, como mostra a tabela 1.1.[1.3+1.4]

Ano	Ocorrência
1946	Criação do primeiro computador digital eletrônico (ENIAC)
1946/1956	Computadores de primeira geração. Capacidade de calcular com velocidade de milésimos de segundo e programação em linguagem de máquina.
1957/1964	Computadores de segunda geração. Capacidade de calcular em microssegundos e programação em *assembly*.
1964/1981	Computadores de terceira geração. Componentes miniaturizados montados em um único chip. Capacidade de calcular em nano segundos e programação em linguagem de alto nível, orientada para os procedimentos.
1982/ Até hoje	Computadores de quarta geração. Componentes miniaturizados e aperfeiçoamento dos circuitos integrados. Linguagens de altíssimo nível orientadas para um problema. Melhorias seguidas nos processadores.

Ano	Ocorrência
1971à	Lançamento dos computadores pessoais: 1971 – Kenbak 1; 1975 – Altair8800, 1977 – Apple II; 1980 – IBM PC
1990	Lançamento de softwares de melhor qualidade com capacidade de processar informações de forma mais rápida.
2008	Lançamento do iPhone, smartphone da Apple com tela sensível ao toque e características de um computador de mão.
2010	Lançamento do iPad, tablete da Apple para uso pessoal, com tela de maior tamanho do que os celulares.

Tabela 1.1: Evolução do hardware na informática.

A informática, aliada a outras inovações tecnológicas, transformou radicalmente a economia industrial. Além do computador pessoal com capacidade de processamento, memória e armazenamento de dados sempre crescente, novas formas de energia foram desenvolvidas e ocorreram diversas mudanças na organização do trabalho. As indústrias tiveram grande avanço na automação, o que propiciou uma melhoria das condições de trabalho, controle de processos e garantia da qualidade. Diversas ferramentas gerenciais foram disponibilizadas melhorando o controle, a organização e a produtividade.

A globalização, fenômeno capitalista auxiliado pela facilidade de comunicação e transporte, criou um ambiente de alta competitividade entre as empresas, que deixaram de ser regionais e passaram a ser transnacionais. Ocorreu uma reorganização do espaço industrial no mundo. Com isso, muitas empresas diversificaram a sua atuação e alteraram os seus endereços, atuando em locais onde fatores como redução de custo, incentivos fiscais e aumento do lucro eram possíveis.

A substituição da mão de obra (pessoas) por robôs, iniciada em locais perigosos e insalubres, vem crescendo e ocupando cada vez mais espaço nas indústrias.

8 *Gestão de Ativos*

Figura 1.5: Utilização de robôs em serviços de soldagem.
(Cortesia da Comau Service)

1.2 – Evolução da Gestão

Os livros de administração consideram que duas instituições foram fundamentais para a evolução da gestão: A Igreja Católica e as Organizações Militares. A Igreja Católica Romana ainda é considerada como uma das organizações formais mais eficientes da civilização ocidental.[1.5]

Foi a Revolução Industrial que promoveu, de fato, a necessidade de se ter, paralelamente ao desenvolvimento tecnológico que ocorria, um sistema organizacional que substituísse os aspectos empíricos e improvisados, naturais de uma mudança nascente.

Entretanto, os trabalhos mais significativos para a organização do trabalho e gestão das empresas só começou a ocorrer no Século XX.

Capítulo 1 Evolução da Indústria e da Gestão   9

Nos EUA, dois engenheiros se destacaram:

◆ Frederick W. Taylor inovou com o método conhecido como *taylorismo* ou organização científica do trabalho que usou, pela primeira vez, os conceitos de seleção e treinamento de empregados procurando obter, a partir destes, a maior produtividade possível.

"Elaborou os primeiros estudos:[1.8]

◆ Em relação ao desenvolvimento de pessoal e seus resultados, acreditava que, oferecendo instruções sistemáticas e adequadas aos trabalhadores, ou seja, treinando-os, haveria possibilidade de fazê-los produzir mais e com melhor qualidade;

◆ Em relação ao planejamento dos processos, achava que todo e qualquer trabalho necessita, preliminarmente, de um estudo para que seja determinada uma metodologia própria visando sempre o seu máximo desenvolvimento;

◆ Em relação à produtividade e à participação dos recursos humanos, estabelecera a coparticipação entre o capital e o trabalho, cujo resultado refletiria em menores custos, salários mais elevados e, principalmente, em aumentos de níveis de produtividade;

◆ Em relação ao autocontrole das atividades desenvolvidas e às normas procedimentais, introduziu o controle com o objetivo de que o trabalho fosse executado de acordo com uma sequência e um tempo pré-programados, de modo que não houvesse desperdício operacional;

◆ Inseriu, também, a supervisão funcional, estabelecendo que todas as fases de um trabalho deveriam ser acompanhadas de modo a verificar se as operações estavam sendo desenvolvidas em conformidade com as instruções programadas. Finalmente, apontou que essas instruções programadas deveriam, sistematicamente, ser transmitidas a todos os empregados;

◆ Incluiu um sistema de pagamento por quantidade (ou por peça) produzida. Isso fazia com que os rendimentos dos funcionários aumentassem de acordo com o seu esforço.

Desse modo, Taylor conseguiu maximizar significativamente a eficiência da organização."

♦ Henry Ford, fundador da Ford Motor Company, aperfeiçoou as ideias de Taylor e desenvolveu a linha de montagem para a produção em série. Além disso melhorou sensivelmente a remuneração dos trabalhadores sendo considerado, por isso, o pioneiro do *"capitalismo do bem estar"*.[1.9]

A Tabela 1.2 mostra uma correspondência entre a evolução da capacidade do homem na transformação dos materiais, invenções de métodos e processos e a evolução dos processos de gestão ou de administração das empresas.

Verifica-se que os processos de gestão sistematizados tiveram início no início do século XX, mais precisamente entre 1905 e 1913, com Max Weber, Taylor, Ford e Fayol.

No século XX, um nome de destaque na administração é Peter Drucker (1909-2005), considerado o "pai" da administração da era moderna. A "Administração por Objetivos" (APO) ou GPO – Gerência por Objetivos, como ficou conhecida no Brasil, foi introduzida popularmente por Peter Drucker em 1954 através do livro *The Practice of Management*.

A APO preconiza:

♦ Estabelecimento conjunto de objetivos entre o executivo e seu superior;
♦ Estabelecimento conjunto de objetivos para cada departamento ou posição;
♦ Interligação dos objetivos departamentais;
♦ Elaboração de planos táticos e operacionais, com ênfase na mensuração e no controle;
♦ Contínua avaliação, revisão e reciclagem dos planos;
♦ Participação atuante de chefia.
♦ Apoio intenso do staff durante os primeiros períodos;
♦ Motivação dos trabalhadores.

Tabela 1.2: Evolução da tecnologia e de gestão da humanidade.

A Gerência por Objetivos, implantada em diversas empresas no Brasil no início da década de 80, permitiu o aprimoramento da visão de trabalho integrado em todas as áreas da empresa e lançou os primórdios da elaboração de planos de ação e indicadores. Mesmo que seus resultados não tenham sido os esperados, facilitou a implementação, em meados dos anos 80, do Sistema da Qualidade (TQM – *Total Quality Management*) e a adoção da Gerência pelas Diretrizes.

No final dos anos 80 e início dos anos 90 houve um esforço relevante das empresas nacionais, principalmente daquelas de grande porte, na implementação e sistematização do Planejamento Estratégico baseado nas Diretrizes, com planos de ação desdobrados nos diversos segmentos da organização.

Pode-se afirmar que, no Brasil, esse foi o movimento que ensejou uma sensível melhoria nos métodos de gestão e resultados das empresas, pois associava as necessidades de garantir a Qualidade dos Produtos e Serviços para vencer as barreiras mercadológicas à formatação de um processo de gestão que fosse estruturado, baseado em planos de ação, metas e indicadores focados nos processos-chave das organizações.

A busca pela certificação ISO 9000, implementação da ISO 14000 e OHSAS 18000 fazem parte do processo de fortalecimento das empresas, seja para o atendimento no mercado nacional ou para que estejam aptas ao mercado internacional.

O *Benchmarking*, processo que foi desenvolvido em 1979 na *Xerox*, tem como base dois pilares: a comparação de indicadores chaves do processo e a adoção de melhores práticas. Diversas empresas, dentre elas a *DuPont*, obtiveram significativos resultados devido à aplicação dessa ferramenta.

No entanto, o processo de *benchmarking* ainda não fora implementado nas empresas nacionais, com raras exceções. Apesar de a sistemática ser conhecida, não existem bancos de dados, empresas ou instituições que coordenem estudos de *benchmarking* no país. Assim, organizações como a Petrobras, que participa de estudos sobre o assunto desde 1992, utiliza-se de uma instituição do exterior, a *Solomon Associates*, que praticamente monopoliza a coordenação dessa prática no setor de óleo e gás para todo o mundo.

O *Balance ScoreCard* foi implementado por algumas organizações paralelamente à Gerência pelas Diretrizes, ambos com diversos pontos em comum.

A Gestão de Ativos, que originalmente tinha foco na vertente financeira, passou a ser considerada uma atividade que, aplicada às diversas áreas da empresa, promovia uma formatação adequada à gestão dos ativos físicos, proporcionando um maior retorno para os acionistas. O indicador utilizado é o Retorno sobre os ativos, ou ROA (*Return on Assets*).

A tabela 1.3 mostra a evolução da Gestão de Ativos até o lançamento das Normas NBR ISO 55000.

Ano	Entidade	Fato
2000	NPMA-National Property Management Association ASTM International	Comitê E53 "Asset/Property Management Standards" Desenvolvimento, manutenção e disseminação de práticas, padrão e padrões de desempenho para sistemas de gestão de ativos e gestão do ciclo de vida dos ativos de propriedade pessoal.
2004	IAM – Institute of Asset Management	Desenvolve a PAS 55, publicada pela British Standards
2008	British Standards Institution (BSI)	Publicação da PAS 55 versão 2.
2009	BSI – ISO (International Organization for Standardization)	Definem a PAS 55 como base para a Norma Internacional de Gestão de Ativos.
2009	ASTM	ASTM E53 decide juntar-se ao desenvolvimento do padrão Internacional de Gestão de Ativos
2010 A 2013	ISO	Desenvolvimento do Padrão Internacional de Gestão de Ativos, ISO 55000
2014	ISO / ABNT	Lançamento das Normas ISO 55000 e NBR ISO 55000

Tabela 1.3: Evolução da Gestão de Ativos [1.11]

1.1 – Gestão de Ativos – Conceitos genéricos

Conforme a NBR ISO 55000, Gestão de Ativos é o conjunto de atividades coordenadas que uma organização usa para realizar o valor dos ativos na entrega dos seus objetivos ou resultados. Isso requer um equilíbrio de custos, riscos e benefícios, muitas vezes ao longo de diferentes escalas de tempo.

Ainda conforme a NBR ISO 55000:

- Ativos existem para fornecer o valor para a organização e suas partes interessadas;
- A Gestão de ativos transforma a intenção estratégica em tarefas, decisões, atividades técnicas e financeiras;
- A Gestão de Ativos fornece garantia de que os ativos irão cumprir / desempenhar a sua função.

Ativo é um termo muito utilizado na área financeira e, atualmente, é usado para representar:

- Terrenos;
- Construções e Edifícios;
- Infraestrutura;
- Plantas industriais, equipamentos e sistemas;
- Estoques;
- Patrimônio cultural, marcas e patentes;
- Softwares.

Desta forma, pode-se afirmar que:

> **GESTÃO DE ATIVOS**
> É o conjunto de atividades que uma Organização utiliza para conseguir que os seus ativos entreguem (alcancem) os resultados e objetivos de forma sustentável.

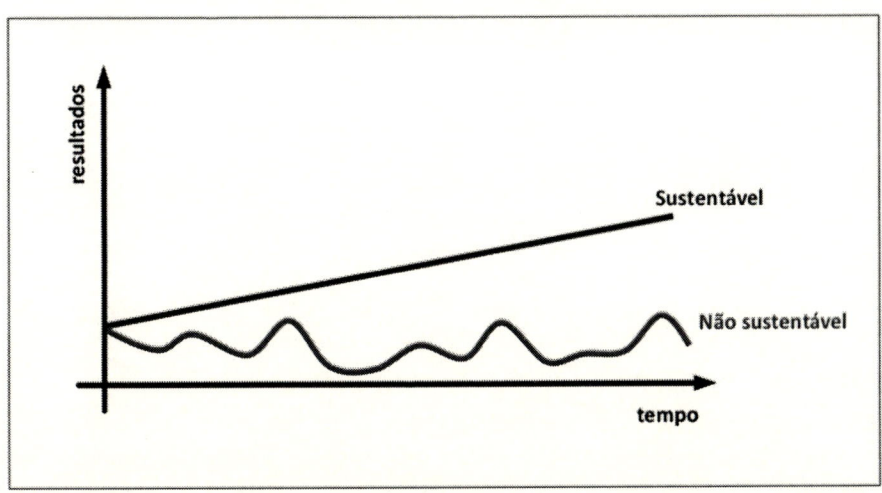

Figura 1.6: Resultados obtidos de forma sustentável e não sustentável.

Os próximos capítulos mostrarão, em detalhes, os principais aspectos que devem ser levados em consideração para a implementação da Gestão de Ativos.

Capítulo 2

Conceitos Básicos

2.1 – Definições

Gestão de Ativos corresponde a um novo paradigma oriundo do início de século 21. Entretanto, para que este novo paradigma seja transformado em cultura organizacional, as lideranças, em todos os níveis organizacionais, precisam entender os conceitos, princípios e fundamentos que regem esta nova forma de pensar e agir em gestão.

Vamos começar pela definição do que é um ativo. Ativo (A) é um item, algo ou entidade que tenha valor real ou potencial para uma organização. A definição de valor pode variar entre diferentes tipos de organização e seus públicos de interesse, e pode ser tangível ou intangível, financeiro ou não financeiro. Para muitas organizações, ativos físicos comumente referem-se a equipamentos, inventários, propriedades de posse da organização. Ativos físicos são opostos de ativos intangíveis, os quais são não físicos como aluguéis, marcas, ativos digitais, propriedades intelectuais, licenças de uso, reputação e acordos [2.1].

Já Gestão de Ativos (GA) é a atividade coordenada de uma organização para obter valor dos ativos. Produzir valor normalmente envolve equilibrar os benefícios de custos, riscos, oportunidades e desempenhos. O termo atividade é abrangente e pode incluir, por exemplo, a abordagem, o planejamento, os planos e suas implantações. Atividade também se refere à aplicação dos elementos de um sistema de gestão de ativos[2.1].

> **Gestão de Ativos não é o mesmo que Gerenciar Ativos!**
> **A Gestão de Ativos foca no que os ativos podem fazer pela organização.**
> **Gerenciar Ativos foca naquilo que as Organizações fazem nos Ativos.**

Segundo definição oriunda da cibernética, sistema é um conjunto complexo e organizado de procedimentos e equipamentos, geralmente baseado em processos, capaz de manipular e transformar dados segundo um plano determinado, produzindo resultados a partir da informação representada por estes dados.

São componentes de um sistema: entradas, processo de transformação, saídas, resultados, método para avaliação, retroalimentação e os limites do sistema. A figura 2.1 representa um sistema de gestão básico.

Um sistema normalmente pode ser composto por subsistemas. Estes subsistemas são elementos de todo o sistema, coordenados entre si, e que funcionam como estrutura organizada.

Um sistema de gestão é um conjunto de elementos inter-relacionados ou que interagem em uma organização para estabelecer políticas, objetivos e processos de forma a atingir aqueles objetivos[2.1]. Um sistema de gestão pode abordar uma única disciplina ou várias disciplinas. Os elementos do sistema incluem a estrutura da organização, os papéis e as responsabilidades, planejamento, operação etc.

Processo é um conjunto de atividades inter-relacionadas ou interativas que transformam entradas em saídas[2.1]. Essa *transformação* deve *agregar valor* à percepção dos clientes do processo e exige um conjunto de recursos. Estes, por sua vez, podem incluir pessoal, finanças, instalações, equipamentos, métodos e técnicas, em uma sequência de etapas ou ações sistemáticas. O processo poderá exigir que a sequência de atividades e etapas seja documentada por meio de especificações, procedimentos e instruções de trabalho, bem como a forma como as etapas de medição e controle sejam adequadamente definidas.

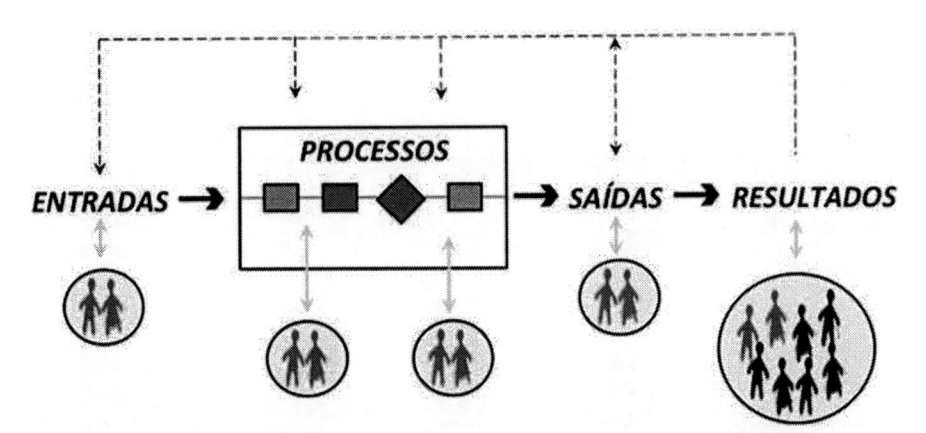

Figura 2.1: Representação de um Sistema de Gestão Básico.[2.14]

Na figura 2.2, as entradas são traduzidas nos requisitos (necessidades ou expectativas, implícitas ou obrigatórias) das partes interessadas e nos objetivos necessários para atingi-los.

Os processos variam de acordo com os negócios das organizações e podem ser compostos de várias atividades como projetar, comprar, construir, operar, manter, vender, entregar, descartar etc.

As saídas são os produtos, que podem incluir serviços, materiais e equipamentos, informações ou uma combinação destes elementos; um produto pode ser tangível (como, por exemplo, equipamentos ou materiais) ou intangível (por exemplo, conhecimento ou conceitos), ou uma combinação dos dois; um produto pode ser intencional (por exemplo, oferta aos clientes), ou não-intencional (um poluente ou efeitos indesejáveis).

Os resultados vão se transformar em desempenho, que pode relacionar-se tanto com os resultados quantitativos como qualitativos. Desempenho também pode estar relacionado à gestão de atividades, processos, produtos (incluindo serviços) ou sistemas. Para efeito da Gestão de Ativos, o desempenho pode relacionar-se aos ativos na sua capacidade de cumprir os requisitos ou objetivos[2.1].

Os resultados podem também ser expressos nas dimensões produtividade, qualidade, custo, prazos de entrega, segurança, moral, meio ambiente, energia ou podem se relacionar às diversas partes interessadas como acionistas, cliente, fornecedores, empregados, sociedade, etc.

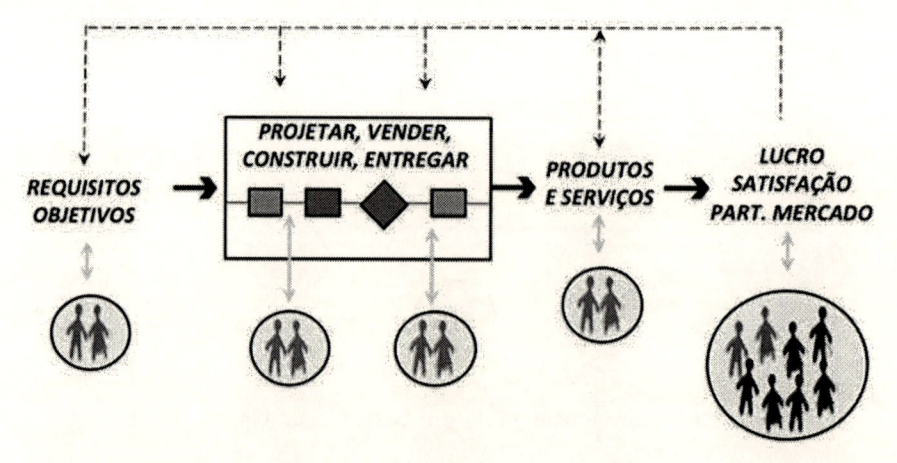

Figura 2.2: Sistema de gestão com a terminologia correspondente[2.14]

A figura 2.3 mostra, de forma mais detalhada, um modelo de processo envolvendo os estágios de planejamento, engenharia, suporte, operação, manutenção e melhoria contínua. Na atividade de planejamento temos a importante tarefa de análise da Demanda e Capabilidade, que será discutida no Capítulo 3. A atividade de Engenharia evolve as etapas de exploração e validação conceitual, especificação, projeto e análise de apoios, que serão discutidos no capítulo 4. A atividade de Suporte desenvolve a análise do suporte integrado, envolvendo discussões sobre logística, contratação, suprimento, apoios para criação e descarte de ativos, que serão discutidos nos capítulos 5 e 9. As atividades de Operação e Manutenção (de rotina e parada) serão discutidas nos capítulos 7, 8 e 11. A atividade de Melhora Contínua envolve a confiabilidade e a análise de risco, que podem ser distribuídas nas atividades anteriormente descritas ou se concentrarem em uma única atividade dentro das organizações. É importante ressaltar que este é um modelo genérico e cada organização distribuirá estas atividades em diferentes departamentos e funções, dependendo da estrutura organizacional. O *AMCouncil*, da Austrália, denomina este processo como Modelo de Entrega da Capabilidade pelo fato de o mesmo propiciar o desenvolvimento das funções dos ativos, conforme discutiremos no item 2.3.

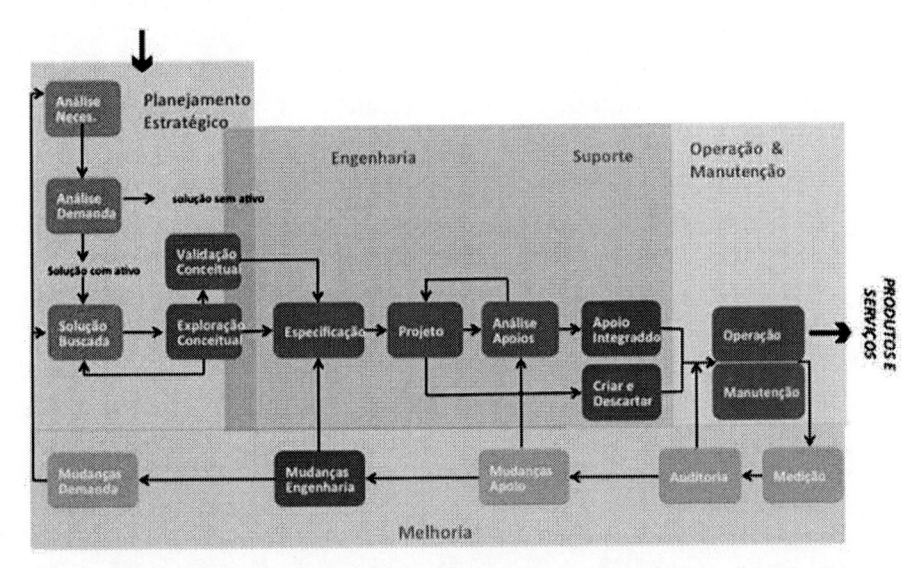

Figura 2.3: Processo com as atividades e estágios do ciclo de vida dos ativos para entrega de capabilidade segundo modelo do *AMCouncil*, Austrália. [2.2]

Finalmente, um Sistema de Gestão de Ativos (SGA) é um conjunto de elementos inter-relacionados e interativos de uma organização, estabelecendo políticas e objetivos e o processo necessário para que estes sejam alcançados[2.1].

Portanto, um Sistema de Gestão de Ativos é um Sistema de Gestão aplicado à Gestão de Ativos. Neste contexto, os elementos do sistema podem ser definidos com um conjunto de ferramentas, o que inclui: políticas, planos, operações, desenvolvimento de competências e sistemas de informações, que são integrados para apoiar a Gestão de Ativos.[2.1]

É importante lembrar que um SGA não fará Gestão de Ativos pela organização, pois o SGA foca no que é necessário ("o que"), mas não no "como". O "como" está no conteúdo das disciplinas que compõem a Gestão de Ativos. Como em qualquer sistema, a qualidade das saídas e dos resultados dependerá da qualidade das entradas e dos processos, promovendo as transformações.

Nos parágrafos a seguir damos alguns exemplos de atividades realizadas diretamente aos ativos durante o seu ciclo de vida, caracterizando a Gestão de Ativos, Na figura 2.4 vemos o relacionamento destas atividades com a gestão de ativos:

- Ligar as decisões sobre os ativos aos objetivos estratégicos dos negócios, o que significa não gerir a manutenção apenas como centro de custos, mas a manutenção como centro de resultados para a confiabilidade e para a sustentabilidade dos resultados em longo prazo da organização;
- Considerar o sistema e não somente suas partes;
- A visão tradicional da manutenção levava em conta apenas os custos de manutenção e a gestão de ativos vai levar em conta a perspectiva de todo o ciclo de vida do ativo, conhecido em inglês como a *Life Cicle Cost* (LCC) – o custo do ciclo de vida[2.9];
- Deixar os ativos no estado que gostaríamos de tê-los sempre. No caso de uma concessão de rodovia, significa que assim que a concessão acabar teremos certeza de que a rodovia voltará para o dono como se fosse nova, em função da adequada gestão de ativos;

Capítulo 2 Conceitos Básicos 23

- ♦ Considerar e gerenciar as incertezas. As decisões, na filosofia de gestão de ativos, devem ser sempre informadas, baseadas em dados envolvendo os riscos qualitativos;
- ♦ Levar aos *stakeholders* (partes interessadas) as alternativas de decisões que possam ser entendidas por cada um destes atores. Aqueles geralmente são representados pelos clientes, fornecedores, acionistas, trabalhadores e pela sociedade em que a organização e os ativos estão envolvidos.

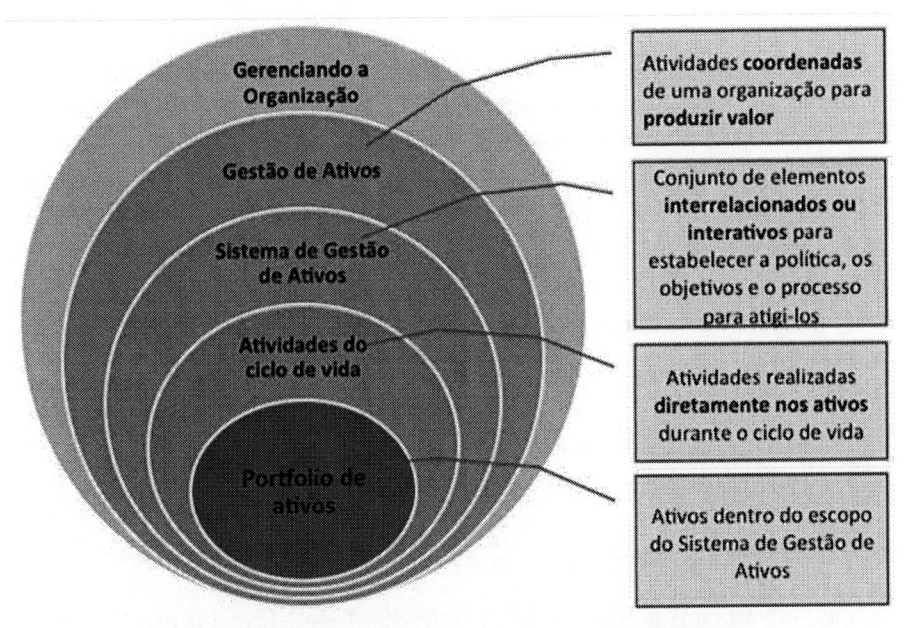

Figura 2.4: Diagrama modificado da NBR ISO 55.000 mostrando o relacionamento entre as definições. [2.1]

Os atributos e os princípios-chave para a Gestão de Ativos são[2.1, 2.10]:

- ♦ Sistemática – usa um método padronizado, permitindo decisões e ações consistentes, repetíveis e auditáveis;
- ♦ Sistêmica – considera os ativos e a Gestão de Ativos dentro do contexto completo do negócio e da organização;

- Baseada em risco. As decisões têm que levar sempre em conta os riscos físicos e intangíveis, como o risco financeiro, os riscos de perda de negócio pela não adequação da capabilidade, os riscos ao meio ambiente. Este é um diferencial. Não existe Gestão de Ativos quando não existe gestão de riscos integrada com as operações, com a manutenção e com as decisões de investimento de capital;
- Otimizada. Na Gestão de Ativos, não se procura o mínimo custo, mas o melhor custo para o negócio, como um todo, ao longo do ciclo de vida total;
- Sustentável. Leva em conta o tripé básico da sustentabilidade: economicidade, preservação do meio ambiente e dos bons relacionamentos com a sociedade;
- Holística. Significa considerar a visão do todo, combinando o gerenciamento de todos os aspectos relevantes ao invés da abordagem compartimentada e de feudos;
- Equilibrada: estabelece um equilíbrio demonstrável de custos, riscos e desempenho.

Gestão de Ativos envolve, portanto, um novo paradigma e sinaliza a mudança de como os ativos, conduzidos tradicionalmente dentro das indústrias e organizações, transitarão para uma gestão mais abrangente, que contempla todo o ciclo de vida do negócio.

2.2 – Fundamentos da Gestão de Ativos

De acordo com a NBR ISO 55.000, 2014, os fundamentos sobre os quais a Gestão de Ativos se baseia são[2.1]:

- Valor;
- Alinhamento;
- Garantia;
- Liderança.

Cada um desses itens está detalhado a seguir:

2.3 – Valor

Ativos existem para fornecer valor para as organizações e suas partes interessadas. As normas 55.00x não trazem uma definição explícita de valor. O que constitui valor dependerá dos objetivos, da natureza e finalidade da organização e das necessidades e expectativas de suas partes interessadas. A gestão de ativos apoia a obtenção de valor enquanto equilibra custos, riscos e desempenho [2.1].

A Gestão de Ativos não foca no próprio ativo, mas no valor que o este pode proporcionar à organização[2.1].

> **A Gestão de Ativos não foca naquilo que as organizações fazem com os ativos, mas no que os ativos podem fazer pelas organizações.**

Boas decisões são aquelas que trazem o melhor resultado para os processos e atividades em todo ciclo de vida dos ativos [2.11]. Isto significa que precisamos entender o que pessoas diferentes enxergam como "valor" e como diferentes entendimentos de valor levam as organizações para diferentes direções. Investidores, por exemplo, buscam uma combinação entre o máximo retorno financeiro e níveis aceitáveis de risco e segurança para os seus investimentos. Clientes querem altos níveis de serviço ou produtos de qualidade, com o mínimo custo possível. Empregados consideram valor as condições de trabalho, o salário e a satisfação com o trabalho como sendo suas prioridades, enquanto órgãos de controle, regulação e as comunidades vizinhas valorizam segurança, meio ambiente, impacto social, por exemplo. A figura 2.5 mostra estas diferenças de forma gráfica.

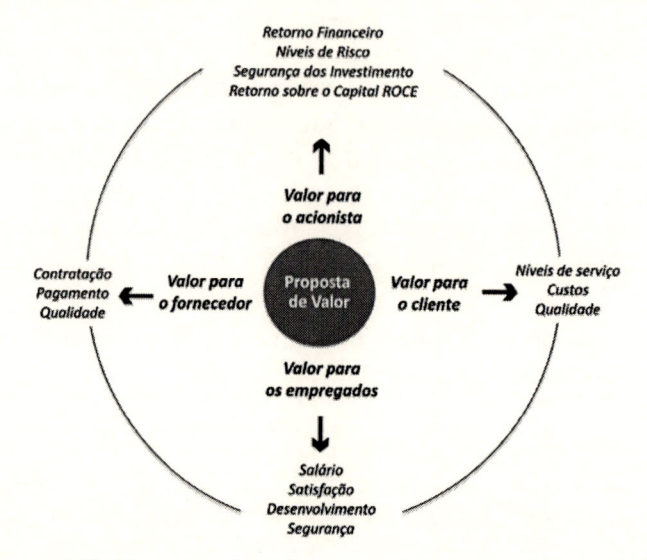

Figura 2.5: Proposta de valor para três partes interessadas[2.12]

Para os clientes, a definição de valor é a razão entre capabilidade dividida pelo custo e pelos riscos.

$$VALOR = \frac{CAPABILIDADE}{CUSTO * RISCO}$$

Capabilidade é a medida da capacidade e habilidade de uma entidade (sistema, pessoas ou organização) em atingir os seus objetivos [2.1]. Pode ser definida como o produto da Função x Confiabilidade (C(t)).

$$CAPABILIDADE = FUNÇÃO * c(t)$$

Objetivo é um resultado a ser alcançado, enquanto desempenho é um resultado mensurável [2.1].

Função é toda e qualquer atividade que um ativo, conjunto de ativos ou sistema de ativos executa para atingir um objetivo [2.6]. É o que o ativo faz pela organização em um dado contexto. Então, quantas funções um ativo possui? A resposta simples é: muitas. Mas aquela que focaremos na gestão de ativos depende do contexto no qual o ativo está inserido. Tomemos o exemplo simples de uma caneta. Quantas funções ela tem? Pode ser usada como peso para papel, como um dardo, como um apontador ou até mesmo como um marcador de papel! Cuidado! A função da caneta não é escrever, pois quem escreve é aquele que a utiliza. Escrever é o que fazemos com a caneta, mas o que a caneta faz por nós é, por exemplo, permitir que um papel seja marcado.

Podemos definir, então, que capabilidade é a medida da capacidade das entidades de cumprirem as suas funções com determinado desempenho.

Portanto, podemos acompanhar qualquer ativo em termos da sua capabilidade e do seu desempenho.

Desse modo, a Gestão de Ativos foca no desempenho do ativo, que está associado à sua capabilidade.

Vamos analisar uma historinha para ilustrar melhor esta definição de função [2.2]:

> "Posso não ser o engenheiro mais brilhante do mundo, mas escolhi um motor diesel novo para servir como âncora para o meu barco. De tempos em tempos vou jogar este motor na água pela frente do barco e amarrá-lo no deck. Você acha que o motor escolhido funcionará bem como âncora? Com certeza, meu barco de 17 pés não será arrastado pela correnteza. Mas em termos de solução de engenharia, é uma boa? Não, certamente é algo muito caro. Imagine agora ligar para o marinheiro que cuida do meu barco e pedir para que seja feita uma manutenção neste motor diesel da mesma forma que isso é feito com uma âncora! Que tal trocar o óleo do motor? Faz sentido? Neste contexto, não. Então, a atividade de manutenção também depende do contexto".

Aplicando a definição de valor que apresentamos, o motor usado como âncora cumpre com a função necessária para o contexto, mas os custos de investimento e manutenção são muito elevados. Portanto, o valor desta solução ficará reduzido.

Para os acionistas, valor pode ser definido pela expressão do ROCE (Retorno sobre o Capital Empregado).

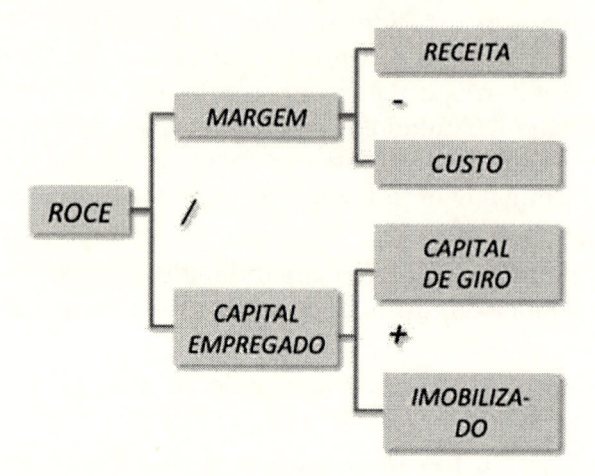

```
                    ┌─── RECEITA
          ┌ MARGEM ─┤
          │         └─── CUSTO
   ROCE ──┤    /
          │              ┌─── CAPITAL DE GIRO
          └ CAPITAL ─────┤    +
            EMPREGADO    └─── IMOBILIZADO
```

Para definir o que é valor para os gestores das organizações, precisamos levantar todas as atividades de transformação requeridas entre o pedido de um produto até a sua entrega ao cliente. Segundo o paradigma da produção enxuta, valor pode então ser categorizado da seguinte forma (ver figura 2.6)[2.13]:

- Valor agregado para o cliente: atividades necessárias ao atendimento das necessidades dos clientes, melhoria da qualidade dos produtos, melhoria da competitividade ou confiabilidade, entre outras;
- Valor agregado para o negócio: atividades requeridas pelos negócios como garantia: Segurança, Meio Ambiente, Eficiência Energética, Saúde (SMS), requisitos legais, apoios financeiros, governança, entre outras;
- Valor não agregado ou perdas: atividades que geram defeitos nos processos e produtos, sobreprodução, esperas, atrasos, estoques, paradas, burocracias, entre outras.

Capítulo 2 Conceitos Básicos 29

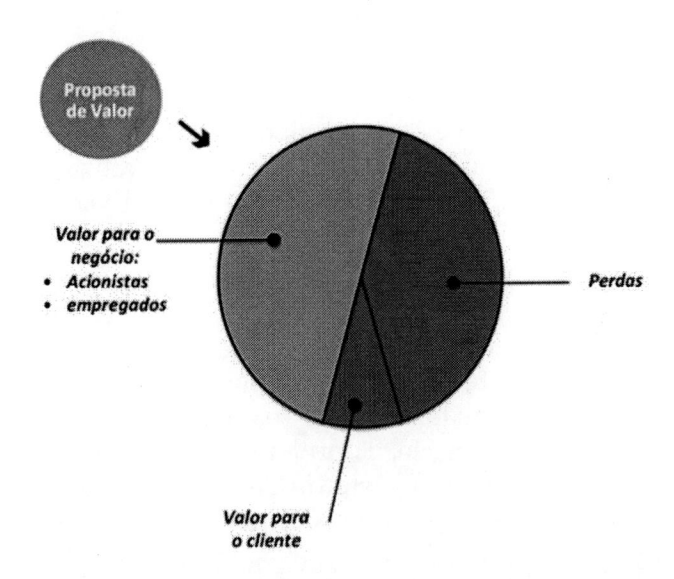

Figura 2.6: As diferentes classificações de valor[2.2]

Portanto, "valor" varia imensamente, dependendo de quem o procura. Desde que muitos destes interesses possam competir mutuamente, é difícil determinar, de forma exata, qual ação associada à Gestão de Ativos permitirá uma melhor proposta de valor para o conjunto das partes interessadas.

Desta forma, o processo de tomada de decisões na Gestão de Ativos é extremamente crítico e precisa ser tratado com muito cuidado. Se tivermos um processo de decisões adequado, poderemos gerar diversos benefícios importantes, como reduções significativas do custo total de vida, enquanto simultaneamente conseguiremos e sustentaremos altos desempenhos, confiabilidade e segurança. Se errarmos no processo, a espiral de custos altos, baixo desempenho, visão de curto prazo e insatisfação poderá destruir a organização.

O processo de tomada de decisões adequado raramente pode ser feito dentro de um único departamento ou por indivíduos isolados sem que haja colaboração entre departamentos e times. Decisões adequadas demandam equilíbrio entre disciplinas diferentes e interesses que competem. Desta forma, *trade-offs* (compromissos) são necessários para uma solução balanceada ou otimizada da proposta de valor.

2.4 – Garantia

A Gestão de Ativos garante que estes cumprirão com seus propósitos (funções) requeridos. A necessidade de disponibilizar essa garantia surge da necessidade de se dirigir uma organização de forma eficaz. A garantia se aplica aos ativos, gestão de ativos e ao sistema de gestão de ativos.

A variável associada à garantia é o risco, que representa uma medida do efeito da incerteza nos objetivos. Um efeito é um desvio em relação ao esperado – positivo e/ou negativo. Objetivos podem se relacionar com diferentes disciplinas (financeira, saúde e segurança e metas ambientais) e podem aplicar-se em diferentes níveis (estratégico, em toda a organização, de projeto, de produto e de processo). A Gestão de Ativos fornece a garantia de que o ativo alcançará seus objetivos com um desempenho especificado [2.1].

O risco é muitas vezes caracterizado pela referência aos "eventos" potenciais e às "consequências", ou relacionado a uma combinação destes fatores. Risco é frequentemente expresso em termos de uma combinação das consequências de um evento (incluindo mudanças nas circunstâncias) e a "probabilidade" de ocorrência associada. A incerteza é o estado, mesmo que parcial, da deficiência das informações relacionadas com a compreensão ou o conhecimento de um evento, sua consequência ou probabilidade[2.1].

De maneira simplificada, podemos caracterizar o risco como sendo a divisão do perigo pelo controle. Quanto menor o perigo e maior o controle, menor o risco. O perigo está normalmente associado às ameaças e o controle à probabilidade de ocorrência[2.5].

$$\text{RISCO} = \frac{\text{PERIGO}}{\text{CONTROLE}}$$

Para analisar o efeito prático destes conceitos, vamos usar um exemplo do cotidiano. As consequências (perigo dos efeitos) de um acidente aéreo são mais graves que aquelas de um acidente de carro, dado que as probabilidades de ocorrência dos acidentes fossem as mesmas. Entretanto:

- ♦ 1 (uma) em 11.000.000 pessoas morre de acidente aéreo entre New York (NY) e Los Angeles (LA)

♦ 1 (uma) em 14.000 pessoas morre de acidente de trânsito entre NY e LA

Desta forma, o risco de acidente com morte, em acidentes aéreos entre NY e LA, é menor do que se aquele for relacionado aos acidentes de trânsito. Isto ocorre porque a probabilidade de ocorrência de um acidente aéreo é menor do que um acidente de trânsito em função das medidas de prevenção e controle que são adotadas pela indústria aeronáutica $^{2.15}$.

A abordagem baseada na Gestão do Risco está no coração da Gestão de Ativos. Isto poderá ser observado na definição de sistema de gestão em combinação com a definição de risco. Um sistema de gestão assiste à organização no estabelecimento de políticas e no alcance de objetivos. O risco pode ter um impacto positivo ou negativo nestes objetivos. Riscos positivos podem ser oportunidades a serem assimiladas para garantir o sucesso da organização, enquanto riscos negativos são uma ameaça a estes objetivos. Portanto, é razoável que os sistemas de gestão também auxiliem na Gestão de Risco para atender aos objetivos.

Para esclarecer este conceito de risco ou garantia, vamos analisar a próxima história$^{2.2}$:

> "Se a alguém fosse dada a missão de dirigir um carro novo, de passeio, entre Rio e São Paulo, levando 12 horas para fazer o trajeto em um dia qualquer, qual seria o nível de garantia de cumprimento da missão? Talvez uma probabilidade de 99% fosse adequada. Agora, qual seria o nível de garantia de cumprir a mesma missão em quatro horas, durante um dia de semana? Nesse caso, a probabilidade de cumprimento poderia baixar para menos de 50%, quem sabe? Talvez para um nível de garantia de 99% devêssemos usar um avião ao invés de um carro de passeio."

Analisando esta história observamos que o nível de recursos e de garantia necessários para cumprir o objetivo seria diferente. Para um nível de garantia de 99% relacionado ao cumprimento da missão, talvez fosse necessário mudar os recursos requeridos.

Existem várias maneiras de avaliar riscos, mas um sistema simples é usualmente o melhor, como mostra a figura 2.7. Nesta, são identificadas as macroameaças associadas aos processos tipicamente encontrados em um SGA$^{2.2}$. Na prática, sistemas complexos de abordagem de risco tendem a acrescentar muito pouco. Muitas organizações utilizam uma abordagem de processo e subprocessos. E se estes processos já foram mapeados e divulgados pela organização, uma abordagem bem simples pode ser adotada para a avaliação dos riscos:

- Identificação das entradas e saídas;
- Identificação dos riscos associados com o processo pelas pessoas envolvidas no processo, treinadas e apoiadas pelos gerentes;
- Identificação dos riscos que possam ter efeito significativo e, depois, sua priorização;
- Decisão sobre as medidas de controle associadas aos riscos de cada processo.

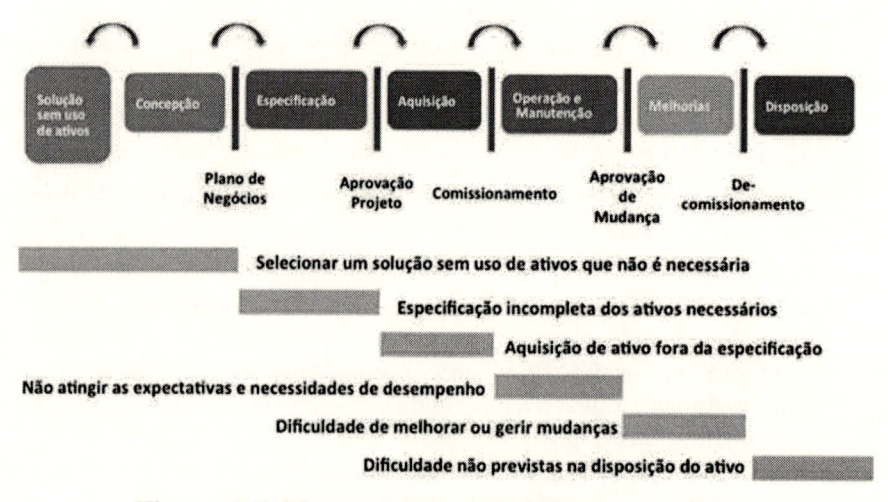

Figura 2.7: Macroameaças associadas aos estágios típicos do ciclo de vida dos ativos[2.2]

Para cada processo, os aspectos que possam trazer ameaças ou incertezas sobre os objetivos devem ser levantados, tratados e priorizados. Questões como: O que pode dar errado? Qual o efeito e o impacto se der errado? Qual a probabilidade de dar errado?, devem ser avaliadas. Normalmente, as respostas sobre o impacto (consequência) e a probabilidade da ocorrência são combinadas e tratadas por um critério de tomada de decisões, como o da figura 2.8.

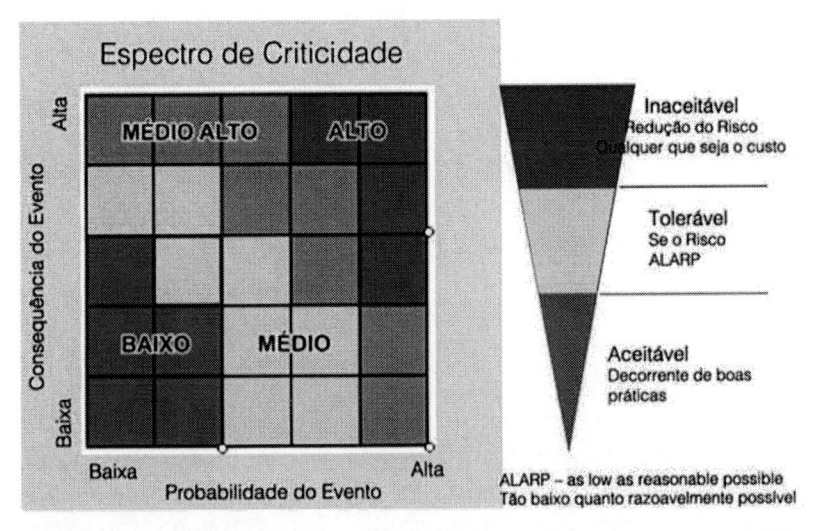

Figura 2.8: Critério de tomada de decisões baseadas em risco[2.9].

2.4.1 – Risco, Custos e Desempenho

Um dos requisitos primordiais para a Gestão de Ativos contidos na NBR ISO 55.000 é a noção de que os resultados da Gestão de Ativos são obtidos através de um equilíbrio entre os custos associados ao desempenho dos ativos, com um determinado nível de risco[2.1]. A frase usada na NBR ISO 55.000 para este objetivo é "o efetivo controle e governança dos ativos pelas organizações é essencial para a obtenção de valor através da gestão dos riscos e oportunidades, para alcançar o equilíbrio desejável de custos, riscos e desempenho"[2.1].

No bojo deste modelo, é fundamental que o processo de tomada de decisões seja baseado em avaliações de riscos quantitativas, com fatos e dados que permitam aferir a qualidade dos ativos em momentos determinados, que conduzam a decisões bem informadas e detalhadas.

Para que este equilíbrio seja "demonstrável", as seguintes questões devam ser abordadas [2.16]:

a. O risco é usualmente expresso como o risco residual (após a adoção das ações de mitigação/controle) associado à entrega do desempenho acordado dos ativos, com base em uma abordagem de gestão organizacional do risco e em um critério acordado de tomada de decisões, contido na abordagem de risco;

b. O desempenho é normalmente expresso em termos de capabilidade através de medições quantitativas de confiabilidade, disponibilidade, mantenabilidade e apoio (RAMS –*Reliability, Availability, Maintenability and Support*) dentro de um período e desempenho funcional especificado (expresso em termos relativos às necessidades dos negócios, como por exemplo, uma curva de velocidade/potência com um consumo específico de combustível etc.), considerando os respectivos riscos e as ações de mitigação;

c. O custo é normalmente expresso em unidades monetárias (reais ou dólares), mas pode incluir outras medidas não monetárias quando for apropriado. Os custos associados a este equilíbrio usualmente consideram as medidas de mitigação de risco (como manutenções, sobressalentes, acessos, ferramentas especiais etc.) e os custos diretos, como custo de combustíveis etc. Podem também incluir os custos de oportunidade incorridos devido a paradas dos ativos que acarretem em perdas de produção. Cada organização deve estabelecer uma estrutura de custos acordada previamente.

2.4.2 – Exemplo de Análise Quantificada de Desempenho, Custos e Riscos

A figura 2.9 será utilizada para explicar, de maneira bem simplificada, o que significa, basicamente, esta gestão equilibrada de riscos, desempenho e custos[2.9].

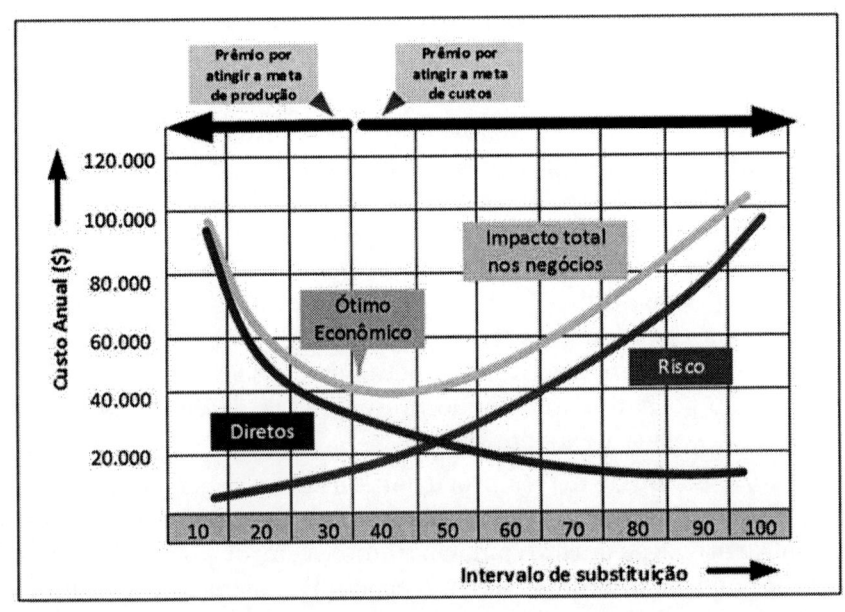

Figura 2.9: Análise quantificada de desempenho, custo e risco.[2.9]

Imaginemos que uma organização tenha um portfolio de ativos que sofre desgaste com o tempo. No eixo X são mostrados os intervalos de substituições dos ativos individuais; já no eixo Y, os custos anuais.

Na primeira hipótese consideremos que a organização faça a substituição dos ativos em períodos iguais, em 10 unidades de tempo. Obviamente, se observamos a curva de risco, veremos que os riscos de falha e da consequente perda de produção são baixíssimos e, obviamente, a confiabilidade tende a ser muito maior, o que traz um prêmio de produção para o negócio da organização.

Em compensação, na curva azul pode-se perceber que os custos anualizados sobem muito. Isso porque serão feitas mais substituições ao longo do ciclo de vida total dos ativos.

Por outro lado, se a organização decide por intervalos de substituição, por exemplo, 80, tem-se um risco muito maior do que o da hipótese anterior. Em compensação, obtém-se um custo anualizado muito menor. Se for feito um balanço entre as duas hipóteses, verifica-se que existe um impacto maior nos resultados com a perda de confiabilidade, o que pode levar a uma perda de resultado em função da baixa capabilidade deste ativo em dada situação.

Fazendo-se a soma entre estas duas curvas, tem-se uma curva de risco total. Percebe-se que, no entorno do intervalo de tempo entre 40 e 50, existe um ponto econômico ótimo. Neste ponto tem-se o melhor balanço entre desempenho, custo e risco. Se tivermos um intervalo de substituição menor que o deste ponto, significa que um prêmio estará sendo oferecido devido ao atingimento da meta de produção. O risco diminui, apesar de os custos serem mais altos. Por outro lado, se aumentarmos os intervalos de substituição, tem-se um prêmio pelo atingimento das metas de custos, embora as metas de produção possam estar sendo prejudicadas devido a este maior intervalo de substituição dos ativos.

Então, a gestão de ativos procura informar aos executivos e diretores das organizações em qual ponto desta curva de risco as decisões sobre ativos se encontram. Obviamente, as organizações podem optar por operar próximas ao risco econômico ótimo. Porém, muitas vezes isto não é factível, o que leva as empresas a operarem fora desta faixa, mas com decisões informadas sobre qual nível de risco está se adotando, ou por redução no intervalo de substituição, o que vai aumentar os custos, ou redução dos custos implicados por aumento neste intervalo de substituição.

Esta curva deve estar sempre na cabeça dos responsáveis pela Gestão de Ativos, de forma que estas decisões levem em conta, de forma integrada, todas as atividades que impactam nos custos bem como nos níveis de investimentos de capitais, neste caso, representado pelo maior número de estoque que o intervalo de substituição mais baixo provavelmente acarretará para a organização.

2.5 – Alinhamento

A Gestão de Ativos traduz os objetivos organizacionais em decisões técnicas e financeiras, planos e atividades. As decisões de gestão de ativos (técnica, financeira e operacional) permitem, coletivamente, o alcance dos objetivos organizacionais.

A implementação da Gestão de Ativos permite que a organização traduza os objetivos organizacionais em processos técnicos e financeiros, planos e atividades, aplicando um processo sistematizado e sistêmico de tomadas de decisões.

O alinhamento envolve a tomada de decisões ao longo da vida dos ativos, período compreendido a partir da criação até o fim da vida dos mesmos[2.1]. Esse alinhamento deve ocorrer também no ciclo de vida, representado pelos estágios envolvidos no gerenciamento de um ativo [2.1]. A designação e o número de estágios, assim como as atividades em cada estágio usualmente variam em diferentes setores da indústria e são determinados pela organização[2.1]. A figura 2.3 mostra os estágios típicos envolvidos na Gestão de Ativos.

A obtenção de valor ao longo da vida dos ativos se refere aos métodos utilizados para garantir o alinhamento de forma que seja obtido o melhor valor total ao longo das diferentes fases do ciclo de vida, que pode envolver aquisição, criação, utilização, manutenção, melhorias, modernização ou descarte, tudo para que sejam alcançados os objetivos organizacionais. Isto requer alinhamento das interações entre estas atividades e a determinação da combinação necessária dos custos, riscos e desempenho. Como vimos, valor está relacionado à contribuição, de forma que sejam atingidos os objetivos organizacionais. Pode também ser definido de varias maneiras, nem sempre fáceis de se quantificar. Entretanto, o valor máximo total, na maioria das vezes, é igual ao menor custo total do ciclo de vida.

2.5.1 – Alinhamento horizontal – O Ciclo de Vida

A figura 2.10 mostra o ciclo de vida dos ativos, envolvendo alguns estágios que um ciclo de vida pode apresentar. [2.8] Cada caixa traz uma possibilidade de gestão que gera influência sobre o ativo. O primeiro quadro, do lado esquerdo superior, expõe as necessidades e as oportunidades de negócio. É a visão dos acionistas, proprietários da organização. Destas necessidades surgem alternativas e opções que precisam ser analisadas quanto à pré-viabilidade. Imagine, por exemplo, que se queira renovar uma frota de ônibus de uma organização. Obviamente, esta renovação deve estar alinhada às necessidades do negócio, às oportunidades que se apresentam, assim como às alternativas de como poderá ser feita.

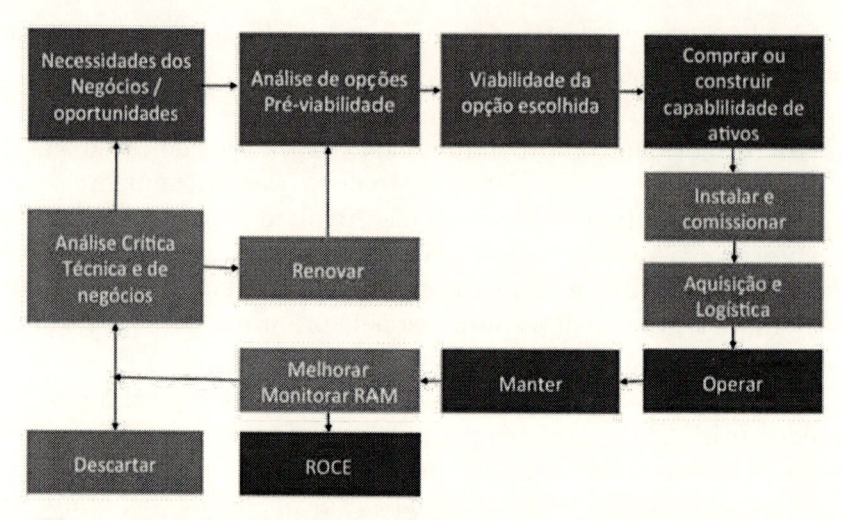

Figura 2.10: As diversas atividades do ciclo de vida dos ativos.[2.8]

Após a análise de pré-viabilidade, uma das opções é escolhida. Faz-se, a seguir, uma análise de viabilidade mais detalhada, de tal forma que possa ser considerada a parte financeira, incluindo o processo de aquisição e as questões econômicas mais amplas.

O passo seguinte é a escolha e definição de compra, ou construção, dos novos ativos que, comprados ou construídos, devem ser recebidos para início de operação, o que chamamos de "comissionamento".

É preciso, também, montar um processo de logística e aquisição de peças sobressalentes e de estoques. Em seguida entra-se, de fato, na fase de operação, quando o ativo inaugura a sua fase produtiva, que deverá gerar receitas para a organização. Concomitante à operação, temos a fase de manutenção, crucial para que os ativos produzam retornos financeiros que viabilizem o negócio.

Entre as fases de operação, manutenção e logística de aquisição de sobressalentes, é necessário monitorar a confiabilidade, a disponibilidade e a mantenabilidade destes ativos, de tal forma que os resultados (valor) componham, por exemplo, um ROCE consistente, isto é, Retorno sobre Capital Empregado. Isto é feito através do monitoramento da produção e dos processos de confiabilidade, realimentado por meio de análises críticas dos resultados dos negócios e da confiabilidade.

Esta retroalimentação permite que as necessidades do negócio, ou a necessidade de renovação, sejam avaliadas. Se a lucratividade mostrar-se muito baixa, a opção poderá ser descartar a frota, equipamento, ou o ativo, e partir para a aquisição de um novo.

A figura 2.10 resume, de maneira completa, as atividades principais do ciclo de vida dos ativos, permitindo a compreensão das funções, disciplinas e processos envolvidos na Gestão de Ativos.

A abrangência da Gestão de Ativos, dados os objetivos dos negócios, envolve um conjunto de atividades associadas que devem contemplar a identificação dos ativos necessários para garantir a sustentabilidade, envolvendo fontes de financiamento, valores, definição de estratégia de aquisição e/ou construção, suporte para logística, operação e manutenção e estratégia para disposição ou renovação dos ativos.

Estas etapas evidenciam que as atividades de Gestão de Ativos são mais abrangentes do que as propriamente ditas de "Manutenção", cuja função é manter os equipamentos em condições de operação ou "Suprimentos", cuja função é garantir a logística adequada para que matéria-prima, materiais e sobressalentes estejam disponíveis para a operação e manutenção.

Trata-se, portanto, de um tema amplo, complexo e apaixonante, que permeia toda a estrutura de uma organização, da alta gestão ao chão de fábrica.

2.5.2 – Alinhamento Vertical – a área cinzenta coberta pela Gestão de Ativos

E do que se trata o alinhamento vertical? São técnicas e ferramentas usadas para traduzir e interpretar as informações e dados obtidos pelas áreas de operação e manutenção em termos de resultados para o negócio. É importante expressar estas informações de forma que os executivos entendam os interesses do negócio, como: Quais são os impulsionadores? O que podemos fazer por eles? Qual o nível de risco ótimo a ser adotado?

Para os Executivos e Diretores, no final das contas, o alinhamento vertical envolve quais são os custos envolvidos (de CAPEX e OPEX) e o balanço dos riscos. Isso é essencial para uma boa Gestão de Ativos e faz parte da filosofia básica deste novo paradigma.

Na figura 2.11 podemos observar o que chamamos de área cinzenta[2.8]. No passado, o processo de decisões desintegrado e não sistêmico tinha, em um certo nível, os acionistas e sua estratégia, os executivos e os gerentes olhando para a parte financeira. E em outro mundo, totalmente separado, estavam os gerentes de projeto, manutenção e operação conduzindo o negócio sob o ponto de vista das atividades executadas nos ativos. Entre eles havia uma grande área cinzenta.

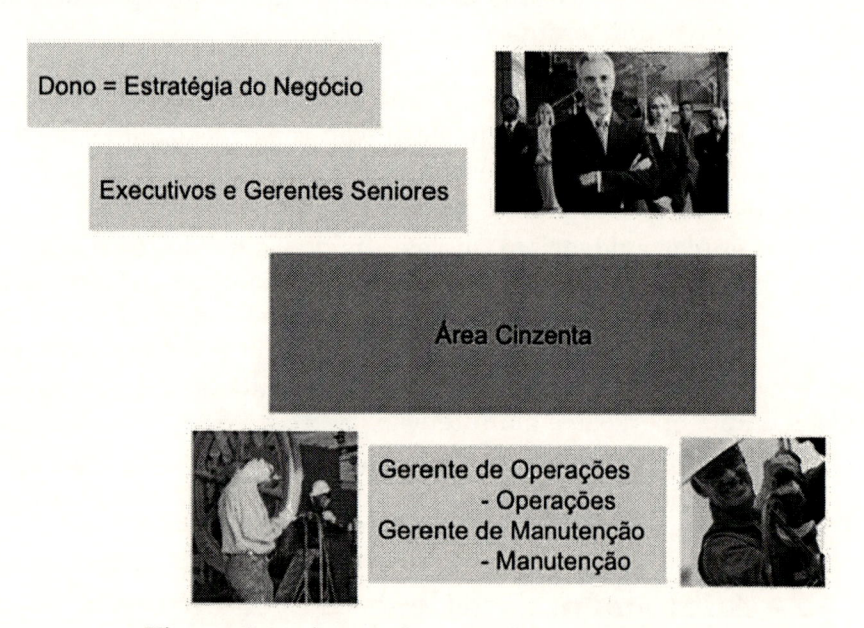

Figura 2.11: A área cinzenta das organizações a ser coberta pela Gestão de Ativos[2.8]

A Gestão de Ativos vem, justamente, ocupar a lacuna existente nesta área cinzenta envolvendo, de forma necessária, atividades de planejamento da capabilidade, do desenvolvimento de estratégias de aquisição e a análise crítica do desempenho dos ativos. Assim, a Gestão de Ativos fará esta ligação entre o mundo da manutenção e da operação com o mundo da estratégia e dos planos de negócio, tratando de todo este processo de forma integrada e alinhada.

2.5.2 – A Espiral e morte dos Ativos

Na figura 2.12 vemos o impacto que esta área cinzenta, de maneira geral, traz sobre os ativos. Vemos a espiral de morte dos ativos[2.8]. Ao longo do eixo X nós temos o tempo e, ao longo do eixo Y, o orçamento total. Quando o ativo inicia sua operação, temos uma verba de manutenção alocada. Esta manutenção é normalmente do tipo corretiva, que corresponde àquela alocada para corrigir falhas não previstas. Temos também um orçamento muito bem definido de manutenção preventiva. Nos casos mais elaborados, temos o orçamento do processo de descarte deste ativo.

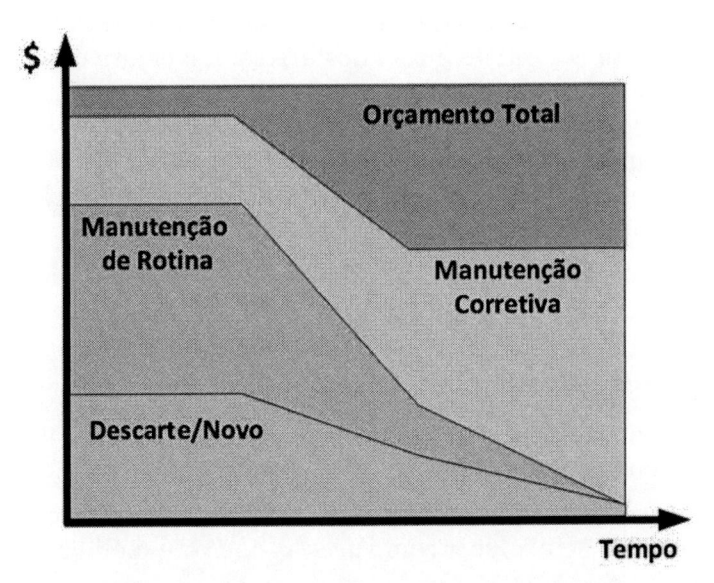

Figura 2.12: A espiral de morte dos ativos.[2.8]

À medida que o tempo vai passando e a depreciação vai acontecendo, existe uma tendência, nas empresas que não adotam a gestão de ativos como princípio, de reduzir os custos de manutenção preventiva/preditiva, Isso implica, necessariamente, no aumento dos custos de manutenção corretiva e nos riscos de perda de capacidade e produção dos negócios.

Apesar de o orçamento total aparentemente estar sendo reduzido, as perdas de produção e os riscos começam a aumentar. Conforme o tempo passa, como as perdas de produção aumentam, é necessário apertar os custos de manutenção preventiva / preditiva, o que causa uma ampliação nos custos de manutenção corretiva. Isso acelera, de maneira exponencial, os desgastes dos equipamentos, até que, em um determinado momento, o ativo torna-se inviável do ponto de vista econômico, não restando outra alternativa a não ser descartá-lo ou mantê-lo operando de forma sucateada, antieconômica e com grande prejuízo às partes, como cliente, meio ambiente e à sociedade como um todo.

Isso é muito comum em organizações que veem a manutenção apenas como centro de custo, não observando o aspecto positivo que a manutenção tem sobre a confiabilidade que, por sua vez, impacta diretamente na capabilidade da gestão dos ativos. Esta visão reduzida leva a esta espiral de morte dos ativos. E o objetivo mais amplo da gestão de ativos é evitar o ciclo vicioso que leva à morte prematura, pois a gestão de ativos olha para toda a vida dos ativos. Isso é possível quando se investe na manutenção preventiva / preditiva de tal forma que a manutenção corretiva e as perdas de confiabilidade sejam mantidas baixas para que seja possível atingir os objetivos estratégicos e os planos de negócio das organizações de um modo geral.

2.6 – Liderança

Liderança e cultura do local de trabalho são fatores determinantes para a obtenção de valor.

Liderança e comprometimento de todos os níveis gerenciais são essenciais para estabelecer com sucesso, operar e melhorar a gestão de ativos.

Sem uma liderança pautada pelo bom exemplo e compromisso visível da alta administração, o paradigma da gestão de ativos não será estabelecido em toda a organização. O objetivo das lideranças, em todos os níveis gerenciais, deve ser primeiramente transformar os fundamentos da gestão de ativos em crenças e valores em nível pessoal, de tal forma que estes fundamentos sejam mais do que prioridades (Lafraia, 2010). [2.6]

Posteriormente, para que os fundamentos da gestão de ativos se transformem em cultura, é essencial considerar a gestão de ativos como um valor e uma crença pessoal e não apenas prioridade.

Isso porque as prioridades mudam com frequência, dependendo da situação, enquanto as crenças e os valores pessoais permanecem constantes. Valores pessoais são crenças profundamente enraizadas que não estão sujeitas a concessões. Por exemplo, dependendo das limitações de tempo, um indivíduo pode mudar sua rotina (ou prioridade) quando se prepara para ir ao trabalho. Mesmo assim, antes de sair de casa, não deixara de se vestir, uma vez que vestir-se é um valor integrante da sua cultura, e não simplesmente uma prioridade (Lafraia, 2011).$^{2.5}$

Cultura é um fenômeno extremamente complexo. Cultura é a lente através da qual indivíduos compreendem o mundo. Para compreender a cultura, precisamos entender que a comunicação humana se dá através de um sistema de símbolos, que são dependentes do contexto. É essencial entender que tais símbolos não possuem significados absolutos e que são diferentes entre culturas e contextos. Toda cultura tem seus valores, modelos de comportamento e mitos que são mantidos por ritos e rituais. Determinar como estes modelos, mitos, ritos e rituais reforçam e se alinham aos fundamentos da gestão de ativos é essencial para a sua transformação em cultura (Lafraia, 2006). $^{2.4}$

Cultura é uma maneira de dar significado à experiência. Todo conhecimento é relevante para a cultura. Lentes culturais erradas podem inibir a excelência se, por exemplo, uma organização enxerga através das lentes da complacência, ao invés da disciplina operacional (Lafraia, 2006).$^{2.4}$

Compreender a cultura como um fator que estrutura nossas ações é crucial. Não existe norma ou procedimento para uma cultura de excelência no local de trabalho, mas excelência no local de trabalho produz excelência em gestão de ativos. A cultura de uma organização serve como um padrão invisível para a tomada de decisões. Cultura organizacional é algo sempre dinâmico, e o objetivo é determinar e compreender o processo cultural de uma organização e não mudar a cultura diretamente, mas gerenciar através da cultura (Lafraia, 2006).$^{2.4}$

A compreensão correta destes fundamentos e o equilíbrio na sua aplicação é o que determinará o sucesso da implementação da gestão de ativos, isto é, o que garantirá a obtenção de valor, muito mais do que qualquer esforço para buscar uma certificação na NBR-ISO-55.001 como objetivo final.

2.7 – As diferenças entre Gestão de Ativos e atividades de gerenciamento da cadeia de valor como Projeto, Suprimento, Manutenção e Operação

Nos itens anteriores vimos que a Gestão de Ativos, um novo conceito que incorporamos à gestão das organizações, resume um conjunto de atividades e práticas sistemáticas e coordenadas por meio das quais as organizações gerenciam, de forma otimizada e sustentável, os seus ativos e sistemas de gestão, avaliando desempenho, riscos e custos ao longo do ciclo de vida desses ativos, com foco nos objetivos estratégicos empresariais.

Um dos conceitos básicos de Gestão de Ativos envolve a possibilidade de colocar "o mundo da Manutenção" em contato com "o mundo das Finanças", o que permitirá a tomada de decisões estratégicas.

Em um passado ainda recente, a área de Manutenção era vista, em algumas empresas, como algo que poderia ser relegado a um segundo plano, como um centro de custos necessário. A Gestão de Ativos vem resgatar a função para seu patamar mais nobre, tratado a área citada como componente indissociável do ciclo de vida dos ativos, garantindo às organizações produção, com confiabilidade, de produtos e serviços.

Gestão de Ativos coloca em primeiro plano a visão mais moderna da Manutenção, no contexto das organizações que buscam estar no estado da arte de seus segmentos. Faz parte, portanto, do esforço integrado e inter-relacionado das várias atividades de uma organização, não podendo ser conduzido apenas por uma área. Por sua abrangência e escopo é, necessariamente, um setor da organização que leva em consideração as várias atividades vitais do empreendimento sustentável.

Trata-se, portanto, de uma concepção mais abrangente para aferir a bússola que aponta o norte da missão das organizações.

Não é, definitivamente, outro nome dado à Manutenção. A importância da Manutenção contínua onde sempre esteve – no topo – passa a fazer parte de um quadro maior, como integrante da administração dos ativos, juntamente com projeto, aquisição, fabricação, compra, instalação, comissionamento, operação e desmobilização para troca. Em resumo, Gestão de Ativos engloba todo o ciclo de vida dos ativos e a Manutenção faz parte deste ciclo.

Gestão de Ativos não é, também, um substituto de Gestão da Qualidade Total, porém, assim como outros processos de gestão, está sujeita a avaliações de conformidade e desempenho para assegurar o rigor e acerto de suas práticas.

Também não é, apenas, um sistema de gestão de projetos, ou só do interesse de técnicos e engenheiros, mas permeia toda a organização e alcança todos os colaboradores, de quaisquer níveis hierárquicos, que trabalham em organizações que possuem ou operam ativos. Todos estão envolvidos, desde os que atuam em aquisição e diligenciamento, serviços de apoio, administração, lideranças, até os profissionais de marketing e vendas, entre outros.

Como um caleidoscópio, Gestão de Ativos movimenta-se e forma novas figuras, harmoniosas e simétricas, que podem variar segundo o movimento das estratégias empresariais. Seja qual for o movimento, o resultado vital será refletido na confiabilidade, disponibilidade e mantenabilidade dos ativos visando resultados manifestados no ROCE – retorno sobre o capital empregado.

O monitoramento da produção e da eficiência operacional serve como insumo para análises críticas dos resultados. Se, por algum motivo, a lucratividade e a rentabilidade se apresentarem muito baixas, a opção poderá ser o descarte do ativo e aquisição de um novo. Assim, as avaliações econômica e contábil participam, também, do cenário de interesse da Gestão de Ativos, pois dispõem de instrumentos para aferição do processo de deterioração e, consequentemente, da depreciação dos ativos.

E, finalmente, Gestão de Ativos é, acima de tudo, *hands-on*. Embora venha despertando o interesse acadêmico e o debate de temas pertinentes em trabalhos teóricos, sua natureza é, eminentemente, voltada para resultados, para soluções de cunho prático, com impacto direto na produção e na eficiência operacional.

Em resumo, a abrangência de Gestão de Ativos, diante dos objetivos das organizações, envolve um conjunto de atividades, entre as quais destacam-se:

- Identificação dos ativos necessários para a oportunidade, ou negócio;
- Identificação de fontes de financiamento e valores;
- Definição das estratégias de aquisição e/ou construção;
- Desenho do suporte para logística, operação e manutenção;
- Alinhamento da estratégia para disposição ou renovação dos ativos.

O campo de atividades relacionadas à Gestão de Ativos é, portanto, mais abrangente do que as tarefas específicas de Manutenção, cuja função é manter os equipamentos em condições de operação.

Mas a Manutenção, como vimos, é um dos pilares que sustenta a estrutura.

De modo similar à Manutenção, áreas como Suprimentos, Engenharia e Operação impactam nos resultados das organizações e, ao seu modo, estão envolvidas na Gestão de Ativos. Muitas organizações possuem e praticam estas atividades há muito tempo. Entretanto, o diferencial da Gestão de Ativos é a forma como estas atividades são lideradas, coordenadas e alinhadas de modo a garantir um processo sistematizado e sistêmico de tomada de decisões e gestão de riscos, de modo a permitir a obtenção de valor de forma otimizada, sustentável e equilibrada.

2.8 – Informações para a Gestão de Ativos

Outro ponto importante a ser ressaltado na Gestão de Ativos é que temos várias informações espalhadas nas organizações sobre os ativos, como dado de falha, registros dos ativos, dados técnicos, histórico de manutenção, planilhas de manutenção preventiva e preditiva, ambiente operacional com os procedimentos operacionais, limites operacionais, normas de manutenção.

A ideia é como fazer, como mostra a figura 2.13, para integrar todos estes dados que estão dispersos em cada uma das fases da vida do ativo de forma que consigamos realizar uma manutenção mais apropriada e produzir mais confiabilidade, com melhor ROCE para o negócio.

A figura 2.13 mostra, mais uma vez, do que se trata gestão de ativos. Do lado esquerdo da figura, resumidamente, está a fase referente ao estudo de capabilidade. Nesta figura de capabilidade são levados em conta requisitos legais, as normas de projeto, as estratégias planejadas para manutenção e operação, os custos de reposição e sobressalente e o próprio crescimento do mercado ou do negócio. A figura de capabilidade está associada ao CAPEX – Custos de Investimento de Capital. As caixas da direita, por sua vez, mostram cursos do ciclo de vida – o OPEX – apresentando qual a norma de depreciação adotada, assim como os custos de manutenção, operação e administrativos adotados pela empresa, além dos custos de descarte dos ativos. Deste lado podemos fazer, também, uma relação risco x custo.

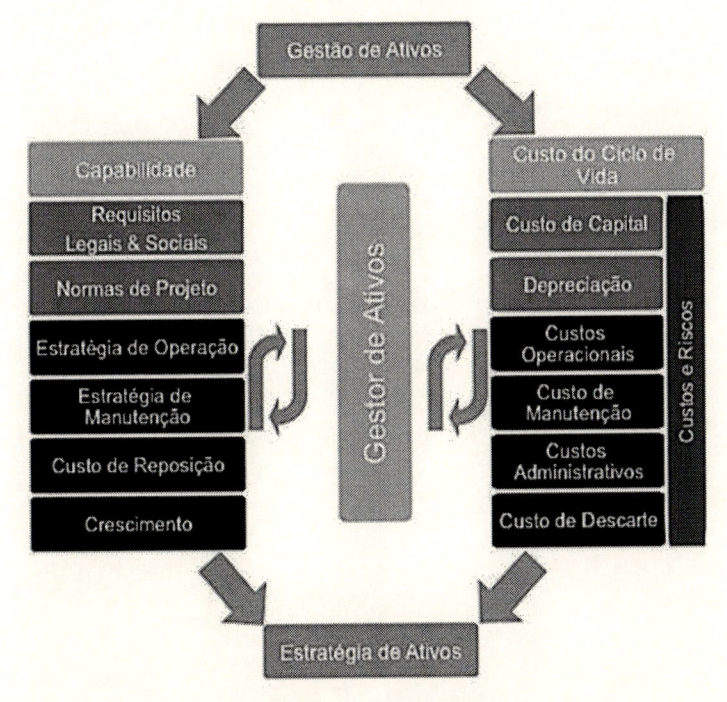

Figura 2.13: O desafio do gestor de ativos: integrar a capabilidade com os custos e riscos[2.17]

A Gestão de Ativos procura integrar estes dois mundos: capabilidade com os custos do ciclo de vida dos ativos no dia a dia. O gestor de ativos fica entre estas duas facetas, integrando estas informações de tal forma que a estratégia de ativos esteja totalmente alinhada com a estratégia dos negócios para que o melhor resultado possível seja alcançado.

2.9 – Organizações interessadas

Abaixo podemos observar quais são as organizações interessadas na gestão de ativos, geralmente organizações de ativos intensivos:

- Concessionárias de Energia Elétrica e Águas;
- Indústria de Transporte e de Logística;
- Indústria de Energia, Óleo e Gás;
- Mineradoras;
- Fabricação e distribuição de equipamentos pesados;
- Aviação;
- Indústria de Defesa;
- Indústria de Construção Civil e Construção Mecânica;
- Indústrias de Capital intensivo como Papel, Celulose, Agroindústria e Sucroalcooleira.

Todas estas indústrias e outras empresas não elencadas acima podem se beneficiar – e muito – dos conceitos da gestão de ativos, de maneira sustentável e sistemática.

Capítulo 3

Planejamento Estratégico Organizacional e Política de Gestão de Ativos

3.1 – Estratégia de Gestão de Ativos

Estratégia pode ser definida como o caminho escolhido para concentrar esforços, no sentido de alcançar os objetivos da organização e obter valor.

A Estratégia de Gestão de Ativos descreve a abordagem de longo prazo para o gerenciamento dos ativos. Tipicamente inclui um conjunto de declarações que descreve os níveis de serviços atuais e futuros que a organização planeja entregar, bem como as capabilidades atuais e futuras que a organização necessita para produzir, de modo sustentável, seus resultados [3.3].

A Estratégia de Gestão de Ativos inclui tipicamente [3.3]:

- Objetivos da Gestão de Ativos com base na análise de cenário, o que inclui objetivos mensuráveis sobre o desempenho econômico, ambiental e social do portfolio de ativos;
- As *accountability* chaves para as atividades cobertas pela Estratégia de Gestão de Ativos e pela implantação e manutenção da Estratégia de Gestão de Ativos. *Accountability* não possui termo correlato em português. Consiste na responsabilidade pela gerência eficiente de recursos de terceiros aliada à capacidade permanente de prestar contas de seus atos à sociedade;
- O critério de tomada de decisões que será usado na análise do custo do ciclo de vida e na análise de risco para determinar o ponto ótimo de intervenção nos ativos;
- Como a organização irá desenvolver seu sistema de informações para apoiar as análises acima e como as organizações irão gerir as incertezas associadas com as informações sobre os ativos;
- Uma referência ao Sistema de Gestão de Ativos (SGA), que descreve o sistema de gestão implementado – ou a ser –, incluindo a descrição de como a Estratégia da Gestão de Ativos se encaixa no Sistema de Gestão de Ativos;
- A metodologia para determinar a criticidade dos ativos e da sua rede/malha.

Algumas questões que podem ser levantadas para adequar a estratégia com o modelo de negócio de alto nível:

♦ Quais são as estratégias e políticas da Gestão de Ativos;
♦ Como tais estratégias se relacionam com os requisitos e objetivos do negócio;
♦ Onde a estrutura da gestão de ativos se encaixa na estrutura da organização;
♦ Qual o perfil da Gestão de Ativos e da sua liderança;
♦ Existência de um gerente dedicado exclusivamente à gestão de ativos;
♦ Qual a ligação da estratégia com os objetivos de desempenho dos negócios;
♦ Como é feita a comunicação da estratégia para toda a organização.

3.2 – Planejamento Estratégico de Gestão de Ativos

Planejamento Estratégico de Gestão de Ativos pode ser definido como o processo que as organizações utilizam para realizar o planejamento da gestão de ativos.

O Planejamento Estratégico inclui o processo para determinar a renovação/substituição de longo prazo, volume de melhorias e manutenção, os riscos e custos associados ao alcance dos objetivos da gestão de ativos. Isto inclui como a organização trata dos requisitos identificados durante a análise de demanda e como o Plano Estratégico de Gestão de Ativos apoia o plano organizacional corporativo[3.3].

O Planejamento Estratégico envolve tipicamente o desenvolvimento da estrutura do plano estratégico, que descreverá como a análise de demanda e os níveis de serviços requeridos (capabilidades) são considerados e modelados no desenvolvimento dos volumes propostos pela organização para a manutenção, operação, renovação e melhorias[3.3].

O processo de Planejamento Estratégico permite às organizações determinar os volumes de trabalho e custos para diferentes cenários a fim de que sejam refletidas potenciais mudanças nos riscos, demandas, requisitos (necessidades ou expectativas, implícitas ou obrigatórias) e nos objetivos necessários para atingi-los (ver figura 2.2), além de restrições orçamentárias pelas diferentes partes interessadas.

O plano estratégico voltado ao gerenciamento de ativos de uma organização será utilizado para atingir os objetivos organizacionais e corporativos.

O Plano Estratégico de Gestão de Ativos permite a uma organização criar uma ligação, se necessário, entre o seu sistema de gestão de ativos (tal como descrito pelas normas NBR ISO 55.001) e uma variedade de especificações e requisitos técnicos de gestão de ativos[3.1]. Esses requisitos e especificações podem ser encontrados dentro e fora do ambiente das normas NBR e ISO, em ambientes locais e nacionais de normalização. Estas normas fornecem informações sobre estratégias e táticas, como especificações de projeto, montagem, construção, e operações requeridas.

3.3 – Plano Estratégico de Gestão de Ativos (SAMP – *Strategic Asset Management Plan*)

Informação documentada que especifica como converter os objetivos organizacionais em objetivos da gestão de ativos, a abordagem para o desenvolvimento de planos de gestão de ativos e o papel do sistema de gestão de ativos no apoio à realização dos objetivos da gestão de ativos [3.1].

Um Plano Estratégico de Gestão de Ativos é derivado do plano organizacional[3.1].

Um Plano Estratégico de Gestão de Ativos pode ser contido, ou pode ser um plano subsidiário do plano organizacional [3.1].

3.4 – Objetivo organizacional

Objetivo abrangente que define o contexto e a direção para as atividades e processos, conforme mostra a figura 2.3.

Objetivos organizacionais são estabelecidos através de atividades do planejamento, referentes a níveis estratégicos da organização.

Os objetivos organizacionais fornecem o contexto e a direção para as atividades das organizações, incluindo as atividades de gestão de ativos. Os objetivos organizacionais são geralmente produzidos a partir do plano estratégico da organização e são documentados nos planos organizacionais como planos corporativos [3.1].

3.5 – Política de Gestão de Ativos

Pode ser definida como os princípios e diretrizes derivados e consistentes com os objetivos e planos corporativos, provendo uma estrutura para o desenvolvimento e implementação do Plano Estratégico da Gestão de Ativos e do estabelecimento dos objetivos da gestão de ativos[3.1].

A política deve ser consistente, correspondendo aos requisitos das partes interessadas assim como aos objetivos organizacionais e às restrições. Deve ser alinhada e consistente com as outras políticas organizacionais[3.1].

A política da Gestão de Ativos deve ser aprovada pela alta administração, efetivamente comunicada e analisada de forma crítica, e com o compromisso voltado à melhoria contínua do sistema de gestão de ativos [3.1].

A figura 3.1 mostra o relacionamento entre os diversos planos, política e objetivos nas atividades da gestão de ativos[3.7].

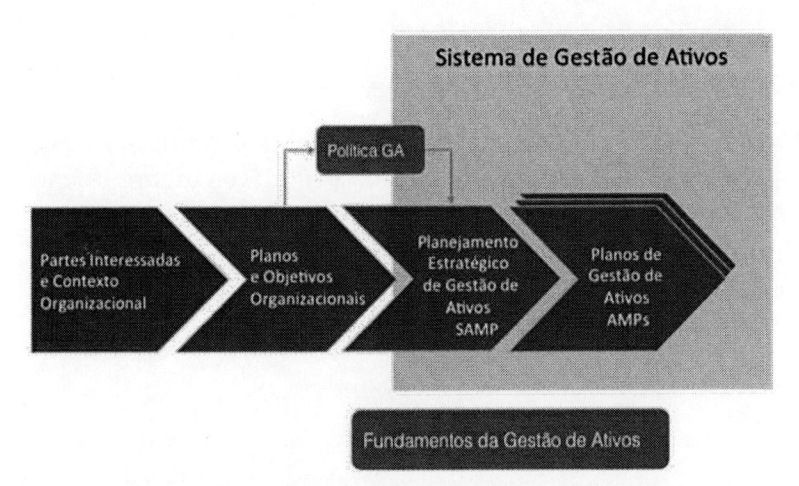

Figura 3.1: Relacionamento entre os diversos planos relativos à gestão de ativos.[3.7]

No quadro abaixo apresentamos um exemplo referente à política da Gestão de Ativos[3.8]

> Nossa organização possui capital significativo em plantas, equipamentos, prédios, serviços e pessoal qualificado e experiente.
>
> Nossa política para a gestão desses ativos é perseguir desempenho sustentável que apoie a obtenção de valor para os acionistas, atendendo aos requisitos de Segurança, Meio Ambiente e Saúde.
>
> Para alcançar esse desempenho, os seguintes princípios são seguidos:
> - Adotamos a abordagem do ciclo de vida total na aquisição, operação, desempenho, manutenção e disposição dos nossos ativos;
> - Asseguramos o cumprimento dos requisitos legais na aquisição, operação, desempenho, manutenção e disposição dos nossos ativos;
> - Buscamos proativamente desempenho de classe mundial em todos os aspectos da gestão de ativos;
> - Asseguramos que as pessoas envolvidas no gerenciamento dos nossos ativos são adequadamente selecionadas, desenvolvidas e treinadas.
> - Aplicamos a melhoria continua no gerenciamento dos nossos ativos para alcançar eficiência operacional e para o aumento das habilidade do nosso pessoal.

3.6 – Análise de Demanda

Pode ser definida como o processo que as organizações utilizam para avaliar e influenciar a demanda dos ativos da organização e o respectivo nível de serviço de saída ou capabilidade.

Tipicamente, inclui a análise das demandas futuras dos produtos e serviços oferecidos e os requisitos impostos sobre o portfolio de ativos[3.3].

Vários elementos precisam ser considerados nas análises de demanda[3.3]:

♦ Histórico;
♦ Os direcionadores de demanda;
♦ Demandas futuras e as mudanças na demanda ao longo do tempo;
♦ Mudanças nos níveis de serviços requeridos;
♦ Utilização atual e futura e a capabilidade dos ativos;
♦ Impactos no desempenho futuro, condições e capabilidade.

A análise de demanda também considera o uso de soluções não relacionadas aos ativos em que a demanda exceda a capacidade de suprimento e como a demanda deve ser gerida para que aqueles possam ser reduzidos, assim como o nível de serviço.

3.6.1 – Análise de Capabilidade

Um ponto que é muito importante para a Gestão de Ativos é o conceito de capabilidade. A determinação da capabilidade dos ativos envolve cinco fases[3.8]:

♦ Plano e concepção do negócio;
♦ Análise da necessidade de capacidade;
♦ Projeções ao longo do ciclo de vida com e sem aumento das capacidades;
♦ Análises de lacunas entre a capacidade requerida e a capacidade ofertada pelos ativos;
♦ Capabilidade requerida.

A figura 3.2 mostra, no eixo dos X, o tempo, e no eixo dos Y, a capacidade. Vemos duas curvas: a pontilhada apresenta a capacidade requerida. A curva tracejada mostra a projeção da demanda. A diferença entre tais curvas provavelmente está associada à disponibilidade dos ativos.

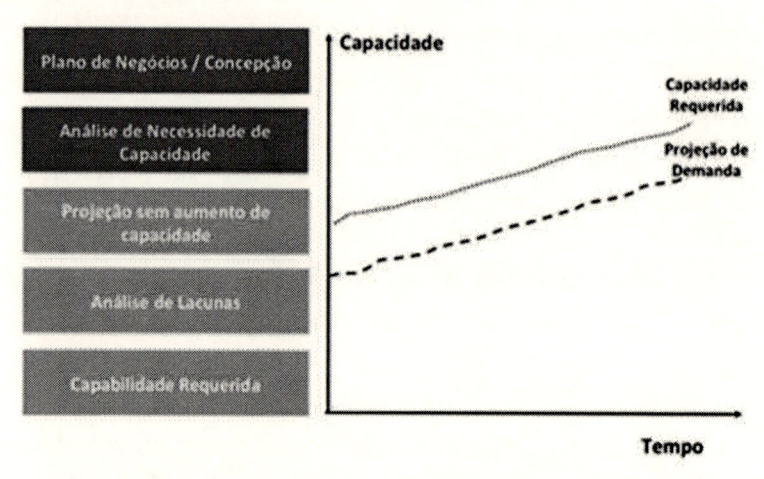

Figura 3.2: Plano de Negócio e Análise de Capacidade.[3.8]

Na figura 3.3 podemos ver a curva da capacidade requerida e a projeção da capacidade dos ativos sem nenhuma renovação ao longo do tempo. Estamos nos referindo a um tempo longo, provavelmente o tempo de vida deste ativo. Tal projeção nos faz perceber que existe depreciação e desgaste normal na capacidade de produção em função da obsolescência, ou da perda de confiabilidade ou da falta de estratégia de renovação ou de adequação destes ativos às novas capacidades de produção.

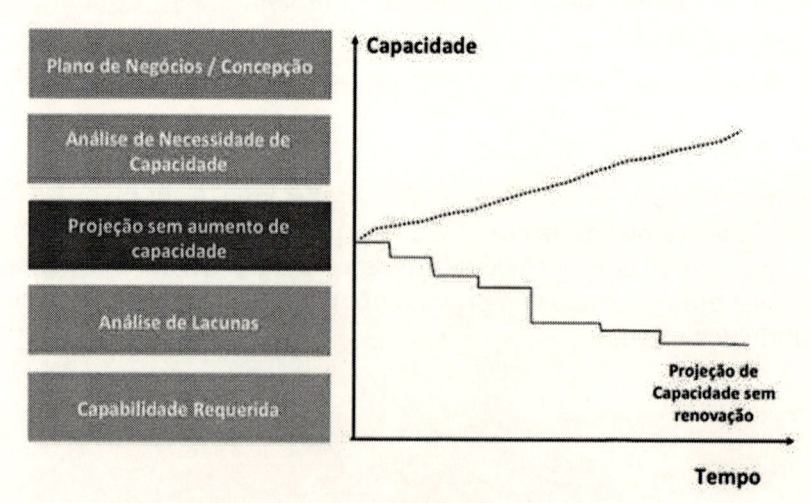

Figura 3.3: Projeção de Capacidade sem renovação dos ativos.[3.8]

Na figura 3.3 percebe-se uma forma do tipo tesoura entre a capacidade requerida e a projeção da capacidade do ativo sem renovação. Na figura 3.4 vemos a lacuna que existe entre a capacidade requerida e a capacidade sem renovação. Se estamos em um mercado protegido, onde existe monopólio, obviamente esta lacuna de capacidade acaba gerando uma perda de conforto para o usuário dos ativos.

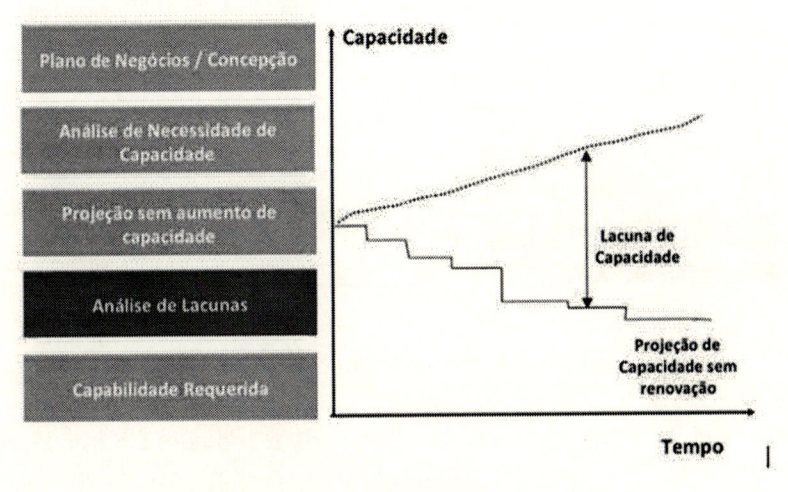

Figura 3.4: Análise de lacunas.[3.8]

Por exemplo, se temos uma frota de ônibus, a capacidade requerida (demanda) começa a aumentar e a projeção da capacidade sem renovação começa a cair. Obviamente, com o aumento desta lacuna, haverá superlotação desses ônibus, ocasionando redução na qualidade do serviço prestado. Em um mercado competitivo, essa lacuna de capacidade pode significar, para a empresa, perda de fatia de mercado, ou seja, de *market share*.

Na figura 3.5 observamos qual seria a projeção com aquisições ou renovações destes ativos. Percebe-se, nesta figura, pelas três setas de aquisição, que a organização, de tempos em tempos, passa a adquirir novos ativos de tal forma a acompanhar a projeção da demanda. Assim, vemos que o estudo da capabilidade não envolve apenas a manutenção e a confiabilidade, mas todo o processo de financiabilidade e sustentabilidade, bem como a análise do plano estratégico e do plano de negócios propriamente dito. Tudo isso deve ser integrado para que o ativo apresente sustentabilidade em termos de negócios.

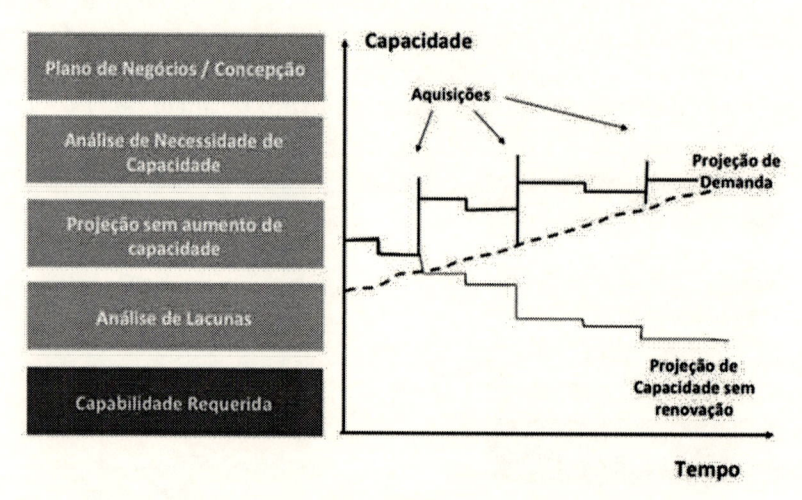

Figura 3.5: Capabilidade requerida.[3.8]

Isso envolve conhecimento do gestor do ativo sobre o que significa CAPEX. Trata-se do planejamento de investimento de capital envolvendo a capabilidade, o planejamento e a implantação de novos ativos, bem como a correta utilização dos recursos de OPEX, representados por verbas de custeio, geralmente envolvendo manutenção e logística de aquisição de bens e suprimentos. A fase de OPEX envolve também a aquisição de bens e serviços, bem como os custos de operação e manutenção.

A gestão de ativos procura encontrar a otimização envolvendo essas duas fases que normalmente são distintas dentro das organizações: a fase de investimento de capital, CAPEX, e a fase de manutenção e operação, OPEX.

3.6.2 – Gestão da Demanda

Provavelmente, o aspecto mais crítico da gestão de ativos é o estabelecimento dos acordos com as partes interessadas, necessários para satisfazer as necessidades e demandas. Estes acordos servem para o estabelecimento dos resultados e *output* (produção) dos ativos ou para assegurar os recursos necessários voltados a suprir estas necessidades. A Gestão da demanda é geralmente um fator primordial no gerenciamento de:

♦ Ativos críticos da área de energia, água e transporte, onde existem picos de demandas;

♦ Ativos sociais como saúde, educação, segurança etc., em que a oferta destes serviços não é financiada pelas forças de mercado.

Por exemplo, se um serviço é ofertado por um preço abaixo do seu custo de produção em um contexto que não limite as expectativas, a demanda rapidamente suplantará a oferta. Por outro lado, se os custos de produção de um serviço são mantidos baixos por falta de investimento em modernização, os produtos poderão ser de baixa qualidade, o que afetará a competitividade.

3.7 – Planejamento da Gestão de Ativos

Pode ser definido como as atividades para desenvolver os planos da gestão de ativos, especificando os detalhes das atividades e recursos, responsabilidades e prazos e os respectivos riscos para o alcance dos objetivos da gestão de ativos [3.3].

O planejamento da gestão de ativos refere-se a um processo para desenvolver planos de gestão de ativos detalhados. Deve incluir [3.3]:

♦ A análise crítica dos planos de gestão de ativos anteriores com ações de melhorias e onde estas podem ser aplicadas;

♦ As atividades que uma organização tem a intenção de realizar para alcançar os objetivos da gestão de ativos e os níveis de serviços;

♦ Os custos associados com as atividades do plano;

♦ Os resultados esperados na aplicação das atividades do plano;

♦ Os recursos necessários;

♦ A integração com outros planos;

♦ As atividades legais;

♦ Como o plano será aprovado, acompanhado, analisado e revisado.

Os Planos de Gestão de Ativos (*Asset Management Plan* – AMP) são desenvolvidos a partir do Plano Estratégico de Gestão de Ativos

(SAMP) e estabelecem o que fazer. Definem as atividades a serem realizadas nos ativos e devem ter objetivos mensuráveis e específicos (prazos e recursos). Os objetivos fornecem a possibilidade de alinhamento entre os planos operacionais com os planos organizacionais ou corporativos e planos de unidade de negócio.

A figura 3.6 mostra um modelo simples, embora poderoso, de desdobramento do SAMP em planos de gestão de ativos. Pode ser usado por grandes organizações responsáveis pela gestão de complexos sistemas de ativos físicos. A simplicidade deste modelo permite pronta aceitação pelas partes interessadas, com reguladores e financiadores.

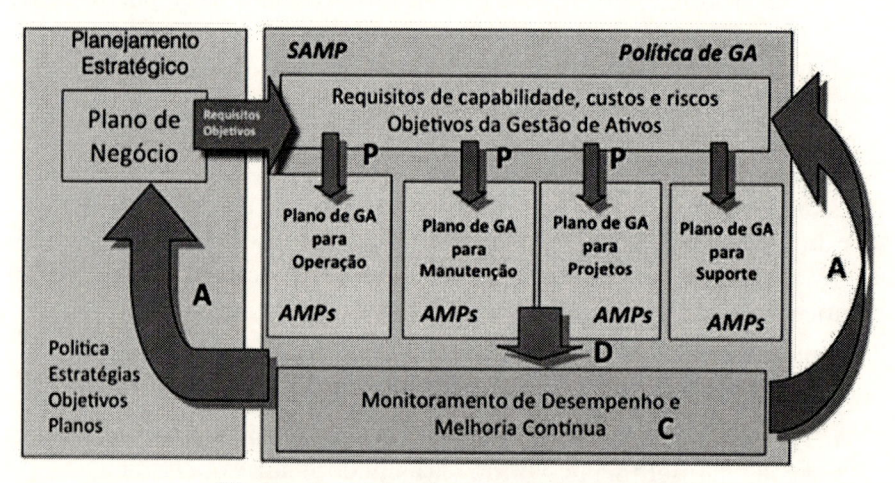

Figura 3.6: Modelo de desdobramento do SAMP nos planos de Gestão de Ativos.[3.2]

3.7.1 – Plano de Gestão de Ativos (*AMP – Asset Management Plan*)

Plano organizacional é uma informação documentada que especifica os programas para que sejam atingidos os objetivos organizacionais.

Plano de gestão de ativos refere-se a uma informação documentada que especifica as atividades, recursos e prazos requeridos para um ativo individual, ou um grupamento de ativos, de forma que sejam atingidos os objetivos da gestão de ativos da organização. O grupamento de ativos pode ser por tipo de ativo, classe de ativo, sistema de ativo ou portfolio de ativos.

O Plano de Gestão de Ativos é derivado do Plano Estratégico de Gestão de Ativos e pode ser parte, ou um plano subsidiário do Plano Estratégico de Gestão de Ativos [3.1].

3.8 – Documentos estratégicos de um Sistema de Gestão de Ativos

Listamos, a seguir, um resumo dos principais documentos estratégicos exigidos pela NRB ISO 55.001 que estão relacionados com os tópicos deste capítulo[3.10].

- ♦ Critério de Decisão das Partes Interessadas – documento que contém as informações aprovadas pela alta administração de forma a apoiar a tomada de decisões consistentes em toda a organização. Este processo de tomada de decisões contém os critérios objetivos de aprovação nas formas qualitativas e quantitativas. Estas informações podem se incluídas no processo de Gestão de Risco da organização;
- ♦ Política da Gestão de Ativos – documento que expressa as intenções e direções da organização expressas pela alta administração. A política de Gestão de Ativos é um critério abstrato de tomada de decisões em alto nível que trata, essencialmente, das dimensões voltadas às escolhas e variáveis envolvidas, do porquê, dos requisitos subjacentes, e dos resultados pretendidos. As decisões envolvendo a política de gestão de ativos são as escolhas que explicitam as direções dadas para o comprimento dos objetivos organizacionais;
- ♦ Plano Estratégico da Gestão de Ativos (SAMP) – informação documentada que especifica como os objetivos organizacionais serão convertidos em objetivos da Gestão de Ativos, a abordagem adotada para desenvolver os planos de Gestão de Ativos e o papel do sistema de Gestão de Ativos para o alcance dos objetivos da Gestão de Ativos[3.1];
- ♦ Planos de Gestão de Ativos (AMP) – informação documentada que especifica as atividades, recursos e prazos requeridos para ativos individuais ou conjunto de ativos, de forma que sejam atingidos os objetivos da Gestão de Ativos[3.1].

Capítulo 4

Gestão de Projetos de Capital

4.1 – Caracterização da Gestão de Projetos de Capital

Um investimento de longo prazo feito a fim de construir, acrescentar ou melhorar um projeto de capital intensivo. Um projeto de capital corresponde a qualquer empreendimento que requeira o uso de notáveis quantidades de capitais, tanto financeiros como de trabalho, para empreender e se completar. Os projetos de investimento são frequentemente definidos por sua grande escala e alto custo em relação a outros investimentos que requerem menos planejamento e recursos.

A característica fundamental dos projetos de capital é o elevado grau de complexidade de gestão do empreendimento. Para gerenciar essa complexidade utiliza-se a metodologia *Front End Loading*, que possui três fases de estudos e planejamento de atividades: o FEL 1 (análise do negócio), FEL 2 (seleção de alternativas), FEL 3 (planejamento da execução e operação).

A metodologia FEL é apoiada por acervo de documentos de engenharia, como diagramas de fluxo de processos, plantas e desenhos de componentes eletromecânicos do produto final do projeto.[4.2]

De certo modo, a ênfase da gestão é o gerenciamento técnico com o propósito de garantir que o produto do projeto esteja dentro das especificações técnicas planejadas. Além disso, a estratégia de execução do projeto é consolidada pelas estimativas e pelos planos de custo, assim como pelo gerenciamento do trabalho.[4.3] Após os estudos são realizadas as fases de execução (construção) do empreendimento, comissionamento, *hand over* e operação/manutenção, conforme ilustrado na figura 4.1

Ressalta-se que a ilustração da figura 4.1 remete, propositalmente, a ideia de um funil para expressar a realidade prática da elaboração de projetos de capital que partem de um contexto bastante amplo do negócio, inclusive de mercado, utilizando um grande volume de informações de fontes variadas. No decorrer do desenvolvimento do projeto, tais informações vão sendo utilizadas com finalidades específicas, ou seja, os processos de análise vão se afunilando até que foquem em um único escopo, claro e objetivo. A partir de então, desencadeiam-se metódicos processos de detalhamento da oportunidade de negócio escolhida, descrita sucintamente a seguir. Note que o diâmetro do funil depois do FEL 3 possui a mesma dimensão até o

Capítulo 4 Gestão de Projetos de Capital 65

final do projeto, que é o *start up* da planta. Isso também é proposital, para frisar que as etapas do FEL são importantes, mas é necessário executar conforme projetado.

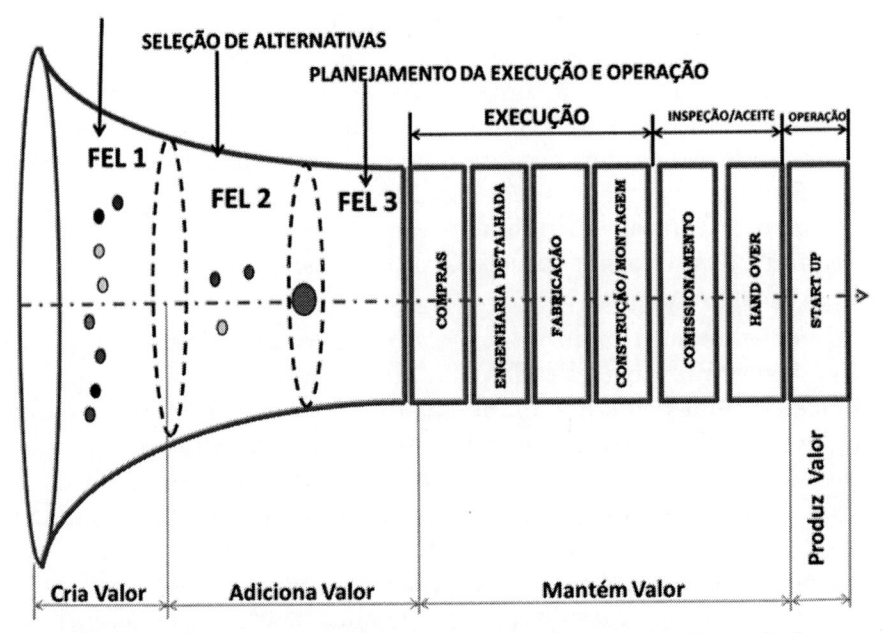

Figura 4.1: Principais fases da gestão de projetos de capital.
Fonte: Esmeraldo, 2010.

Na fase do FEL 1, conforme ilustrado na figura 4.1, é realizada a análise das oportunidades voltadas a gerar valor para a organização. Nesta fase são levantadas e avaliadas diversas alternativas para explorar as oportunidades de negócio (ilustradas na figura 4.1 pelas bolinhas coloridas), até que sejam selecionadas as propostas mais factíveis e viáveis de serem implementadas, em conformidade com a estratégia competitiva da organização. Tais propostas serão analisadas na fase de FEL 2.

A partir da ilustração da figura 4.1, verifica-se que foram selecionadas três alternativas para desenvolver o empreendimento, ilustradas pelas bolinhas de cor verde, amarela e vermelha. Essas alternativas são estudadas, em profundidade, no FEL 2, de forma que se possa definir qual delas apresenta as melhores condições para atender as necessidades do negócio e gerar valor para a organização no período do ciclo de vida do empreendimento. A opção escolhida será detalhada na fase de FEL 3.

Na fase do FEL 3 será estudada e detalhada, em profundidade, apenas uma alternativa de exploração da oportunidade de negócio, ilustrada na figura 4.1 pela bolinha de cor verde, com o propósito de planejar a construção e instalação do empreendimento. Nesta fase é elaborada toda a documentação técnica dos diversos "pacotes" que serão adquiridos externamente, como: serviços de sondagem e de terraplanagem, obra civil, montagem, máquinas, equipamentos, empreiteiras, empresa especializada em gerenciamento de obras, seguros etc. Com essa finalidade são elaboradas as especificações de compra dos diversos "pacotes". Aquelas são encaminhadas para a área de suprimentos.

Na área de suprimentos são elaborados os editais de concorrência de fornecimento, utilizados para que sejam obtidas as propostas técnicas e comerciais das empresas que irão executar a "engenharia detalhada" dos "pacotes", adquiridos para executar (construir e montar) o empreendimento. O departamento de compras efetua as negociações comerciais, apoiadas pelas áreas técnicas da organização, especializadas em cada "pacote" do escopo de fornecimento do empreendimento. Após as negociações de compra são colocadas as ordens de compra e, também, homologados os contratos de fornecimento junto aos fornecedores de cada "pacote".

Em seguida, os fornecedores detalham os projetos dos "pacotes" (edifícios, instalações, montagens, máquinas, equipamentos, tubulações). Logo após, os fornecedores iniciam ou subcontratam a fabricação dos "pacotes". Em paralelo, são desenvolvidas as atividades de execução do empreendimento, ou seja, a construção e a montagem das instalações da planta. À medida que a construção avança, os "pacotes" vão sendo acoplados à instalação.

> Ao longo do desenvolvimento de projetos de capital, o ideal é contar com a participação de membros experientes das equipes de manutenção e de operação para dar suporte aos planejadores e projetistas das instalações. As lições aprendidas por eles servirão para aumentar a robustez e a assertividade dos projetos.

Ao final da construção/montagem é realizado o comissionamento da planta, com a participação de especialistas da operação e da manutenção. O *hand over* é a última etapa do empreendimento, ou seja, a certificação de que a planta está em condições de operar de modo seguro. Assim, a instalação é "transferida" oficialmente para a equipe de operação e manutenção, ou seja, ela é entregue e liberada para começar a produzir.

Daí por diante, as duas equipes ficam responsáveis pelo *start up*, ou seja, pela colocação da planta em funcionamento. Esta passa a operar a partir de um regime gradativo de aumento da escala de produção até que seja atingida a capacidade máxima instalada. Esse é um período denominado como "operação assistida".

Em síntese, a gestão de projetos de capital é algo realmente bastante complexo. Para garantir um elevado nível de assertividade do projeto de capital e o alinhamento com a estratégia da organização são utilizados portões de decisão de forma que seja verificado o cumprimento das entregas "dos produtos do projeto". Isto significa que, para passar de uma fase para outra, alguns documentos precisam, obrigatoriamente, ser elaborados em conformidade com os requisitos específicos do empreendimento/negócio de cada fase. Existem apenas três tipos de tomada de decisão gerencial:

- ♦ Reciclar: devolver o "pacote de projeto" para complementar, modificar, incluir ou excluir determinada informação ou documento;
- ♦ Continuar: aprovar o "pacote de projeto" e passar para a próxima fase;
- ♦ Cancelar: parar o projeto de investimento e arquivar toda a documentação.

Os principais portões de decisão, ao longo do ciclo de desenvolvimento do projeto, estão detalhados na figura 4.2. Note que, à medida que os estudos avançam, ocorre a redução do percentual da quantidade de ideias geradas para explorar as oportunidades do negócio. Assim, fica mais fácil compreender porque fora utilizada a metáfora simbólica do funil (figura 4.1).

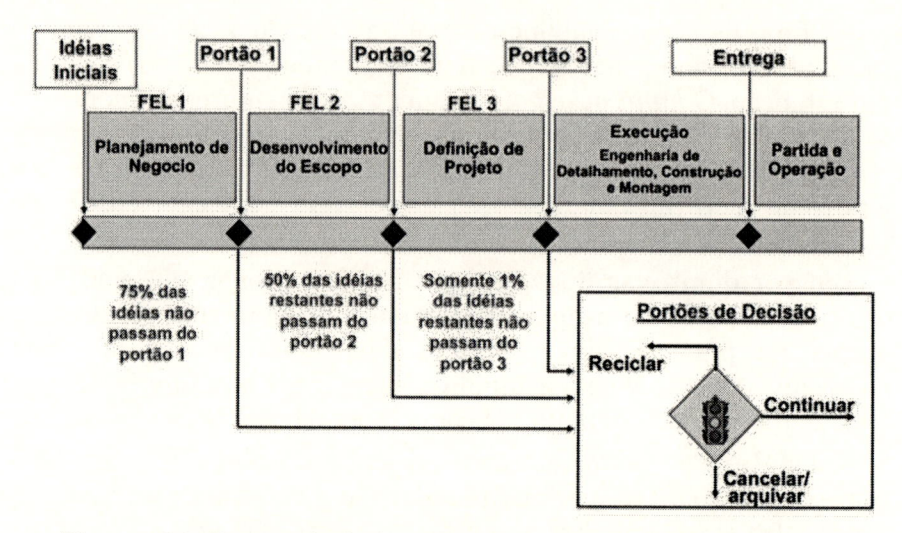

Figura 4.2: Portões de decisão da gestão de projetos de capital. [4.7]

Os principais objetivos de cada fase estão ilustrados na figura 4.3 e contribuem como balizas orientadoras para subsidiar a tomada de decisão gerencial em relação à continuidade ou paralisação do projeto de investimento de capital. É importante lembrar que a clareza da definição dos objetivos é crucial para a tomada sensata de decisão.

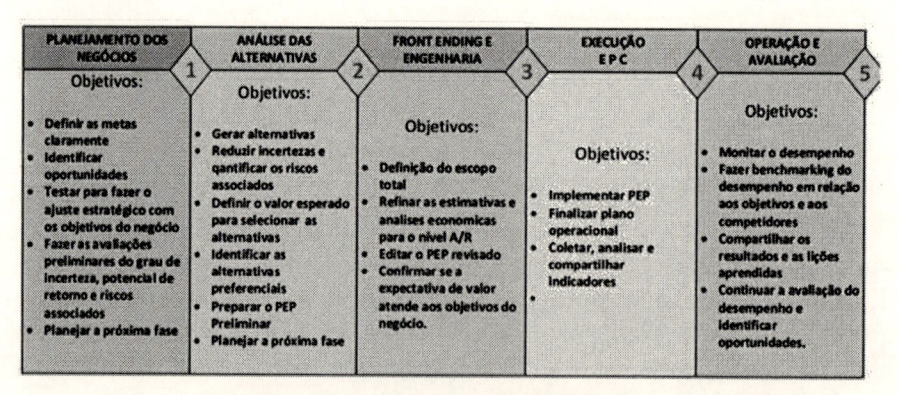

Figura 4.3: Principais objetivos de cada fase para subsidiar a tomada de decisão gerencial. [4.8]

Outra questão relevante é a correlação do nível de influência que os proprietários e os investidores, os principais *stakholders* do negócio, os planejadores, as projetistas de instalações e os fornecedores têm na tomada de decisão, em cada fase do ciclo de vida do desenvolvimento e execução e operação do empreendimento, o que está ilustrado na figura 4.4.

Note que, na posição à direita da figura 4.4, qualquer uma das partes interessadas durante a fase de FEL 1 até meados da fase de FEL 2 possui elevado poder de influência em relação às decisões em qualquer uma das questões impactantes do projeto, com o mínimo de impacto nos custos e despesas do investimento de capital porque ainda envolve apenas atividades de definições e planejamento do empreendimento. Convém lembrar que, a partir do FEL 2, as decisões são essenciais por definirem o design do empreendimento, ou seja, cada decisão é de suma importância e, ao mesmo tempo, impactante para direcionar as atividades de desenvolvimento do projeto.

Entretanto, à medida que os estudos avançam para a fase de FEL 3 e em direção às seguintes (na direção da extremidade direita da figura 4.4), o poder de influenciar na tomada de decisões decai rapidamente. Aliás, nas fases de projeto/execução e operação é difícil exercer influência porque as possibilidades de introduzir mudanças de escopo são bem menores. Além disso, caso questões fundamentais não sejam levantadas e tratadas nas fases anteriores, obviamente não serão inclusas no orçamento financeiro do investimento. Mas se o impacto for muito prejudicial para a geração de valor ao negócio, tais questões precisarão ser inseridas, tardiamente, em caráter de contingência, o que impactará muito no aumento do custo do investimento da implantação do projeto de capital. Como resultado, haverá uma alteração no prazo e no valor de retorno do investimento de capital.

Portanto, é essencial contar com a participação ampla das partes interessadas durante a elaboração dos estudos, inclusive, dos especialistas da operação e manutenção. Outra ponto importante é ter uma equipe multidisciplinar de planejadores especializados, com elevado nível de conhecimento e vasta experiência no ramo do projeto de capital que será construído.

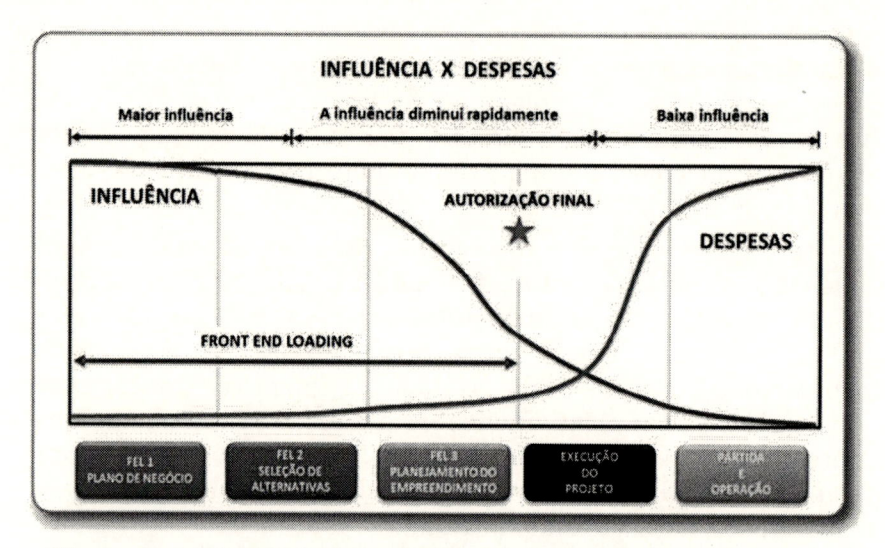

Figura 4.4: Nível de influência dos acionistas/proprietários/partes interessadas no design do projeto versus despesas.[4.9]

Destaca-se a seguir a descrição das principais atividades realizadas em cada fase do empreendimento.

> A gestão de projetos de capital é uma atividade-chave estratégica para assegurar que a empresa tenha plenas condições de manter ou ampliar a competitividade do seu negócio e, assim, continuar produzindo valor para os acionistas e para os principais *stakeholders*.

4.2 – Análise do Negócio (FEL 1)

A análise do negócio visa atender as condições "futuras de mercado", em conformidade com a estratégia competitiva da organização. Portanto, a decisão de fazer um novo investimento é tomada no âmbito da alta cúpula da organização, apoiada em pesquisas de mercado e estudos de engenharia.

4.2.1 – Identificação da Oportunidade de Negócio

A proposição de um novo investimento pode ser desencadeada pelas seguintes demandas:

- Ampliação da capacidade instalada;
- Melhoria da qualidade do produto para atender as especificações dos clientes e/ou adequar-se aos padrões de órgãos regulamentadores;
- Sustentabilidade do negócio, ou seja, atendimento a requisitos legais, de segurança, saúde, meio ambiente e da comunidade;
- Mitigação de riscos operacionais;
- Implantação ou adequação da infraestrutura de suporte às operações;
- Construção de novas plantas ou instalações;
- Melhoria de processos de produção ou alteração das instalações fabris;
- Aproveitamento das oportunidades de negócio que proporcionam um retorno financeiro atrativo para a organização;
- Alinhamento e atendimento à estratégia competitiva da organização.

> A decisão de fazer um novo investimento visa manter o equilíbrio entre custos, oportunidades, riscos e desempenho, para garantir a geração de valor do negócio, e um horizonte de tempo, no futuro, claramente especificado.

4.2.2 – Projeto Conceitual

A análise realizada na etapa do FEL 1 tem, por finalidade, descrever a razão de se desenvolver o projeto em termos de necessidades, fatores motivadores da iniciativa assim como definir qual é o alinhamento do projeto à estratégia do negócio bem como os benefícios que o empreendimento irá gerar para a organização.[4.1; 4.2; 4.3]

O projeto conceitual é desenvolvido por meio de um *business case* de forma que se possa estabelecer, claramente, as oportunidades ou os riscos do negócio. São descritas as alternativas que devem ser estudadas para avaliar a oportunidade de se realizar o investimento e a atratividade do negócio. O propósito é criar valor para a organização, conforme ilustrado na Figura 4.1.[4.1]

As atividades que usualmente são realizadas nesta fase são:[4.5]

- Pesquisa e projeção de cenários de mercado;
- Estudo da competitividade do projeto;
- Estudos preliminares de impacto ambiental e contatos iniciais com os órgãos ambientais;
- Seleção das tecnologias aplicáveis;
- Levantamento das necessidades de pesquisa e desenvolvimento;
- Análises iniciais de localização;
- Estimativa de prazo de implantação;
- Estimativa preliminar de custo;
- Descrição das restrições;
- Especificação dos requisitos;
- Requerimentos de patentes;
- Análises dos ganhos (benefícios) de valor que serão obtidos, e os potenciais indicadores para mensurá-los;
- Faixas de tolerância do produto;
- Análise preliminar de riscos;
- Plano de aplicação das práticas que agregam valor (*Value Improving Practices* – VIP);
- Estudos de viabilidade econômica e financeira;
- Critérios para abandonar o projeto.

4.2.3 – Produtos do FEL 1

Destacam-se, a seguir, alguns dos produtos gerados na fase de FEL 1:[4.1; 4.2; 4.4; 4.5]

- Definição dos objetivos do projeto para o negócio da organização;
- Alinhamento estratégico do projeto com a estratégia competitiva da organização;

- Previsões de mercado;
- Declaração detalhada do escopo;
- Recomendações das alternativas a serem avaliadas na fase de FEL 2;
- Cronograma preliminar da fase de FEL 2;
- Estimativa de custos.

4.3 – Estudo e Seleção de Alternativas (FEL 2)

Nessa etapa são avaliadas, em profundidade, as alternativas tecnológicas e de processo propostas, indicadas no FEL 1, para a implantação do projeto. O propósito dos estudos é selecionar a alternativa que seja mais efetiva no atendimento ao objetivo do negócio; ou seja, que gere valor para a organização.

Após a seleção da alternativa a ser desenvolvida, são estudados e observados os seguintes aspectos:[4.1; 4.5]

- Declaração detalhada do escopo;
- Sondagens e análises de solos;
- Identificação de necessidades auxiliares;
- Definição da tecnologia a ser utilizada;
- Análises de risco;
- Engenharia conceitual;
- Avaliação da viabilidade econômica e financeira das alternativas;
- Seleção definitiva do local;
- Diagramas de blocos dos processos de produção;
- Estimativa preliminar de OPEX;
- Solicitação formal de licença prévia ao órgão ambiental.

4.3.1 – Produtos do FEL 2

Destacam-se, a seguir, alguns dos produtos gerados na fase de FEL 2:[4.1; 4.2; 4.4; 4.5]

- Alternativa de engenharia conceitual selecionada;
- Escopo detalhado do projeto;

- Estrutura analítica do projeto;
- Engenharia conceitual;
- Localização e layout do empreendimento;
- Avaliação da viabilidade econômica e financeira do empreendimento;
- Cronograma *master* com os principais marcos do projeto;
- Estimativa de CAPEX;
- Estimativa preliminar de OPEX;
- Identificação de problemas e dificuldades a serem tratados na fase de FEL 3;
- Estudos ambientais;
- Estudos de desenvolvimento social;
- Análise preliminar de riscos;
- Análise de saúde e segurança;
- Análise de riscos do projeto;
- Plano de execução do projeto (estratégias de: desenvolvimento e controle da engenharia detalhada, suprimentos, construção, comissionamento e *start up*);
- Estruturação da equipe que irá trabalhar no FEL 3;
- Plano de trabalho do FEL 3.

Em geral, o gasto esperado durante a fase de FEL 2 é da ordem de 0,5% a 1,5% do custo total do projeto.[4.5]

4.4 – Desenvolvimento do Projeto Básico e Planejamento da Execução FEL 3. 4.1

Nessa fase efetua-se o detalhamento do escopo e o planejamento da implantação do empreendimento (execução), assim como a estimativa de custos e o cronograma de execução da obra.[4.1]

É válido ressaltar que é extremamente necessário envolver o pessoal da operação e da manutenção, no sentido de que estes possam contribuir na análise e definição do escopo do empreendimento.[4.5]

As atividades desenvolvidas nessa etapa são:[4.5]

- Elaboração dos fluxogramas de processo;
- Tubulações;
- Instrumentação;
- Especificação dos principais equipamentos;
- Plano de contratação;
- Plano de execução;
- Escopo do trabalho;
- Análise dos cronogramas;
- Estimativas para autorização do site;
- Desenho unifilar de elétrica;
- Plano de segurança da obra;
- Análise qualitativa e quantitativa de risco;
- Requisitos de segurança para a unidade industrial;
- Obtenção da concessão de licença prévia.

4.4.1 – Principais Produtos do FEL 3

O principal produto do FEL 3 é o acompanhamento de todas as partes (engenharia, alta administração, operação, manutenção, suprimentos), com tudo aquilo que fora definido para implantar o empreendimento.[4.5]

Destacam-se, a seguir, alguns dos outros produtos gerados no FEL 3:[4.1; 4.2; 4.4; 4.5]

- Objetivos do projeto e detalhamento do escopo;
- Detalhamento da estrutura analítica do projeto;
- Especificação dos equipamentos;
- Engenharia básica;
- Localização e layout do empreendimento;
- Análise de saúde e segurança;
- Licenciamento ambiental;
- Estimativa de CAPEX;
- Estudo da viabilidade econômico-financeira;
- Plano de execução do projeto;

- Gestão de riscos e seguros do projeto;
- Recursos humanos;
- Documentação (lições aprendidas, manual de operação, manual de manutenção);
- Planos de comunicação;
- Mapeamento e análise das expectativas dos *stakeholders*.

De modo amplo, a utilização da metodologia FEL para a gestão de projetos de capital tem por objetivo maximizar a geração de valor ao negócio por meio do equilíbrio entre oportunidades, risco, custo e desempenho. Esses elementos estão ilustrados na Figura 4.4.

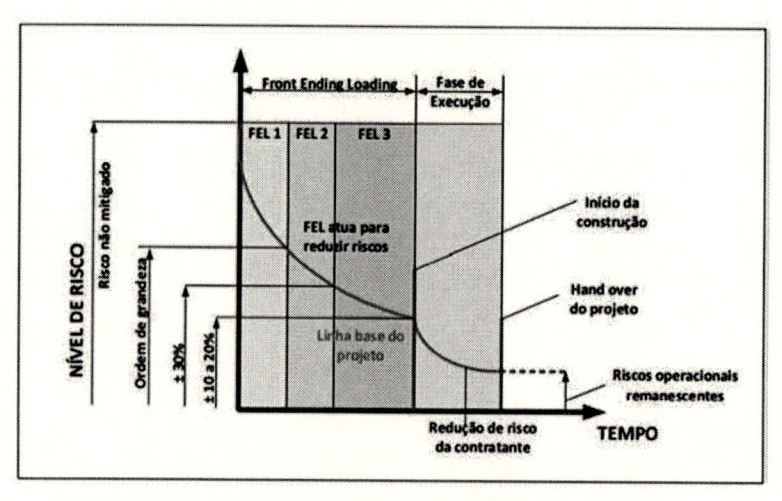

Figura 4.4: Nível de risco em relação ao longo tempo de implantação do empreendimento.[4.9]

4.5 – Compras

Embora a atividade de compras já faça parte da execução do empreendimento, a destacamos em separado porque, a partir da aprovação e liberação do investimento, as atividades de execução dependem da área de compras.

Isto significa que a área de suprimentos é o principal aliado por garantir o atendimento aos padrões técnicos estabelecidos nas especificações além dos prazos de entrega, requisitos essenciais para que o empreendimento tenha sucesso. Em resumo, adquirir conforme especificado e planejado.

Destacam-se as atividades desenvolvidas no âmbito da área de compras:

- Análise das especificações dos pedidos de compras de materiais, equipamentos e serviços;
- Classificação dos pedidos de compra;
- Elaboração dos editais de concorrência;
- Pré-qualificação de fornecedores;
- Desenvolvimento de fornecedores;
- Avaliação e qualificação de fornecedores;
- Lançamento das concorrências;
- Recebimento, análise e classificação de propostas técnicas e comerciais;
- Seleção de fornecedores com a competência exigida (técnica, tecnológica, comercial, capacidade de fabricação, recursos humanos, financeira e econômica, credenciada e habilitada legalmente para fornecer o "pacote" etc);
- Negociação de compra;
- Homologação de contratos de compra.

4.6 – Execução

A execução consiste na implantação das atividades e dos processos que foram planejados no FEL 3. Durante a execução, vários fatores devem ser gerenciados, a saber: execução da obra, escopo, saúde e segurança, seguros, meio ambiente, relações com os *stakeholders*, cronograma, engenharia detalhada, suprimentos, construção e montagem, custos, riscos e comunicação, ilustrados na figura 4.5.

Figura 4.5: Processo de Gestão da Execução.

4.6.1 – Gestão da Execução da Obra

A Gestão da Execução é realizada por meio da fiscalização das obras e apoio às diversas áreas envolvidas na implantação do empreendimento. O gerenciamento das atividades é feito com a utilização de três cronogramas: cronograma *master*, cronograma contratual e cronograma executivo.

- Cronograma *Master*: contém o planejamento completo da implantação do empreendimento, os marcos do cronograma e as contingências.
- Cronograma Contratual: contém os prazos da duração dos serviços contratados, que devem ser alinhados com os marcos do cronograma *master*.
- Cronograma Executivo: é o cronograma utilizado pelas empresas contratadas para controlar a rotina referente ao avanço dos trabalhos diários.

4.6.2 – Gestão do Escopo

Consiste no acompanhamento e controle do escopo do projeto para garantir que as características construtivas e as especificações sejam plenamente atendidas. Caso seja necessário realizar mudanças de escopo, estas deverão ser analisadas detalhadamente a fim de verificar os impactos que poderão causar em outras áreas do empreendimento. Invariavelmente, alterações de escopo impactarão no prazo e no custo da obra.

4.6.2.1 – O impacto das Mudanças de Escopo no Custo do Empreendimento

Conforme ilustrado na figura 4.6, a realização de estudos com a utilização da metodologia FEL contribui para a redução do investimento do projeto de capital. Note que, no início do projeto, a oportunidade/poder de influenciar na mudança do escopo é alta e com um baixo impacto no custo do investimento.

Mas, à medida que as etapas do projeto avançam, a situação se inverte, ou seja, o poder de influenciar (exigir) mudanças de escopo diminui e os custam passam a aumentar. Esse é o ponto principal da questão.

Observe que a fase de análise das alternativas corresponde ao limite da mudança de escopo do empreendimento. Isto significa que, caso alguma questão relevante deixe de ser tratada nesta fase, aquela terá que ser abandonada na fase de engenharia detalhada, de forma que não seja inviabilizada a geração de valor do negócio.

Se ocorrerem alterações, o escopo impactará negativamente na geração de valor do negócio porque os custos adicionais para realinhar o empreendimento às necessidades estratégicas da organização serão maiores.

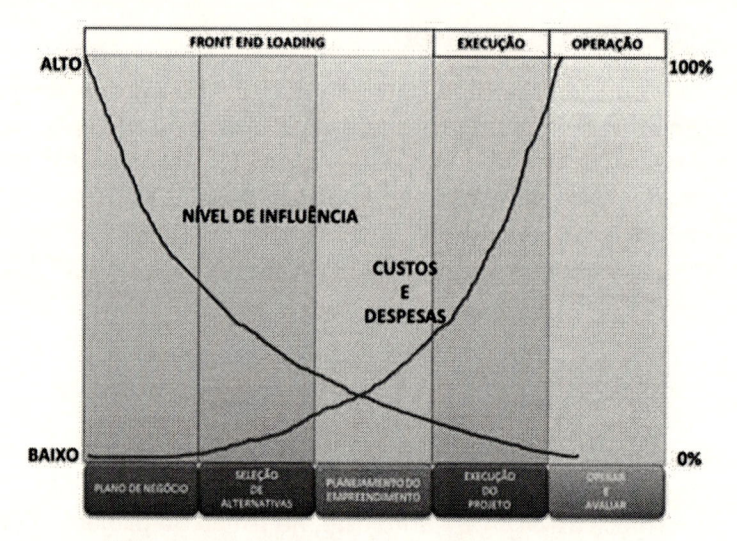

Figura 4.6: Impacto da mudança de escopo no custo e despesa do projeto de capital.[4.8]

4.6.3 – Gestão da Saúde e Segurança

Monitoramento e controle das condições da execução da obra em relação à probabilidade de ocorrências de eventos que gerem riscos à segurança e / ou à saúde dos trabalhadores.

4.6.4 – Gestão de Seguros

Conforme já mencionado, a complexidade do investimento de capital é muito elevada, portanto, todo o empreendimento deve ser assegurado por apólices de seguros.

4.6.5 – Gestão do Meio Ambiente

Acompanhamento das atividades do empreendimento, com vistas a assegurar o pleno atendimento das condicionantes das licenças ambientais e/ou medidas compensatórias. Intermediação das negociações com as diversas áreas e órgãos de fiscalização a fim de atender aos requisitos exigidos com o propósito de obtenção da licença da operação.

4.6.6 – Gestão das Relações com os *Stakeholders*

Mapeamento, monitoramento e análise das reinvindicações dos principais *stakeholders* do negócio e com aqueles específicos, mais próximos ao empreendimento (comunidade no entorno e nas imediações da instalação. Desenvolvimento de planos de ação para manter um bom nível de relacionamento com os *stakeholders* do negócio e a com comunidade local.

4.6.7 – Gestão do Cronograma

Os indicadores básicos são: os marcos contratuais, marcos do projeto, caminho crítico. Monitoramento e controle do cronograma físico-financeiro e econômico do projeto com o propósito de garantir o encadeamento das várias atividades, no sentido de que seja mantida a evolução gradativa do projeto, conforme planejado.

4.6.8 – Gestão da Engenharia Detalhada

Consiste no acompanhamento do desenvolvimento de projetos junto aos projetistas de instalações, projetistas de equipamentos, fabricantes de equipamentos. Envolve a coordenação das atividades de interface entre os diversos setores e agentes envolvidos. O propósito da gestão da engenharia detalhada é assegurar as condições de operabilidade da planta.

Cabe aqui um alerta bastante importante, decorrente da nossa experiência: é recomendável exigir dos diversas projetistas (equipamentos mecânicos, elétricos, construção civil, tubulações etc) os desenhos da base e/ou elementos de fixação dos principais "pacotes" de fornecimento. Invariavelmente ocorrem problemas técnicos e atrasos no cronograma da obra porque são detectadas interferências dimensionais ou geométricas para o acoplamento dos diversos "pacotes".

Na maioria dos casos em que isso ocorre, é porque uma determinada empresa efetua modificações no detalhamento de engenharia sem considerar o impacto gerado nas interfaces da construção. Enfim, ter em mãos o desenho da base de fixação de um equipamento pesado é superimportante para projetar as fundações e executar a obra civil, ou seja, depois de concretados os chumbadores (prisioneiros de fixação) em uma posição errada, a única solução é quebrar o piso e fazer de novo. Resultado: retrabalhos, que provocam atrasos na obra.

4.6.9 – Gestão dos Suprimentos

A Gestão dos Suprimentos é feita por meio do acompanhamento, tanto físico como financeiro, dos contratos de fornecimento. Em muitos casos, o contrato envolve pagamentos antecipados ou parcelados em função do cronograma de fabricação do "pacote". Além disso, determinadas liberações de pagamentos ficam condicionadas à realização de atividades específicas, por exemplo:

- Comprovação de compra de materiais;
- Inspeção e ensaios (não destrutivos e destrutivos) dos materiais adquiridos pelo fornecedor para averiguar se aqueles estão em conformidade com as especificações exigidas;
- Inspeções técnicas parciais durante a fabricação (soldagem, pintura, montagem, estanqueidade);
- Ensaios e testes com a presença do cliente (mecânicos, elétricos etc);
- Emissão de laudos de inspeções e testes;
- Emissão de certificados de qualidade;
- Certificados de treinamento e capacitação dos colaboradores;
- Documentos comprobatórios de pagamentos de impostos;
- Fornecimento de documentos (desenhos, manuais, diagramas, traduções, notas fiscais comprobatórias de gastos);
- Inspeções de recebimento, nas instalações do fabricante, antes do embarque da encomenda;
- Emissão e aprovação de relatórios técnicos elaborados por empresas contratadas para supervisionar a fabricação, nas instalações do fornecedor;
- Inspeção de acondicionamento das embalagens, antes do embarque das encomendas.

4.6.10 – Gestão da Construção e Montagem

A Gestão da Construção e Montagem envolve diversas atividades, a saber:

- Assegurar a infraestrutura logística para o transporte, manuseio, movimentação e armazenagem de materiais, máquinas, equipamentos, ferramentas e acessórios;
- Garantir o transporte, movimentação e segurança das pessoas nos canteiros de obra e escritórios do empreendimento;
- Acompanhamento, monitoramento, fiscalização/medição e controle dos serviços de construção e montagens da obra;
- Liberação das faturas para pagamento dos serviços;
- Coordenação das interfaces entre os diversos fornecedores no canteiro de obras;
- Monitoramento, controle e resolução de conflitos que impactam no avanço da implantação do empreendimento;
- Registro e documentação das lições aprendidas. Medição e controle das atividades executadas.

4.6.11 – Gestão dos Custos

Acompanhamento, apropriação e controle dos custos por meio da comparação do orçamento de custos do empreendimento *versus* custos reais do projeto. Controle de gastos dos contratos de prestação dos serviços. Tratamento e justificativa dos desvios orçamentários.

4.6.12 – Gestão da Qualidade

A Gestão da Qualidade deve ser realizada por meio da apropriação do monitoramento e controle dos principais indicadores do projeto a fim de avaliar se os resultados estão em conformidade com os padrões especificados no projeto do empreendimento. As não conformidades têm que ser tratadas para que sejam evitados atrasos no cronograma de execução.

4.6.13 – Gestão de Riscos

A Gestão de Riscos é realizada por meio do monitoramento e controle dos riscos estratégicos, mapeados na etapa do FEL 3. Além disso, convém ressaltar que, à medida que a construção e montagem avançam, devem ser reavaliadas as condições da planta. Isso porque podem surgir riscos não considerados anteriormente. Portanto, será necessária a implantação de novas ações de tratamento.

4.6.14 – Gestão da Comunicação

A Gestão da Comunicação é muito importante para assegurar o bom andamento das atividades. Ela deve ser direcionada de forma adequada, para os diferentes públicos e diferentes níveis hierárquicos, conforme indicado a seguir: [4.5]

- A alta gerência requer informações mais objetivas e com menor frequência;
- A alta gerência prefere visões gerais do progresso do Projeto e a apresentação de problemas isolados com as possíveis soluções recomendadas;
- Os gerentes funcionais buscam detalhes imediatos – "O que vai acontecer na minha área?" –, com informações sobre o progresso do Projeto, o impacto sobre as projeções e atualizações de recursos;
- Os membros da equipe precisam de informações detalhadas uns dos outros de forma que as suas orientações possam ser orientadas;
- Os clientes e grupos de usuários devem ser informados sobre o progresso e a respeito de questões específicas do projeto, regularmente;
- Os grupos de apoio e representantes externos devem compreender como seus papéis e tarefas influenciam no projeto;
- O gerente do Projeto deve estar atento ao equilíbrio no fluxo de informações. Sem excessos nem escassez.

Em resumo, quando houver dúvidas, os membros da comunidade devem ser perguntados sobre o tipo de informações que necessitam e como preferem recebê-las.

4.7 – Comissionamento

A atividade de comissionamento visa avaliar o nível de confiabilidade das instalações em relação aos requisitos especificados no projeto. O comissionamento é realizado por meio de testes sem carga e com carga para avaliar as condições de funcionamento e as condições operacionais de produção. Se necessário, em caso de detecção de inconformidade em alguma instalação, são listadas as soluções de engenharia adequadas às condições especificadas no projeto.

> O Comissionamento é feito para avaliar, principalmente, as questões de segurança e operabilidade da planta, e, se necessário, fazer ajustes antes de começar a produzir em escala.

4.7.1 – Pré-comissionamento

O pré-comissionamento é iniciado somente após a verificação detalhada das instalações físicas, sistemas e subsistemas, para averiguar se estas estão completas.

Após certificar-se que a instalação está concluída, é acionada a equipe de pré-comissionamento, que tem a função de inspecionar as condições e o estado das instalações e dos equipamentos por meio de inspeções, ajustes e testes sem carga.

Geralmente, esses testes são realizados em etapas sequenciais, de acordo com o fluxo do processo de operação da planta. Todos os testes são conduzidos por uma equipe multidisciplinar de várias especialidades, composta por: técnicos e engenheiros da organização (dona do empreendimento), empresa líder de montagem, empresa que gerencia a construção, projetistas da instalação e membros da saúde, segurança e meio ambiente.

Dentre as várias inspeções e testes, pode-se citar:

- Verificação dos suprimentos das utilidades tais como energia elétrica, água, ar comprimido, vapor, combustíveis;
- Testes dos sistemas de combate ao incêndio de sistemas de proteção;

- Inspeção dos sistemas de segurança e parada de emergência;
- Verificação do alinhamento e balanceamento dos principais sistemas mecânicos;
- Inspeção de equipamentos elétricos;
- Fixação e acoplamento de componentes;
- Detecção de vazamentos;
- Inspeção das tubulações e limpeza de linhas;
- Inspeção e teste dos sistemas de lubrificação dos equipamentos;
- Funcionamento remoto dos equipamentos em campo;
- Testes de malha de instrumentação.

Invariavelmente, durante as inspeções de testes, são detectadas irregularidades que são registradas e repassadas para a gerência de implantação do empreendimento. O gerente de implantação aciona as empresas responsáveis para que estas executem as correções necessárias, em conformidade com as especificações do projeto.

Após a conclusão da execução do projeto, ou seja, após a finalização das obras de construção e montagem, efetua-se o *hand-over* por meio da emissão do Termo de Aceitação formal das instalações, por parte do cliente.

4.7.2 – Comissionamento

Durante o comissionamento, se necessário, em caso de detecção de inconformidade em alguma instalação, são listadas soluções de engenharia adequadas às condições especificadas no projeto.

4.8 – *Hand Over*

O *hand over* ocorre após a constatação de que a execução do empreendimento foi concluída. Trata-se da atividade de aceitação formal das instalações pelo cliente (dono da planta), por meio da assinatura do Termo de Aceitação da Execução.

Os documentos que devem ser entregues ao cliente (dona do empreendimento), são:

- Manuais de operação;
- Manuais de manutenção;
- Termos de garantia;
- Especificações, desenhos *as built*;
- Relatórios de testes de aceitação;
- Lista de pendências;
- Outros documentos;
- Certificados de conclusão de montagem.

4.10 – Partida (*Start Up*)

A colocação em marcha (*start up*) da planta é executada pela operação com o suporte da equipe de manutenção.

4.11 – Práticas que Agregam Valor (VIP)

Detacam-se doze práticas que agregam valor (*Value Improving Practices* – VIP) ao desenvolvimento do projeto e à execução do empreendimento com o propósito de que seja obtido o sucesso almejado. Tais práticas devem ser aplicadas de acordo com os objetivos estratégicos do projeto de capital e estão ilustradas na Figura 4.7. [4.6]

Um detalhe que deve ser observado na figura 4.7 e está ilustrado, na extremidade inferior, relaciona-se à correlação direta das práticas com as principais etapas dos estudos/processos de desenvolvimento do projeto de capital: plano do negócio, análise de alternativas, engenharia detalhada, construção e montagem, comissionamento/*hand over* e *start up*. Estes estão alinhados com as VIP's. [4.8]

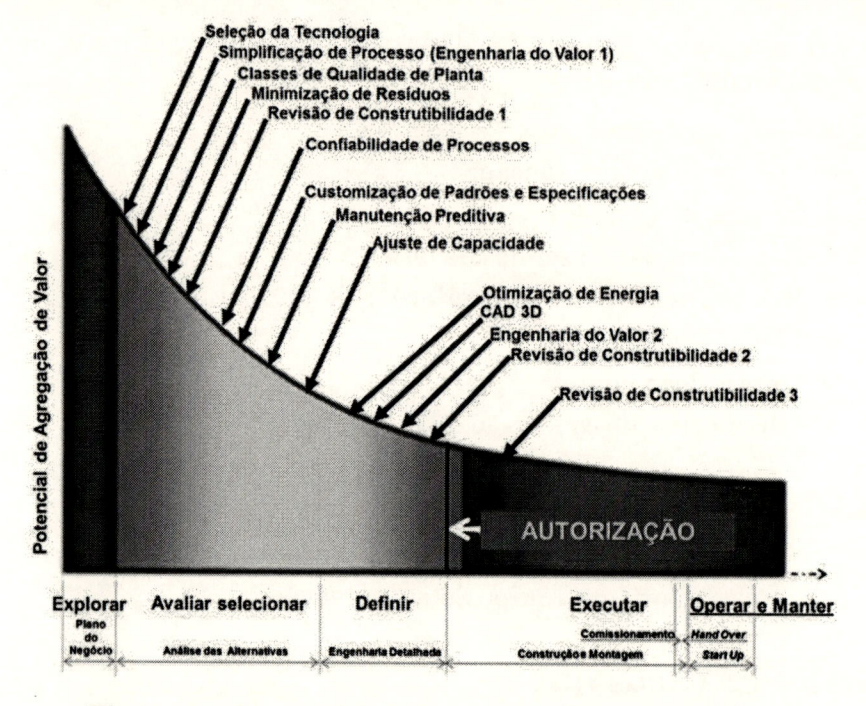

Figura 4.7: Potencial de agregação de valor das VIP's[4.6;4.8]

Destaca-se, a seguir, o objetivo de cada prática que agrega valor ao projeto, de acordo com Moraes:[4.1]

- Seleção da tecnologia: processo formal para garantir que todas as alternativas tecnológicas voltadas à realização de uma determinada atividade foram racionalmente consideradas;
- Simplificação de processo: processo estruturado para encontrar oportunidades de combinar etapas do processo, modificar etapas que agregam mais custo do que função e buscar funções complementares para equipamentos já disponíveis em outras etapas do processo, atendendo aos requisitos fundamentais de funcionalidade ao menor possível;
- Classes de qualidade da planta: usada para estabelecer a classe de instalação necessária para atender aos objetivos de negócios. Define os critérios de projeto que traduzem o melhor compromisso entre custo *versus* confiabilidade, capacidade de expansão, automação, vida útil etc. e que melhor se ajustam às necessidades do projeto. Os critérios são definidos em con-

junto com as áreas de negócios, engenharia e operação, e são documentados para comunicar o que se deseja de cada membro envolvido no projeto;

♦ Minimização de resíduos: realização de uma análise de cada um dos fluxos do processo com o objetivo de desenvolver conceitos e propostas para reduzir ou, melhor ainda, eliminar cada fluxo sem receita associada;

♦ Revisão de construtibilidade: consiste na análise sistemática e multidisciplinar do projeto, com foco na construção, para garantir que as técnicas e estratégias mais efetivas serão empregadas além de encontrar oportunidades de agregação de valor;

♦ Confiabilidade de processos: modelagem em sistemas de simulação computacional para avaliar quantitativamente a disponibilidade operacional e seu efeito sobre a capacidade real do processo produtivo;

♦ Customização de normas e especificações: envolve uma análise estruturada dos requisitos técnicos mínimos para o projeto, e a identificação e seleção de padrões e especificações que atendem a estas necessidades de forma otimizada;

♦ Manutenção preditiva: análise de criticidade e definição da filosofia de manutenção para cada ativo. Requer pesquisa das opções de tecnologia mais avançadas em sensores e instrumentação para monitoramento de características como temperatura, vibração, ruído, propagação de trincas, lubrificação e corrosão. Com base nesta pesquisa são realizadas a seleção e especificação da melhor tecnologia de monitoramento de cada ativo;

♦ Projeto para a capacidade estabelecida: consiste em uma análise formal e detalhada de cada equipamento principal no projeto para estabelecer, individualmente, qual é o mínimo fator de projeto que atende às condições operacionais previstas e, assim, minimizar o superdimensionamento dos equipamentos;

♦ Otimização de energia: É um processo que consiste em examinar o balanço de massa e energia e o consumo nas etapas de um processo para otimizar o equilíbrio, entre os custos com consumo de energia e o capital em equipamentos (trocadores de calor, sistema *heat recovery*, condensadores etc.);

- CAD 3D/TI: Modelagem em sistemas de simulação computacional para avaliar quantitativamente a disponibilidade operacional e seu efeito sobre a capacidade real do processo produtivo;
- Engenharia de Valor: a Engenharia de Valor, EV, é um método estruturado de análise funcional dos materiais, sistemas (de processo e transporte), equipamentos e serviços (montagem, etc.), que permite identificar os componentes e atividades que oneram proporcionalmente mais do que contribuem em funcionalidade. Identificados estes itens, são verificadas alternativas técnicas que atendam às funções especificadas no projeto com menor custo total.

> O uso adequado das VIP's no estudo, execução e operação de projetos de capital proporciona a geração de valor ao negócio por meio do equilíbrio entre custos, oportunidades, riscos e desempenho da gestão de ativos.

4.11.1 – Correlação das Práticas que Agregam Valor com a Gestão de Projetos de Capital

No quadro 4.1 encontra-se ilustrada a correlação direta de cada prática de agregação de valor com as principais fases de gestão de projetos de capital e, também, com o impacto (benefícios) que aquelas podem gerar na agregação de valor ao negócio, a saber:

- Sustentabilidade da estratégia competitiva;
- Redução do custo do capital;
- Melhoria dos processos de execução do empreendimento;
- Aumento da eficiência de execução do empreendimento;
- Redução do custo operacional ao longo do ciclo de vida da planta;
- Melhoria da acuracidade e do nível de assertividade das análises;
- Minimizar os riscos e potencializar as oportunidades de sucesso.

Quadro 4.1:

Tabela 4.1: Como aplicar as práticas que agregam valor
em projetos de capital e seus impactos no negócio

Convém ressaltar que a aplicação das ferramentas computacionais de Auto CAD facilita:

- ♦ A análise da construtibilidade da planta;
- ♦ A elaboração do planejamento da construção;
- ♦ A identificação das interferências das instalações e montagens industriais;
- ♦ A elaboração dos desenhos *as built* (conforme construído), para atualização dos desenhos e layout da planta;
- ♦ A avaliação dos aspectos de infraestrutura;
- ♦ O treinamento dos colaboradores das diversas áreas do empreendimento.

4.12 – A Importância Estratégica da Gestão de Projetos de Capital

A gestão assertiva de projetos de capital é altamente importante não só do ponto de vista do retorno financeiro do investimento, mas também do ponto de vista da competitividade e desenvolvimento econômico da organização e do país.

4.12.1 – Diferenças entre um Projeto Previsível e um Projeto Competitivo

A questão fundamental de todo o processo de gestão de capital é o resultado final do empreendimento em termos de equilíbrio entre oportunidades, custos, riscos e desempenho.

Em termos de desempenho, podemos classificar o sucesso do projeto de capital de duas formas básicas: projeto de capital previsível e projeto de capital competitivo, cujas características são descritas a seguir: [4.7]

- Projeto de capital previsível: é aquele que é concluído dentro das metas estabelecidas para a execução do empreendimento tais como prazo, custo, operabilidade e índices de segurança.
- Projeto de capital competitivo: é aquele que obtém índices melhores que os conquistados pela concorrência, por exemplo, execução mais rápida e mais barata que a média do mercado.

4.13 – Os Impactos Estratégicos da Gestão de Projetos de Capital

Uma visão ampliada da importância de se obter o sucesso na gestão de projetos de capital pode ser percebida por qualquer pessoa relacionada aos projetos na área de infraestrutura, principalmente em países em desenvolvimento, onde podemos constatar dois tipos de resultados significativos, a saber:[4.7]

- Se o projeto não for previsível e nem competitivo, ou seja, se fracassar, poderá retardar o crescimento econômico do país por longos anos, dificilmente recuperáveis do ponto de vista da oportunidade, na janela de tempo, de promover o progresso e o desenvolvimento da nação;
- Se o projeto for previsível e competitivo, irá alavancar e consolidar o progresso, o desenvolvimento e o crescimento econômico da nação.

4.13.1 – Além dos Horizontes da Visão da Gestão Estratégica de Projetos de Capital

Três questões-chave do ponto de vista estratégico da gestão de projetos de capital devem ser consideradas:

- ◆ Geralmente, o montante de dinheiro investido no empreendimento é elevado. Isto significa que, tanto para a iniciativa privada como para os órgãos públicos, o fracasso do projeto de capital é desastroso, quer seja em relação ao crescimento econômico, quer seja pela perda de competitividade da organização perante o mercado concorrente;

- ◆ Normalmente, a organização possui uma vasta carteira de projetos de capital que oferecem oportunidades de geração de valor ao negócio. Quando se "desperdiça" dinheiro na gestão de um determinado projeto de investimento de capital, as fontes de investimento da organização diminuem. Como resultado, esta fica sem capital para investir em outros projetos que também são importantes;

- ◆ Quando a organização perde a sua capacidade de investimento de capital, os riscos de que a sua competitividade no mercado seja perdida aumentam. Como resultado, aquela perderá a capacidade de atender as necessidades dos clientes e ficará enfraquecida perante os concorrentes diretos.

Em resumo, não podemos considerar isoladamente o sucesso ou o fracasso de um projeto de capital porque a gestão de ativos tem que estar focada no ciclo de vida do negócio e na geração de valor para os proprietários e os principais *stakeholders*.

Capítulo 5

Gestão da Cadeia de Suprimentos

5.1 – Introdução

A primeira fonte de vantagem competitiva da Organização advém da sua capacidade de destacar-se aos olhos do cliente e de seus concorrentes; já a segunda fonte é obtida quando a Organização consegue operar a um custo mais baixo que os seus competidores diretos, consequentemente, obtendo mais lucro.[5.1,5.2,5.3]

Porém, para a Organização obter vantagens de custos ou de valor, ou ambas, ela precisa desenvolver a Gestão de Ativos de forma coordenada de forma que o valor dos ativos seja obtido. Sob esse enfoque, é fundamental promover ações estratégicas junto à cadeia de suprimentos, que provê os recursos materiais e os serviços que suportam as operações da Organização.

A questão-chave que deve ser percebida é que, atualmente, as Organizações não concorrem mais diretamente entre si, mas com as cadeias de suprimentos que as abastecem, uma vez que o custo, a qualidade, a flexibilidade, a agilidade e os prazos de entrega dos produtos dependem do desempenho daquelas primeiras.[5.1;5.2;5.3;5.36]

5.2 – O conceito de vantagem competitiva

A vantagem competitiva é oriunda, fundamentalmente, das condições que a empresa possui para criar valor para seus clientes. Em termos competitivos, valor refere-se ao montante que os compradores estão dispostos a desembolsar por um determinado bem ou serviço que uma empresa lhes fornece, desde que esse número não ultrapasse o custo de fabricação ou do serviço.[5.1]

Entretanto, não é possível compreender o conceito apenas observando-se a empresa como um todo, tendo em vista que esta é oriunda das distintas atividades executadas, por exemplo: no projeto, no marketing, na produção, na entrega e no pós-venda de suporte ao produto. Aliás, conforme a maneira como essas atividades básicas forem executadas, estas poderão contribuir para a obtenção da vantagem competitiva.

5.3 – O conceito de cadeia de valor

Ao utilizar o conceito de cadeia de valor, isto facilita visualizar e desagregar a empresa, de maneira a elencar aquelas atividades que têm maior relevância estratégica para a agregação de valor, como ilustrado na figura 5.1.

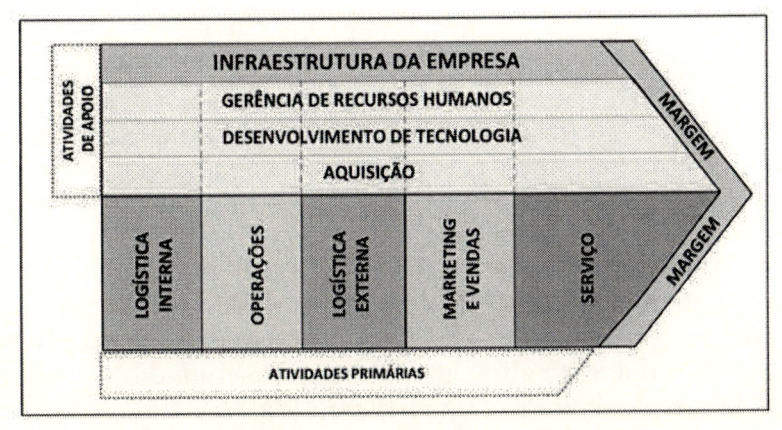

Figura 5.1: Cadeia de valor.[5.1]

Conforme pode ser observado, a cadeia de valor subdivide-se em dois grupos de atividades: os de apoio, constituídos pela infraestrutura da empresa, gerência de recursos humanos, desenvolvimento de tecnologia e aquisição; e em atividades primárias, tais como logística interna, operações logísticas externas, marketing, vendas e serviço.

Portanto, em um mesmo segmento industrial, as cadeias de valores de empresas concorrentes diferem por serem como reflexos da sua história, estratégia, método de implementação da estratégia e da economia básica das atividades inerentes.[5.1]

Em síntese, esse modelo de cadeia de valor pode ser utilizado como uma ferramenta para identificar maneiras de criar mais valor para o consumidor, uma vez que qualquer empresa representa um conjunto de atividades desempenhadas para planejar, produzir, vender, entregar e dar suporte a seus produtos.

5.4 – Definição de logística

A Logística é parte da gestão da rede de suprimento que planeja, implanta e controla eficiente e eficazmente os fluxos diretos e reversos, a armazenagem de produtos, serviços e as informações correspondentes, entre o ponto de origem e o ponto de consumo, de forma a atender aos requisitos do cliente. As atividades de gestão logística incluem tipicamente gestão de transportes de insumos e produtos, gestão de frota, armazenagem e manuseio de materiais, atendimento de pedidos, projeto da rede de instalações, gestão de estoques, planejamento de suprimentos/demanda e gestão de provedores de serviços logísticos. [5.2]

Em resumo, a logística consiste no processo de gestão estratégica da aquisição, movimentação e armazenagem de materiais, peças e estoques finais (e fluxos de informações relacionados) por meio da organização e de seus canais de comercialização, de tal forma que as rentabilidades, atual e futura, sejam maximizadas por meio da execução de pedidos, visando a relação custo-benefício das partes interessadas. Basicamente, a logística assegura ao cliente ou ao consumidor final o atendimento das suas necessidades no momento exato em termos de tempo, tipo e lugar. [5.1;5.3,5.4,5.5]

A figura 5.2 ilustra os principais termos relacionados à logística.

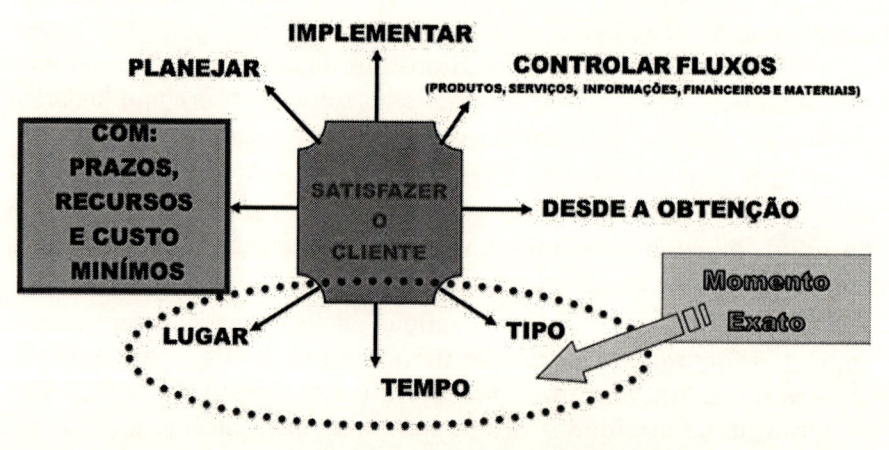

Figura 5.2: Principais termos da definição de logística.[5.6]
Fonte: Adaptado de Esmeraldo

A logística é, em essência, uma orientação e uma estrutura de planejamento que visa criar um único plano para o fluxo de produtos e informações por meio de um negócio.[5.3]

5.4.1 – Operações logísticas básicas

Existem cinco operações logísticas básicas: logística de abastecimento, logística interna, logística fabril, logística de distribuição e a logística reversa. Cada uma dessas áreas será detalhada a seguir:[5.7]

Logística de suprimentos

A logística de suprimentos é conhecida também como logística de abastecimento. Sendo especializada na área de planejamento e operacionalização do suprimento, compras de materiais e tratamento logístico dos produtos, abrange as seguintes atividades:

- Planejamento de materiais e insumos;
- Prospecção e seleção de fornecedores;
- Prospecção, desenvolvimento ou criação de fontes alternativas de fornecimento;
- Criação e manutenção de bancos de dados de fornecedores e materiais;
- Determinação, em conjunto com a área de produção, das quantidades a serem compradas;
- Implantação dos processos de padronização, simplificação e homologação;
- Processamento e transmissão de pedidos;
- Redução de sobras de materiais;
- Contratação de seguros de transporte e procedimentos alfandegários;
- Avaliação e confecção de contratos;
- Compras;
- Negociação e otimização de garantias e serviços pós-venda.

Logística interna

É a área especializada no fluxo interno de matérias-primas e de produtos acabados nos armazéns e centros de distribuição, compreendendo as atividades de recebimento, movimentação, ressuprimento, armazenagem, seleção de pedidos, faturamento e expedição. Possui interfaces com as áreas de logística de abastecimento e logística de distribuição. As principais atividades executadas nessa área são:

- Recepção de documentos fiscais;
- Unitização de produtos em um mesmo dispositivo ou embalagem;
- Inspeção e conferência de cargas recebidas;
- Movimentação de mercadorias no ambiente interno do armazém;
- Armazenagem de produtos no armazém;
- Ressuprimento das áreas onde os produtos são disponibilizados nos armazéns;
- Seleção de pedidos;
- Expedição de materiais para a produção e de produtos acabados para a distribuição.

Logística fabril

Essa é a área especializada na otimização e disposição dos recursos de produção e do fluxo interno de matérias-primas e de produtos acabados nas unidades fabris em todas as etapas dos processos produtivos, inclusive, compreendendo as atividades de dimensionamento de recursos, layout e simulação. Também mantém interface com as áreas de logística de abastecimentos e logística de distribuição. Compõem a logística fabril as atividades a seguir:

- Planejamento e Controle da Produção;
- Requisições de materiais e componentes para linha de produção;
- Inspeção e conferência de materiais e componentes recebidos;
- Movimentação de materiais, componentes e produtos no ambiente interno da fábrica;
- Armazenagem temporária de materiais, componentes e produtos na linha de produção;
- Unitização de produtos em um mesmo dispositivo ou embalagem;
- Expedição de produtos para a distribuição.

Logística de distribuição

A logística de distribuição é a área responsável pela entrega do produto ao cliente. Mantém interfaces nas operações com a logística interna e com o marketing, de modo a auxiliar na determinação do nível de serviço. As operações executadas nessa área são:

- Planejamento dos meios de transporte a serem utilizados;
- Escolha do meio de transporte mais adequado para o produto transportado, considerando os custos e o nível de serviço;
- Roteirização da distribuição;
- Gerenciamento de frotas;
- Entrega dos pedidos.

Logística reversa

A logística reversa está associada ao retorno de materiais e embalagens visando a reciclagem, a substituição de produtos, a reutilização ou até mesmo o descarte de resíduos de forma apropriada, reduzindo os custos e os impactos ao meio ambiente.

Há várias situações em a logística reversa é aplicada, a saber:

- Devolução de material ou produto para o fornecedor;
- Devolução de produto pelo cliente;
- Devolução de embalagens para o fornecedor;
- Devolução de embalagens reutilizáveis, pelo cliente;
- Devolução de embalagens, para descarte, pelo cliente.

No caso de devolução de material ou produto para o fornecedor, é necessário que sejam efetuadas as seguintes atividades: negociação com o fornecedor, inspeção do material ou produto a ser devolvido, reembalagem, transporte etc.

Já no caso de devolução do produto pelo cliente, a empresa precisa realizar as seguintes atividades: inspeção do produto a ser devolvido, relatório técnico sobre a aceitação da devolução, gerenciamento do processo de coleta, reembalagem, transporte, recepção do produto devolvido.

As devoluções de embalagens para o fornecedor requerem que sejam efetuados os seguintes procedimentos: tratamento das embalagens (se necessário), armazenagem das embalagens e transporte.

Quanto à devolução de embalagens reutilizáveis pelo cliente, isso exige uma série de atividades sob supervisão/controle. Dentre as principais, destacam-se: gerenciamento do processo de coleta, coleta das embalagens, descarga das embalagens, tratamento das embalagens (se necessário) e armazenagem das embalagens.

A devolução de embalagens e produtos, para descarte ou reciclagem pelo cliente, requer os seguintes procedimentos: gerenciamento do processo de coleta, coleta das embalagens, descarga das embalagens, tratamento das embalagens (se necessário), armazenagem das embalagens, transporte para a recolhedora ou outro local definido.

5.5 – A evolução da logística para a cadeia de suprimentos

A área de conhecimento da logística evoluiu paulatinamente à medida que se ampliava o desenvolvimento econômico. A evolução do setor industrial e da tecnologia computacional e de informação também contribuiu para isso. Até 1960, as atividades da empresa eram fragmentadas em setores ou departamentos, com pouca integração.

A partir de 1960, à medida que os processos de gestão organizacionais foram se estruturando, desencadeou-se a integração das atividades, principalmente nas áreas de compras e gerenciamento de materiais.

Em meados da década de 1980 ocorreu um movimento para integrar os fluxos dos processos logísticos realizados dentro da empresa até a efetiva entrega dos produtos para o cliente. Logo, a partir da junção da função compras/gerenciamento de materiais com a de distribuição, formou-se a área de logística, que promoveu a integração das movimentações físicas de materiais, produtos, serviços, informação e financeira. Este movimento foi ampliando-se e se consolidou em 2000.

A partir de 2001, com o aumento da complexidade dos processos empresariais e em decorrência da globalização econômica do mercado, essa integração expandiu-se de forma acentuada porque o desafio passou a ser a gestão dos relacionamentos, contratuais e estratégicos, entre as empresas pertencentes a um determinado segmento

Capítulo 5 Gestão da Cadeia de Suprimentos 103

de produção, o que se denominou como cadeia de suprimentos. Essa evolução está ilustrada na figura 5.3.

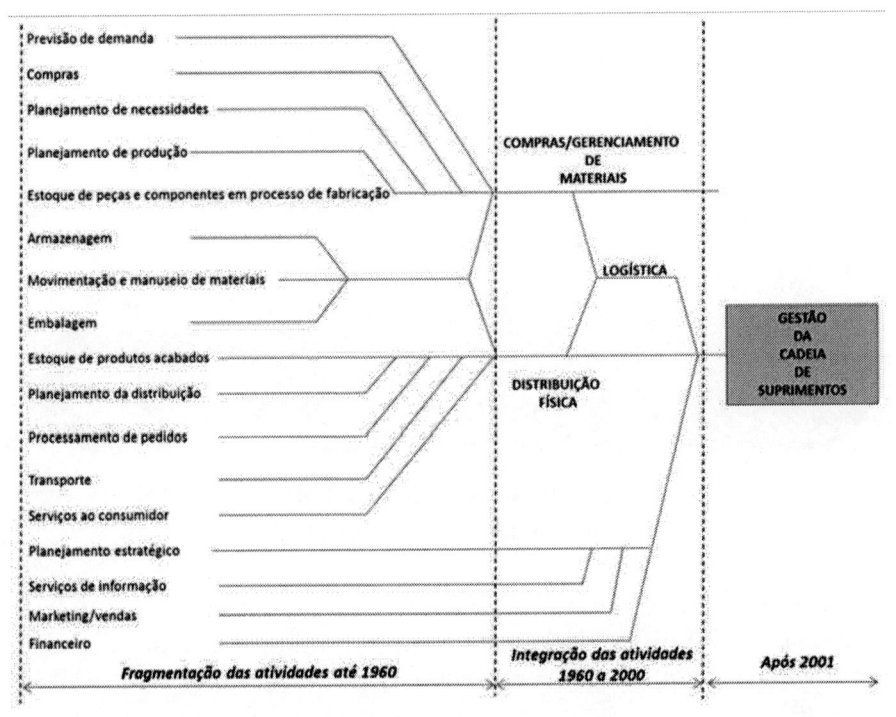

Figura 5.3: Evolução da logística para a cadeia de suprimentos.[5.4]

5.6 – Definição de cadeia de suprimentos

A cadeia de abastecimento é o conjunto composto por uma determinada empresa e todas as outras organizações com as quais ela interage, de forma direta e ou indireta, por meio de seus fornecedores e clientes à montante (na direção da nascente) e à jusante (no sentido da correnteza da nascente para a foz), ou seja, desde o ponto de origem dos materiais até o ponto de consumo dos produtos finais.[5.7]

A interação dinâmica de funcionamento da cadeia de suprimentos ocorre por meio de ligações nos dois sentidos, ou seja, do fornecedor para a empresa compradora ou cliente final e vice – versa.[5.8]

Salienta-se que o conceito de cadeia de suprimentos é originário do termo em inglês *supply chain*, ou seja, corrente de fornecedor. Esse termo foi cunhado devido à robustez da metáfora da corrente e de seus respectivos elos unidos uns ao outros, caracterizando a interdependência existente entre os membros pertencentes da cadeia suprimentos com base na relação cliente/fornecedor em direção ao consumidor final, conforme ilustrado na figura 5.4.

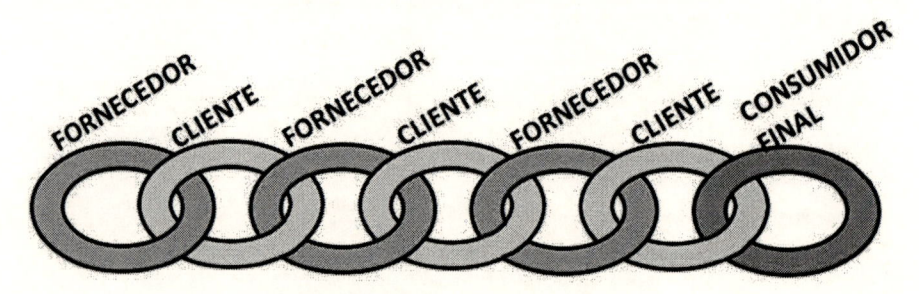

Figura 5.4: *Supply chain*
Fonte: Adaptado de Esmeraldo.[5.6]

Além disso, essa metáfora também está associada à força da corrente, ou seja, à dificuldade para romper qualquer um dos elos, cujo significado é a solidez das empresas e das relações que elas mantêm entre si.

Entretanto, existem divergências em relação ao conceito de cadeia de suprimentos, pois diversos autores preferem utilizar o termo rede (*network*) de trabalho, de entidades, ou de organizações envolvidas através de ligações à jusante e/ou à montante.[5.3;5.9;5.10]

Apesar da validade dessa metáfora, a mesma distorce a visão da realidade das transações por ser muito simplista, linear e unidirecional. O termo mais apropriado em inglês é *supply network* (rede de suprimentos), porque não se trata de uma cadeia de negócios com relacionamentos um a um, mas de uma rede de trabalho (*network*) com múltiplos negócios e múltiplos relacionamentos, como ilustrado na figura 5.5.[5.11]

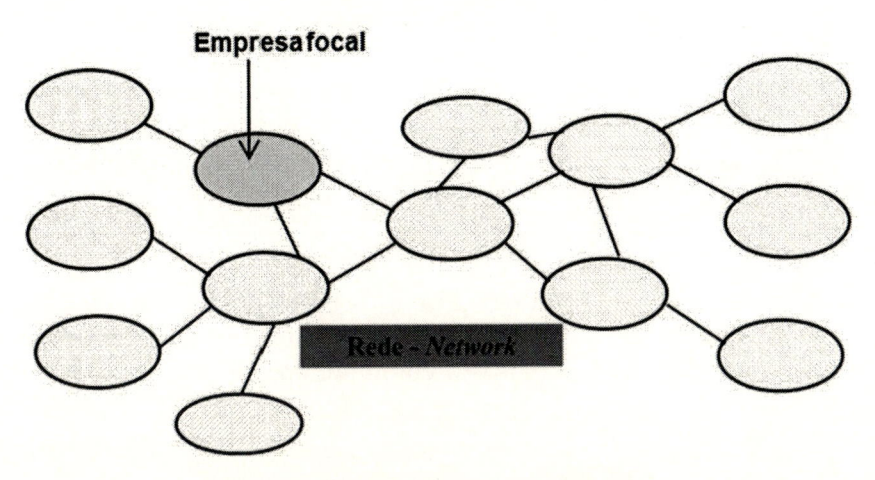

Figura 5.5: Redes de fornecedores.[5.12]

O termo rede é mais apropriado pelos seguintes motivos:

♦ Permite descrever os *loops* reversos;
♦ Permite visualizar as ligações e a direção dos nós (relacionamentos de negócios empresariais) laterais;
♦ Posiciona a empresa focal como o ponto de referência dos relacionamentos de negócio, por exemplo, a fábrica montadora de automóveis e os fabricantes de autopeças;
♦ Facilita a representação da grande e intrincada quantidade de relacionamentos entre as diversas empresas que fazem parte da rede.

Portanto, a metáfora da rede remete à noção de um conjunto ou uma multiplicidade de nós interconectados por relações empresariais bem definidas, porém, complexas.

Realmente, do ponto de vista organizacional, o conceito de redes consubstancia a realidade das atividades econômicas que comumente ocorrem nas relações interfirmas quer seja, por meio de coordenação ou cooperação ou parceria empresarial.[5.13]

> REDE DE SUPRIMENTOS (*supply network*) é uma estrutura mais complexa na qual as organizações podem ter vínculos cruzados e multidirecionais.
> CADEIA DE SUPRIMENTOS (*supply chain*) é um conjunto de vínculos mais simples, sequencial, porém, apenas bidirecional.

Entretanto, considerando-se que o termo cadeia de suprimentos é o mais conhecido e usualmente utilizado na literatura e no meio empresarial, optou-se por usá-lo como sendo sinônimo de rede de empresas.

5.7 – Gestão da cadeia de suprimentos

Pode-se definir gestão da cadeia de suprimentos como "a administração integrada dos processos principais de negócios envolvidos com fluxos físicos, financeiros e de informações, englobando desde os produtores originais de insumos básicos até o consumidor final, no fornecimento de bens, serviços e informações, de forma a agregar valor para todos os clientes – intermediários e finais – e para outros grupos de interesse legítimos e relevantes para a rede (acionistas, funcionários, gestores, comunidade, governo)".[5.4] Essa definição é interessante porque inclui os *stakeholders*.

> O ponto principal para o sucesso da gestão da cadeia de suprimentos é analisar o desenvolvimento de cada atividade a fim de identificar os fatores que contribuem para a agregação de valor ao negócio.

Entretanto, a gestão da cadeia de suprimentos necessita de uma estrutura genérica para que se cumpra a sua função, resultante da composição de três elementos estreitamente relacionados entre si: os processos de negócios, os componentes de gestão e a arquitetura ou configuração da cadeia de suprimentos, ilustrados na figura 5.6.[5.14]

Figura 5.6: Gestão da Cadeia de Suprimentos.

Os processos de negócios referem-se àquelas atividades que produzem um resultado específico para um cliente em termos de valor. Basicamente, são oito processos:

- Administração do relacionamento com o cliente;
- Administração do serviço ao cliente;
- Administração da demanda;
- Atendimento de pedidos;
- Administração do fluxo da produção;
- Suprimentos;
- Desenvolvimento e comercialização de produtos;
- Administração de retorno.

Entretanto, para que tais processos sejam operacionalizados, estes dependem dos componentes de gestão.

Os componentes de gestão são: as estruturas, os recursos, os conhecimentos, as competências, as pessoas, as instâncias de poder e liderança que sustentam, de forma sinérgica, os processos de negócios.[5.14]

A arquitetura ou configuração da cadeia de suprimentos depende: da configuração da empresa foco e do ramo em que ela atua e da estrutura de planejamento e controle das operações ao longo da cadeia de suprimentos.[5.14;5.15]

A arquitetura da cadeia de suprimentos é estruturada em três dimensões:

- A estrutura horizontal reflete o número de níveis da cadeia de suprimentos, determinando sua extensão;
- A estrutura vertical reflete o número de empresas em cada nível ou camada;
- A posição horizontal da empresa focal ou gestora, que pode estar próxima ou afastada da demanda.

> As estruturas verticais e horizontais estão relacionadas, também, ao poder de propriedade e ao grau de relacionamento da empresa focal ou gestora em relação aos outros membros da mesma cadeia de suprimentos. Isto refletirá no tipo de governança que será estabelecido internamente nessa cadeia.

A governança da cadeia de suprimentos ocorre por meio da coordenação baseada em quatro pilares: competitividade, liderança, poder e risco relativo. As relações de poder ou de cooperação, assim como o tempo, são questões-chave para colocar a cadeia em prática, começando pelo cliente e se movendo para trás até chegar ao fornecedor e ao fornecedor do fornecedor.[5.16;5.17]

5.8 – Cadeia de suprimentos na indústria automobilística japonesa

Para facilitar a compreensão e a noção da extensão formada por uma cadeia de suprimentos, serão discutidos alguns aspectos da cadeia de suprimentos do setor automobilístico. A partir desse exemplo é possível constatar a variedade e a quantidade das relações complexas existentes na rede de relacionamentos intra e interdepartamental, de tal modo que cada um dos elementos que a compõem afete a performance dos demais, quer seja de maneira direta ou indireta.

De modo particular, a cadeia de suprimentos do setor automobilístico possibilita visualizar tal complexidade porque cada um dos seus elementos constituintes, por sua vez, possui a sua própria cadeia de suprimentos, reconfigurando outros níveis da cadeia, tanto à montante como à jusante. Um exemplo dessa natureza que pode ser citado é o da indústria automobilística japonesa, representada esquematicamente na figura 5.7.

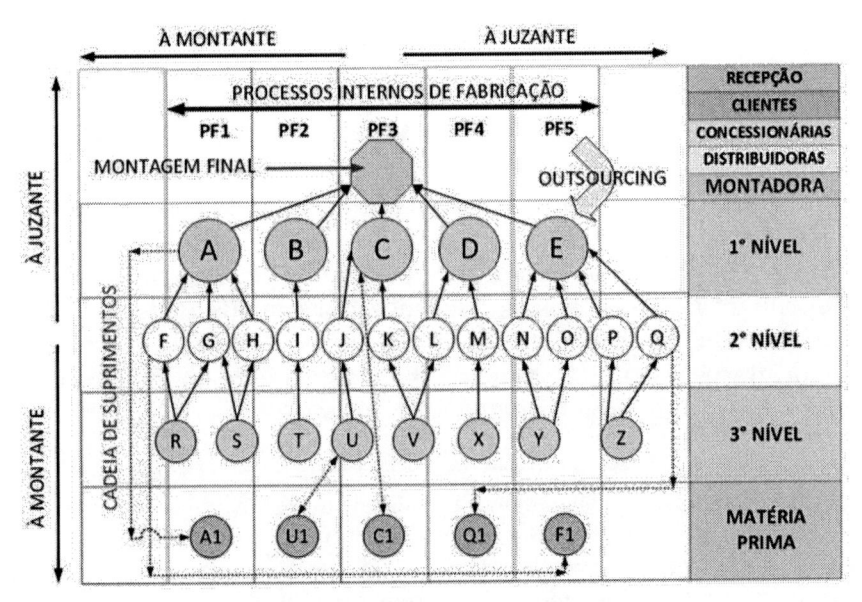

Figura 5.7: Cadeia de suprimentos da indústria automobilística japonesa.
Fonte: Esmeraldo.[5.7]

O sistema de subcontratações japonês assemelha-se a uma estrutura piramidal. Essa configuração visa organizar e agrupar, hierarquicamente, as pequenas e médias empresas, de acordo com o seu nível tecnológico e as suas respectivas capacidades produtivas.[5.18]

No topo da pirâmide está situada a empresa montadora, denominada empresa-mãe (empresa focal), representada na figura 5.6 pelo octógono de cor amarela. As demais empresas (denominadas subcontratadas) estão hierarquizadas em níveis, representadas pelas letras de "A" até "K", no sentido do topo para a base.

As empresas subcontratadas são responsáveis pelo fornecimento de matéria-prima, peças, componentes, subconjuntos e acessórios para a montagem final dos automóveis; em alguns casos, elas realizam parte dos processos de fabricação da montadora, representados pelas letras "PF1 até PF5".

Na base inferior da figura 5.6, as letras "A1", "U1", "C1", "R1" e "F1" simbolizam a cadeia de suprimentos de cada um dos fornecedores indicados pelas respectivas setas em direção às empresas-compradoras. A partir dessa ilustração verifica-se que realmente existe uma rede intrincada de relacionamentos entre as empresas à montante e à jusante da cadeia, tanto no sentido vertical como no horizontal.[5.7]

Realmente, a partir da observação da estrutura da cadeia de suprimentos, esquematizada na figura 5.7, pode-se concluir que a qualidade e a garantia do produto final são decorrentes da contribuição de toda a cadeia de suprimentos. Isso significa que a competitividade da empresa-mãe (compradora), situada no topo da figura 5.7, é dependente das melhorias do fornecedor nas áreas de qualidade, entrega, redução de custos, adoção de novas tecnologias e processos de manufatura, saúde financeira, e da capacidade de inovação e desenvolvimento de projeto de novos produtos.[5.19;5.20]

> A extensão da integração e/ou a coordenação das atividades dentro da empresa, assim como ao longo das relações interempresas fornecedoras/clientes que compõem uma mesma cadeia de suprimentos, são fontes essenciais para a obtenção da vantagem competitiva. Isso significa dizer que a vantagem competitiva pode ter muitas origens, quer seja na própria empresa ou nos vários elos da cadeia, desde que as atividades de cada empresa estejam alinhadas e coerentes com a estratégia competitiva adotada.5.1

5.8.1 – Funcionamento da gestão da cadeia de suprimentos na indústria automobilística

Primeiramente, é necessário ressaltar que existem duas questões-chave que devem nortear qualquer tomada de decisão em relação à maneira de gerir a cadeia de suprimentos:

1. Essencialmente, o foco da gestão de ativos não representa focar no próprio ativo, mas no valor que este pode proporcionar para a organização.
2. A gestão de ativos não foca no que fazemos com o ativo, mas no que o ativo faz para a organização.

Essas duas questões são importantes para lembrarmos que, antes de tudo, é necessário alinhar a política de gestão da cadeia de suprimentos com o plano estratégico de gestão de ativos, o qual, por sua vez, deve estar alinhado com a estratégia competitiva da organização. Sintetizando, o foco é a geração de valor para a organização e para as partes interessadas. Nesse caso, os fornecedores e os clientes são partes importantes do negócio da organização.

Com o propósito de facilitar a compreensão sistêmica referente à abrangência dos processos de gestão da cadeia de suprimentos e de seu funcionamento, destacam-se, na figura 5.8, alguns dos principais elementos constituintes da cadeia de suprimentos do exemplo aqui proposto: (1) *stakeholders*, (2) Fábrica de automóveis, (3) Rede de fornecedores, (4) Clientes, (5) Usuário final do veículo, (6) Logística reversa.

É importante salientar que a gestão da cadeia de suprimentos abrange toda a dinâmica da cadeia, tanto a montante (no sentido dos fornecedores) como a jusante (no sentido dos clientes), conforme indicado na parte inferior da figura 5.8 pela seta de duas pontas de cor azul, assim como pela seta de duas pontas, tracejada (vertical), de cor vermelha.

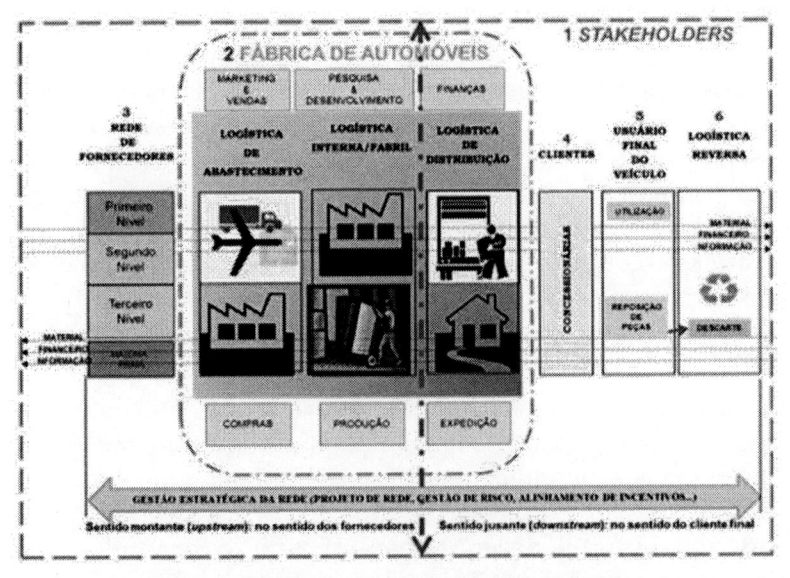

Figura 5.8: Visão sistêmica dos processos
de Gestão da Cadeia de Suprimentos.

Fonte: Adaptado de Corrêa[5.2]; Esmeraldo[5.7], 2004; Pires[5.12].

Propositalmente, foram considerados como sendo os primeiros membros dessa cadeia de suprimentos, conforme indicado pelo item 1 da figura 5.8, os *stakeholders*. A finalidade é lembrar que é preciso, também, levar em consideração os interesses das partes interessadas de cada um dos membros da cadeia de suprimentos. Deixar de mapear um ou outro pode ser um risco altamente crítico para a organização. Do mesmo modo, não considerar as correlações de poder dos integrantes também é algo altamente crítico.

5.8.2 – O funcionamento da rede de fornecedores que abastece as linhas de montagem da montadora

A rede de fornecedores, item 3 da figura 5.8, é uma simplificação da complexa infinidade de relacionamentos que existe ao longo da extensa rede de fornecedores que abastecem a fábrica de automóveis.

Na figura da rede existem quatro níveis (três de fornecedores diretos e um de matéria-prima). Geralmente, as empresas posicionadas no primeiro nível da cadeia de suprimentos da montadora representam os fornecedores-chave por trabalharem mais próximas à montadora e por colaborarem, assim, de forma estreita e intensa, inclusive projetando alguns sistemas veiculares completos.

Na maioria dos casos, as empresas situadas no primeiro nível têm, via de regra, uma equipe de fornecedores que exerce a função de desenvolver e apoiar as empresas do segundo nível, representadas por companhias independentes e especializadas na fabricação de subconjuntos. Em decorrência dessa situação existe um grau de compromisso e dependência mútua que coloca as equipes e as companhias em uma condição de *stakeholders*, ou seja, principais interessados no negócio da montadora[5.21;5.22]. As empresas assumem com a montadora os riscos e os benefícios do negócio.[5.12;5.13;5.23;5.24;5.25;5.26]

Essas empresas fornecedoras, representadas no segundo nível, por sua vez, são responsáveis pelo engajamento das outras empresas que estão posicionadas no terceiro e/ou quarto nível da pirâmide de subcontratação. Em geral, as de quarto nível produzem peças individuais, conforme desenhos especificados e fornecidos pelas firmas dos níveis superiores ou ainda prestam serviços de reparo em equipamentos, ferramentas e outros recursos produtivos da empresa-mãe.[5.27]

5.9 – Configurações de cadeias de suprimentos

Convém salientar que as configurações e reconfigurações das estruturas de cadeias de suprimentos são altamente dependentes das condições do mercado em termos de competitividade, em um ambiente cada vez mais globalizado.

Em decorrência disso, é possível configurar várias cadeias, tantas quantas forem necessárias, desde que estas proporcionem a melhoria ou a conquista de diferenciais competitivos que sejam úteis na geração de valor para os clientes atuais e potenciais.[5.16]

O caso mais típico é o da indústria automobilística, que promoveu a reconfiguração com o propósito de reduzir o número de fornecedores com quem a empresa focal (a montadora) possuía contato direto. Isto foi necessário porque era muito complexo e difícil lidar com centenas de fornecedores. De fato, a configuração antiga sobrecarregava, excessivamente, os custos das operações do negócio. Além disso, dificultava o desenvolvimento de relações mais estreitas com vários membros da cadeia de suprimentos.

> Pode-se (re)configurar várias cadeias de suprimentos, tantas quantas forem necessárias, desde que estas sejam úteis na geração de valor para os clientes atuais e potenciais.

Entretanto, ressalta-se que cada configuração é uma forma de rearranjo de componentes e de processos em função do tipo de produtos e serviços ofertados, quantidade de segmentos de clientes atendidos, características e tamanho da demanda, localização do mercado e de suas características específicas e conforme a velocidade evolutiva do setor ao qual a empresa pertence.[5.9]

> A gestão de cadeias de suprimentos é diferente quando existem operações que competem de formas diferentes para mercados distintos.

5.10 – Fatores que dificultam a estratégia de criação de cadeias de suprimentos

Em geral, os fatores que impedem a implementação ou ampliação da cadeia de suprimentos são:[5.10]

- Inabilidade dos gestores para ampliar a visão da cadeia de suprimentos para além do *procurement*, ou seja, de apenas executar a tarefa de identificação da fonte fornecedora e efetuar os processos de compra;
- Resistência organizacional ao conceito de gestão da cadeia de suprimentos;
- Falta do efetivo engajamento da cúpula da alta administração para disseminar e aplicar o conceito. Em geral, as iniciativas isoladas são inócuas;
- Falta de política estratégica corporativa assim como de procedimentos detalhados (*guidelines*) para apoiar e facilitar a criação de alianças estratégicas com os parceiros na cadeia de suprimentos;
- Falhas na escolha e/ou implantação dos indicadores de desempenho que serão utilizados para monitorar o desenvolvimento das alianças;
- Falta de confiança (*trust*) das pessoas que trabalham na empresa e fora dos seus muros (em alguma(s) empresa(s) que pertence à cadeia de suprimentos), configurando elos frágeis;
- Falta de sistemas integrados de informação e de comércio eletrônico ligando as empresas que pertencem à cadeia de suprimentos.

É necessário compreender a importância de assegurar uma linguagem e uma comunicação uniforme do conceito de gestão de cadeias de suprimentos assim como estabelecer mecanismos claros para implementá-las.

5.11 – Os principais processos de negócios-chave para a gestão da cadeia de suprimentos

Para integrar e gerenciar uma cadeia de suprimentos, é necessário lidar com um fluxo contínuo de informações, de materiais, financeiros e de relacionamentos com clientes e fornecedores. Existem oitos processos-chave que facilitam o processamento dessas informações, a saber: gestão das relações com os clientes, gestão do serviço ao cliente, gestão da demanda, atendimento dos pedidos, gestão do fluxo da manufatura, gestão das relações com os fornecedores, desenvolvimento de produto e comercialização e gestão dos retornos, ilustrados no Quadro 5.1.[5.12]

Quadro 5.1: Processos de negócios-chave para a gestão da cadeia de suprimentos.

	PROCESSO	OBJETIVO	ÊNFASE
1	Gestão das relações com os clientes (*Customer relationship management*)	Criar uma estrutura de suporte para o desenvolvimento e manutenção do relacionamento com os clientes.	Focada nos clientes-chaves. Em metas (*targets*). Melhorar processos. Minimizar a variação da demanda. Eliminar as atividades que não agregam valor aos clientes. Relatórios gerenciais para medir o retorno que cada um desses clientes-chaves proporciona para a empresa.
2	Gestão do serviço ao cliente (*Customer service management*)	Dar assistência ao cliente em todos os estágios do atendimento, ou seja, desde a pré-venda até a pós-venda.	Fornecer informações, em tempo real, sobre o status do pedido, tais como: datas de expedição e disponibilidade de produtos.

	PROCESSO	OBJETIVO	ÊNFASE
3	Gestão da demanda (*Demand management*)	Busca balancear as necessidades dos clientes com a capacidade da empresa fornecedora.	Utiliza os dados dos pontos de venda e dos clientes-chaves para reduzir incertezas e providenciar um efetivo fluxo de material ao longo da cadeia de suprimentos. Gerenciamento da demanda e dos estoques de forma integrada em todos os elos chaves da cadeia de suprimentos.
4	Atendimento dos Pedidos (*Order fultillment*)	Visa atender às crescentes necessidades dos clientes especificadas em seus pedidos, por exemplo, quantidade, prazo de entrega, qualidade etc.	Integração de atividades entre diversas áreas da empresa. Parcerias com os membros chaves da cadeia de suprimentos: fornecedores, distribuidores e operadores logísticos. Proporcionar o atendimento do pedido da forma mais efetiva possível. Requer o conhecimento detalhado de como a cadeia de suprimentos funciona.
5	Gestão do fluxo de manufatura (*Manufacturing flow management*)	Busca coordenar as atividades de produção ao longo da cadeia de suprimentos para manter o equilíbrio entre as necessidades dos clientes e a flexibilidade produtiva.	Intensa troca de informações entre os integrantes da cadeia de suprimentos, principalmente em relação ao planejamento da produção.

	PROCESSO	OBJETIVO	ÊNFASE
6	Gestão das relações com os fornecedores (*Supplier Relationship Management*)	Desenvolver o estreitamento das relações visando a obtenção de benefícios mútuos. O objetivo é construir relações "ganha-ganha" e envolver os fornecedores chaves desde a fase inicial de concepção dos produtos.	Relacionamentos de longo prazo. Focado nos fornecedores chave, por exemplo, em relação ao grau de contribuição e de importância para o negócio. Relações de parceria com o intuito de suportar processos de negócios como os de gestão do fluxo de manufatura e desenvolvimento do produto e comercialização.
7	Desenvolvimento do produto e comercialização (*Product development and commercialization*)	Desenvolvimento de atividades de trabalho conjunto entre clientes e fornecedores com o intuito principal de reduzir o tempo de lançamento do produto (*time-to-market*).	Redução do tempo de desenvolvimento e o lançamento de novos produtos, em períodos cada vez menores com o propósito de obter e ou manter diferencial competitivo.
8	Gestão dos retornos (*Returns management*)	É o processo que coordena os fluxos de retornos de materiais e produtos na direção do fornecedor original (montante).	Reutilização ou reprocessamento para nova utilização. Atendimento das questões legais relativas ao respeito e não agressão ao meio ambiente.

Fonte: Adaptado de Pires.[5.12]

Um exemplo de gestão das relações com o cliente é o da COMAU Service Brasil, que realiza pesquisas (pós-venda) periodicamente junto aos clientes de serviços de manutenção com o propósito de avaliar o seu nível de satisfação, conforme ilustrado na figura 5.9.

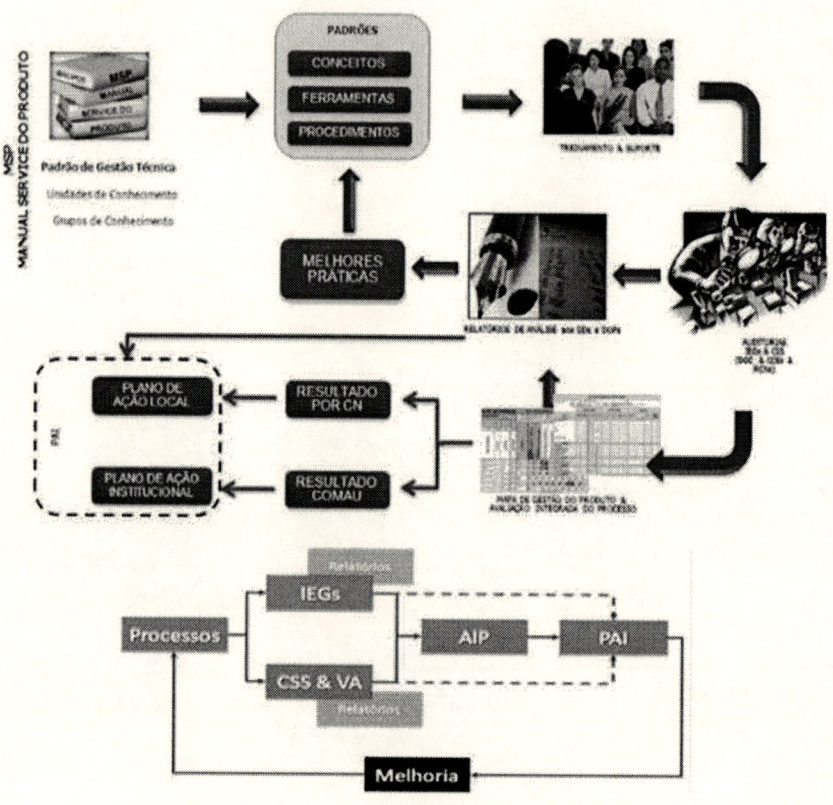

Figura 5.9: Modelo de gestão de contratos de prestação de serviços aos clientes.

Fonte: Cortesia COMAU Service Brasil.

O modelo de Gestão de Contratos da COMAU Service Brasil proporciona a avaliação dos diversos processos de prestação de serviços ao cliente por meio de indicadores específicos a partir de duas perspectivas: a visão da COMAU e a visão do Cliente.

A percepção da Empresa se dá por meio dos índices de excelência que geram ações de melhoria; e a percepção do Cliente se dá por meio da Pesquisa de Satisfação do Cliente (CSS) e do Valor Agregado (VA). As duas visões, confrontadas por uma Avaliação Integrada dos Processos, geram planos de ação com o objetivo de Melhoramento Contínuo.

5.12 – As principais atividades de gestão de cadeias de suprimentos

É oportuno salientar que a empresa, para ser competitiva e bem-sucedida, precisa ser mais do que eficiente em suas operações internas, ou seja, precisa equiparar e manter a sua eficiência com as demais empresas parceiras da cadeia de suprimentos. Portanto, é necessário assegurar que os outros nós (a montante e a jusante da cadeia) também sejam eficientes. Ademais, os fluxos físicos, financeiros, de informação e relacionamento entre os fornecedores também devem ser eficientes. De fato, isso só poderá ser atingido se houver uma adequada integração na gestão dos diversos elos da cadeia de suprimentos.[5.6]

As principais atividades de gestão da cadeia de suprimentos que devem ser monitoradas e controladas de maneira integrada estão ilustradas no quadro 5.2

Quadro 5.2: Atividades que devem ser monitoradas e controladas para que seja feita a gestão integrada da cadeia de suprimentos.

ATIVIDADES	FOCO
Gestão da demanda, de pedidos e do nível de serviço.	Distribuição física e logística
Gestão de estoques e do serviço logístico.	
Gestão da distribuição e dos transportes.	
Gestão de devoluções e *recall*.	
Projeto estratégico da cadeia de suprimentos.	Estratégia e integração.
Mensuração do desempenho.	
Gestão de risco.	
Projeto e gestão da cadeia de suprimentos.	
Gestão da tecnologia da informação.	
Projeto e melhoramento de processos.	
Gestão de compras e suprimentos globais.	Suprimentos.
Gestão de relacionamento com fornecedores.	
Gestão de estoques de insumos.	

Fonte adaptada de Corrêa.[5.2]

5.13 – Aspectos relevantes da terceirização (*outsourcing*)

Atualmente, a maioria das empresas manufatureiras tem enfrentado diversas pressões, tais como: acirramento da concorrência, rápida mudança tecnológica, menor ciclo de vida do produto, reestruturação produtiva e a globalização econômica. Diante dessas pressões, muitas empresas têm procurado concentrar-se nas principais atividades do seu negócio, terceirizando as outras. Assim, cada vez mais, tais instituições passaram a contar com a participação direta de outras, fornecedoras de bens e serviços a tal ponto que os gastos, relativos à aquisição de materiais, representam a maior parte do custo industrial.[5.21;5.28;5.29;5.30]

A gestão da cadeia de suprimentos é importante, não só do ponto de vista de custos, mas em relação à dimensão estratégica para a sobrevivência e manutenção da competitividade da empresa.

Em síntese, os fornecedores passaram a desempenhar o papel de coprotagonistas e corresponsáveis junto à empresa-cliente, orientados pela qualidade final do produto e pelo cumprimento dos prazos de entrega.[5.28]

Torna-se oportuno discutir a questão das relações de parceria empresarial e desenvolvimento de fornecedores.

5.14 – Parceria empresarial

O ISM também define as condições que sustentam a parceria entre o comprador e o fornecedor: "envolve um compromisso mútuo por um longo prazo para trabalhar com um auxilio mútuo de ambas as partes, compartilhando informações relevantes e os riscos e recompensas da relação. Estas relações exigem uma compreensão clara das expectativas, comunicação aberta e troca de informação, confiança mútua, e uma direção comum para o futuro. Tais arranjos são uma atividade empresarial colaboradora que não envolve a formação de uma sociedade legal".[5.30;5.31]

> Parceria empresarial é uma relação formal, através de um contrato, ou informal (combinações verbais), em que prevalece a convergência de interesses mútuos na conquista de um objetivo estratégico, claramente delineado; na qual o envolvimento e a interação se dão através de um regime de intensa cooperação, mediante o compartilhamento de informações, solidificada pela confiança mútua.[5.32]

5.14.1 – Princípios gerenciais para estabelecer relações de parceria com fornecedores

Do ponto de vista das relações técnicas e comerciais que se estabelecem entre o comprador e o fornecedor, a parceria pressupõe um envolvimento e uma interação entre as partes, de tal forma que é capaz de ultrapassar os limites da simples formalização de um contrato que defina preço, quantidade e prazo de entrega. Enfim, para que se estabeleça uma relação de parceria, a convergência de interesses tem que ser tal que, para todos os efeitos práticos, fornecedores e compradores se comportem como sócios de um empreendimento.

> Em termos concretos, transformar um fornecedor em parceiro é cooperar de todas as maneiras possíveis para que o produto, objeto da parceria, seja o melhor, obtido a custos compatíveis.[5.33]

Destacam-se alguns requisitos essenciais para que sejam desenvolvidas relações de parcerias: 5.24

- ♦ O envolvimento entre empresa-compradora e empresa-fornecedora deve ir além de um contrato que defina preço, quantidade e prazo de entrega;
- ♦ Os interesses entre empresa-compradora e empresa-fornecedora devem ser comuns, compartilhados e discutidos francamente e, além disso;
- ♦ Trabalhar em conjunto, como se ambos fizessem parte da mesma empresa, ou seja, da mesma sociedade;
- ♦ Na relação, deve predominar a cooperação e o compartilhamento;
- ♦ O relacionamento deve ser planejado conjuntamente e de forma contínua, baseado na confiança mútua;
- ♦ As empresas parceiras devem manter assistência e visitas mútuas;
- ♦ O fornecedor deve ser visto como uma extensão da fábrica do comprador, às vezes, como uma unidade de trabalho aí fisicamente instalada;

Basear-se no menor custo de aquisição ao invés do menor preço.

> É preciso compreender que implementar relações de parceria exige um esforço conjunto das partes envolvidas. Além disso, a consolidação das relações leva um determinado período de tempo.[5.7]

Portanto, é necessário que se construa, paulatinamente, os alicerces dessa nova filosofia. Nesse caso, a atividade de desenvolvimento de fornecedores pode ser extremamente útil na consecução desse objetivo estratégico.[5.7]

5.15 – Desenvolvimento de fornecedores

A atividade de desenvolvimento de fornecedor consiste na prestação de serviços de consultoria e assessoria visando o auxílio na identificação e análise de problemas relacionados a políticas empresariais, organização administrativa, adequação de métodos e processos de fabricação. Portanto, trata-se de uma postura estratégica da empresa-compradora ou de qualquer um dos seus membros, em qualquer departamento da empresa, focados em objetivos distintos, quer seja do ponto de vista técnico, administrativo, comercial ou econômico-financeiro.[5.32]

Do ponto de vista de suprimentos, a missão dos compradores é assegurar fontes de abastecimento competentes para abastecer, em um fluxo ininterrupto, os materiais necessários a custos razoáveis. Isto envolve, primeiramente, a seleção de fornecedores competentes em termos de tecnologia, qualidade, entrega e custos; e segundo a necessidade de atuar em conjunto com os mesmos com o objetivo de ampliar as suas capacidades.[5.34]

De fato, a questão do fluxo ininterrupto tem em vista a plena manutenção das operações de produção e/ou serviço. Por outro lado, ao abordar as questões de custos, qualidade, prazos de entrega e tecnologia em uma atuação conjunta, o foco passa a ser direcionado para as questões mais estratégicas do negócio. Portanto, a tarefa de desenvolvimento de fornecedores é de caráter estratégico.

> Essencialmente, desenvolver fornecedores consiste em dar orientação e suporte à área de suprimentos, mediante a avaliação e seleção de fontes potenciais de fornecimento, com o propósito de assegurar a conquista e a manutenção da competitividade da empresa.[5.32]

Em resumo, de forma bastante simplificada, qualquer membro da empresa que esteja preocupado em atuar em parceria com algum fornecedor em busca de melhorias que proporcionem ganhos organizacionais mútuos, de forma empírica, está realizando a atividade de desenvolvimento de fornecedor. Porém, tal iniciativa pode obter resultados mais concretos quando feita de forma estruturada e apoiada pela chefia imediata, assim como pelos membros da alta administração utilizando, para isso, princípios corretos, como os que já foram destacados anteriormente.

5.15.1 – A visão estratégica da atividade de desenvolvimento de fornecedor

As atividades de desenvolvimento de fornecedores, no seu sentido mais amplo, consistem no acompanhamento do plano estratégico empresarial com a finalidade de monitorar as mudanças e inovações tecnológicas que ocorrem no contexto onde a organização está inserida. Em vista disso, tais atividades contribuem para a manutenção de uma postura proativa em relação ao meio ambiente.[5.7]

Porém, as questões organizacionais são mais complexas porque envolvem outras áreas da empresa. Consequentemente, os fatores relacionados a essa complexidade podem ser tanto de natureza técnica como referentes à questão da cultura empresarial. Ambos os fatores afetam algumas decisões e o prazo necessário para implementar o plano com sucesso.[5.7;5.34]

Concluindo, desenvolver fornecedores competentes de forma sistemática e proativa certamente assegura a conquista e a manutenção da competitividade da empresa, mas requer uma mudança da cultura empresarial. Para que isso ocorra é preciso que os membros da alta cúpula da administração corporativa ampliem sua visão de negócios a fim de entender que só é possível ter a esperança de permanecer na vanguarda da tecnologia e proteger a fatia de mercado do negócio da empresa se forem construídas relações de parceria com fornecedores buscando estreitar os laços em um horizonte de longo prazo.[5.7;5.34]

5.16 – O impacto econômico para a empresa da gestão integrada da cadeia de suprimentos

A gestão integrada da cadeia de suprimentos, seguramente, pode contribuir para a obtenção ou manutenção de diferenciais competitivos, os quais garantirão a sobrevivência e/ou a ampliação dos negócios da empresa.

Os benefícios são amplos, porém é necessário desenvolver estudos específicos em cada uma das áreas e funções da logística e da cadeia de suprimentos, aqui discutidas suscintamente e referenciada no aporte bibliográfico.

Destacam-se, na Figura 5.9, as principais atividades de gestão da cadeia de suprimentos que podem proporcionar ganhos operacionais, os quais, se bem gerenciados e alavancados, ampliarão as reais potencialidades de geração de valor econômico agregado (EVA) para a empresa.[5.2]

Obviamente, estão destacados apenas os fatores influentes mais diretos. Certamente haverá outros que poderão ser utilizados de acordo com o contexto do negócio e com as características da empresa assim como dos membros de sua cadeia de suprimentos.

Dentre as atividades de gestão da rede de suprimentos, os dois primeiros fatores mais influentes são: o relacionamento (de longo prazo) com os parceiros e a gestão de demanda e de serviços aos clientes. Essas atividades poderão resultar na melhoria das operações da cadeia de suprimentos impactando diretamente no aumento das vendas por meio da melhoria do atendimento das suas necessidades de tipo, tempo e lugar, ou seja, na aquisição imediata do produto ou serviço que desejado. Como resultado, a empresa tenderá a diminuir as perdas de vendas por falta de produtos.

A empresa também pode obter excelentes resultados a partir da gestão estratégica da cadeia de suprimentos por meio do aprimoramento do desenho ou da reconstrução de sua própria rede. Uma grande oportunidade é quando há situações específicas em que determinadas empresas compartilham o mesmo consumidor final. Nesse caso, tais empresas podem criar relações de parceria visando oferecer diferenciais para o cliente ou consumidor final, em termos de produto e/ou serviço.

Um exemplo que pode ser citado é a parceria estratégica da COMAU do Brasil com a BR Distribuidora que, respectivamente, presta serviços de manutenção em diversos tipos de máquinas e equipamentos para importantes indústrias e, por sua vez, a BR, que desenvolve pesquisas avançadas na área de lubrificação e também produz e comercializa lubrificantes industriais. Nesse caso, ambas obterão um significativo aumento da geração de valor para os clientes e para a Organização, uma vez que a COMAU lida diretamente com a manutenção dos ativos físicos do cliente enquanto a BR desenvolve e comercializa lubrificantes mas não tem corpo técnico suficiente e disponível para atender a miríade de clientes nacionais e internacionais dos vários segmentos da indústria.

Do mesmo modo, à medida que a empresa introduz melhorias nos seus processos de gestão dos suprimentos, principalmente dos *leads times* de fornecimento, proporcionará maior eficiência. Por conseguinte, tenderá a diminuir os custos de transação. Ambas as atividades resultarão na melhoria operacional da obtenção dos suprimentos assim como na distribuição dos produtos. Tais ganhos contribuem diretamente na redução dos custos dos produtos vendidos.

Adicionalmente, o design e a gestão estratégica da cadeia de suprimentos podem contribuir para escolher a localização mais adequada para implantar unidades operacionais ou de vendas, ou seja, em locais que oferecem melhores condições de impostos e tributos, permitindo à empresa obter ganhos diretos em termos econômicos e/ou financeiros, os quais impactarão no lucro.

Outros dois aspectos importantes da gestão da cadeia de suprimentos são: a logística reversa e de sustentabilidade e, também, a gestão de riscos ao longo da cadeia de suprimentos. Essas duas atividades impactará na melhoria da gestão de devoluções, e mitigação dos riscos inerentes à cadeia de suprimentos que, por conseguinte, impactará na redução das despesas totais.

A empresa pode aumentar suas potencialidades de ganhos operacionais a partir da coordenação do suprimento e da demanda e da análise e melhoria dos processos logísticos, o que certamente impactará na redução dos estoques.

A partir da gestão integrada da cadeia de suprimentos, a empresa pode implementar mecanismos que possibilitem um maior alinhamento das expectativas e necessidades dos membros da cadeia de suprimentos, principalmente por meio do estreitamento das relações técnicas e comerciais que resultem em homologação de contratos de negócios mais duradouros, ampliando a segurança do membros, que por sua vez, minimizam a majoração de preços, inerentes a ambientes contratuais incertos.

Uma fonte-chave para a obtenção de ganhos operacionais é representada pelas tecnologias de informação e ferramentas disponibilizadas por elas que permitam o aumento da intensidade de trocas de informações ao longo da cadeia de suprimentos. Um exemplo que pode ser citado é o de compartilhamento de planos de produção e outras informações relevantes que possibilitem a agilização das transações assim como o postergamento de dispêndios.

Em resumo, a gestão integrada da cadeia de suprimentos permite uma melhor visualização das atividades que agregam valor e a eliminação daquelas que não agregam valor ao negócio. Além disso, a visualização concreta do funcionamento da cadeia de suprimentos contribui para analisar o desenho da configuração da rede e, se necessário, promover reconfigurações estratégicas para melhor utilizar a estratégia de terceirização (*outsourcing*). Ao adquirir de fora (da empresa), a empresa consegue utilizar melhor seus ativos próprios e concentra-se de forma mais intensa em seu *core busines*.

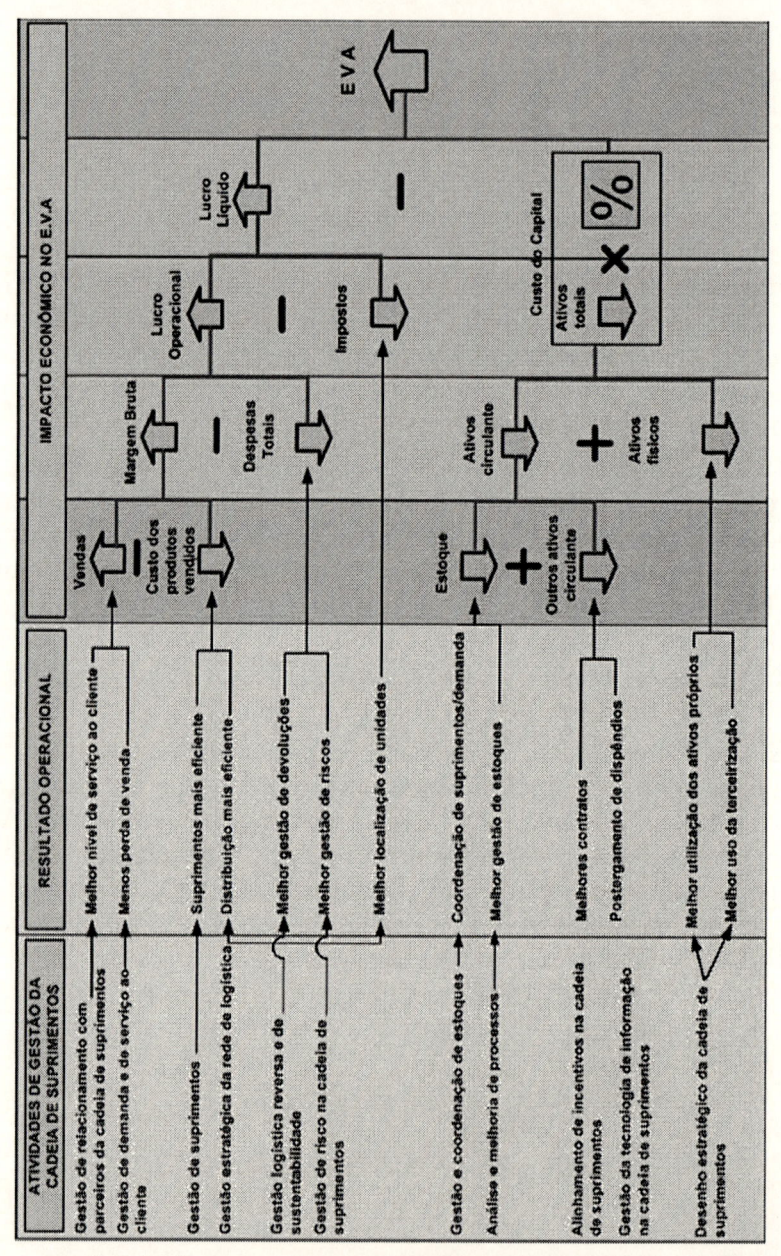

Figura 5.11: Resultados potenciais operacionais da gestão da cadeia de suprimentos e seus impactos no valor econômico agregado (EVA) pela empresa.

Fonte: Adaptado de Corrêa.[5.2]

5.17 – A importância estratégica da união de esforços entre a área de suprimentos a operação e a manutenção

Especificamente, pode-se compreender a importância da área de suprimentos/compras a partir de uma visão mais concreta do percentual dos gastos relativos a compras em empresas de manufatura. No segmento industrial, os gastos relativos à aquisição de materiais representam a maior parte do custo industrial.[5.21;5.28;5.29;5.30; 5.37]

O impacto dos gastos com compras no custo industrial está ilustrado na Tabela 5.1.

Tabela 5.1: Percentual dos gastos relativos a compras em empresas de manufatura.

TIPO DE INDÚSTRIA	%	TIPO DE INDÚSTRIA	%
Produtos farmacêuticos	26	Fábricas de cartão	57
Ferramentas de matrizes especiais	28	Plásticos, resinas	59
Equipamento fotográfico	32	Tecelagem de algodão	60
Equipamento de rádio e televisão	36	Pneus e câmaras de ar	60
Equipamento Aeronáutico	38	Receptores de rádio e tv	62
Cimento, hidráulica	41	Altos fornos e siderúrgicas	63
Motores, geradores	43	Tecelagens de fio sintético	64
Engrenagens e distribuições	43	Tecelagem de lã	65
Rolamentos	43	Produtos sanitários de papel	65
Construção e reparação naval	43	Acabamento de algodão	67
Componentes eletrônicos	45	Embalagens corrugadas	68
Produtos de borracha	48	Sacos de papel	69
Aviões	49	Carpetes e tapetes	74

TIPO DE INDÚSTRIA	%	TIPO DE INDÚSTRIA	%
Produtos químicos e inorgânicos	50	Laminados e fios de alumínio	74
Produtos plásticos	52	Laminados e fios de cobre	74
Produtos químicos orgânicos	53	Cobre primário	80
Máquinas de construção	54	Refinação de petróleo	83
Máquinas Agrícolas	57	Alumínio	59

Fonte: Gurgel.[5.29]

Com base nos dados apresentados, verifica-se que o percentual dos gastos varia de 26% na indústria de produtos farmacêuticos, podendo chegar a até 83% na indústria de refinação de petróleo. Por isso, os fornecedores passaram a desempenhar um papel de coprotagonistas e corresponsáveis juntamente à empresa-cliente, pela qualidade final do produto e pelo cumprimento dos prazos de entrega.[5.28]

Finalmente, convém enfatizar a relevância estratégica dos esforços conjuntos realizados pelas áreas de Suprimentos, Operação e Manutenção para desenvolver mecanismos de aquisição e recebimento de materiais assim como para o desenvolvimento de fornecedores e construção de parcerias com os membros integrantes da cadeia de suprimentos. Os ganhos e os benefícios serão mútuos.

Em resumo, a Gestão de Ativos deve proporcionar novos modos de trabalhar de forma mais integrada com a operação, a manutenção e os suprimentos, apoiando-se para aproveitar as oportunidades de gerar valor para o negócio e, concomitantemente, manter o equilíbrio entre os custos, riscos e desempenho.

5.18 – Uma visão além do horizonte da gestão da cadeia de suprimentos

A partir da nossa experiência profissional, destacam-se, a seguir, alguns pontos importantes para motivar a reflexão, do ponto de vista da gestão estratégica dos ativos da cadeia de suprimentos da empresa.

- A cultura empresarial da gestão da cadeia de suprimentos irá prosperar e obter valor para o negócio se estiver fundamentada:
  - Na confiança mútua;
  - Na relação "ganha-ganha";
  - Na cooperação intensa e na troca de informações;
  - No desenvolvimento do fornecedor visando agregar maior valor aos negócios de ambas as partes;
  - No compartilhamento dos empreendimentos de sucesso ou na divisão dos prejuízos advindos do fracasso devido à introdução de estratégias, às vezes, desenhadas insatisfatoriamente.
- O principal ativo de qualquer organização é o ser humano assim como o seu arcabouço de conhecimentos pessoais e profissionais. Além disso, destacam-se suas competências e habilidades que, se bem utilizadas, produzirão resultados em prol do aumento da competitividade da organização.
- Nossa experiência em lidar com fornecedores nos ensinou que não é possível desenvolver qualquer relação técnica, comercial e de cooperação quando:
  - Não existir o verdadeiro apoio político dos executivos da alta administração;
  - O horizonte dos empresários/*stakeholders* de ambas as partes que estão construindo a relação não compartilha a mesma visão empresarial, tampouco os mesmos horizontes de negócios;
  - Existir um elevado grau de desconfiança dos executivos/ *stakeholders* de qualquer uma das partes. Nesse caso, todo o processo é acentuadamente moroso, assim como mais rígidas serão as cláusulas contratuais e as respectivas penalidades.
- Com relação aos relacionamentos entre e as empresas clientes e fornecedoras, não se pode esquecer, jamais, que essa relação inicia-se pelas pessoas e, posteriormente, são firmadas em contratos técnicos e comerciais de negócios. Isso significa que:
  - O incentivo e a manutenção dos agentes fomentadores da relação empresarial são de cunho estratégico;
  - Perdê-los, por motivos pequenos, para os concorrentes diretos, é desmantelar toda a estratégia e cair no precipício da vantagem competitiva.

- As incompetências de qualquer natureza (técnica, comercial, capacidade de produção, estabilidade financeira) de qualquer um dos membros que integram a sua rede de empresas podem se multiplicar em escala exponencial e isso irá:
  - Aumentar seus custos operacionais, porque a incompetência de um afetará os demais membros, tanto a montante como a jusante da cadeia de suprimentos.
  - Causar um problema muito comum referente à falta da confiabilidade da entrega nos prazos combinados. Isto provoca a ampliação dos estoques de segurança ao longo da cadeia de suprimentos. Essa incerteza é "justificada" como coeficiente de segurança. Conclusão: é ruim para todos!
- Se algum membro da rede de empresas for ineficiente ou ineficaz na geração de valor, maiores serão os seus custos operacionais e, na mesma medida, os riscos para o seu negócio.
- É necessário estudar, de maneira detalhada, a cadeia de suprimentos e os seus diversos sistemas de gestão para:
  - Identificar a qual rede a sua empresa está ligada e, assim, compreender como é obtida a geração de valor para o negócio, nos diversos setores da própria empresa;
  - Mapear a sua própria cadeia de suprimentos;
  - Identificar aqueles membros que são altamente críticos para a geração do valor do seu negócio. Ajudá-los é uma estratégia sábia!
  - Se necessário, reconstruir uma parte da rede que apresente fraquezas críticas;
  - Criar programas integrados na própria rede de empresas para obter vantagens competitivas coletivas. As empresas chinesas e asiáticas utilizam de modo exemplar esse tipo de estratégia!

Finalmente, convém ressaltar que é mais inteligente aplicar os conhecimentos, as competências e as habilidades de gestão da cadeia de suprimentos para gerar valor para a sua Organização assim como para a sua rede de empresas do que vê-las sucumbirem e, consequentemente, frear o desenvolvimento e a prosperidade, principalmente, a geração de emprego e renda da nação.

Capítulo 6

Gestão da Operação

6.1 – Introdução

Em uma primeira abordagem, o termo Operação significa operar os equipamentos, sistemas e instalações com a finalidade de produzir bens ou serviços.

A operação de um guindaste, pelo operador, é um exemplo típico de prestação de serviço. A operação de uma unidade operacional, composta de equipamentos, instrumentos, sistemas etc., em uma usina de açúcar e álcool ou fábrica de cimento, destina-se a fabricar ou produzir um produto para o mercado. O piloto de uma aeronave, o motorista de um carro, o cozinheiro de um restaurante são operadores, pois a partir de suas atividades conduzindo ou operando os ativos, prestam serviços ou produz algum bem.

Entretanto, o termo operação inclui diversas outras atividades, dentre as quais podemos destacar:

- ♦ Cumprir um plano de produção (ou de prestação de serviços) previamente estabelecido;
- ♦ Garantir a operação segura dos ativos, o que significa o atendimento aos aspectos de segurança e saúde para o ambiente, planta ou área e para as pessoas envolvidas ou que estão nas proximidades;
- ♦ Atender às regulamentações contidas em leis municipais, estaduais e federais competentes;
- ♦ Acompanhar a eficiência do processo produtivo através de indicadores consistentes buscando aumentar a produtividade e eliminar as perdas;
- ♦ Trabalhar em conjunto com outras atividades que são suporte fundamental para a consecução dos objetivos operacionais, dentre elas a Manutenção, a Engenharia e Suprimentos;
- ♦ Garantir que os operadores sejam qualificados e capacitados para operarem os ativos;

A Operação é uma atividade fim da organização. Em termos jurídicos, é considerada a atividade que representa a razão de ser da empresa ou atua no *core business*. Assumindo esse conceito, a terceirização, nesta atividade, não é considerada legal pelo meio jurídico, no Brasil.

A tabela 6.1 mostra as atividades básicas e as interfaces entre as atividades da organização com foco na Produção.

Operação	Cumprimento do Plano de Produção
	Operação adequada dos ativos
	Registro de perdas e ocorrências
	Balanço de massa e de energia
	O E E – *Overall Equipment Effectiveness* (Rendimento Global da Instalação – controle)
Manutenção	Monitoramento da Condição dos ativos
	Atuação para garantia da disponibilidade dos ativos
	Registro de falhas e perdas
	Análise de Falhas e Aumento da Confiabilidade
	Negociação com a Operação para aplicação dos Planos de Manutenção
Suprimentos	Matéria-Prima, Produtos Químicos, Combustíveis, Aditivos e Produtos Químicos
	Sobressalentes
	Logística e Armazenamento
	Entrega da Matéria-Prima
	Materiais de consumo
Engenharia	Projetos que contemplem a Manutenibilidade e a Operabilidade
	Especificação de ativos contemplando o Custo do Ciclo de Vida
	Coordenação da participação de outras disciplinas no projeto
	Inclusão de treinamento dos operadores (e mantenedores) na especificação
	Inclusão da participação do fornecedor ou fabricante no comissionamento e partida

Qualidade	Laboratório – Análises da matéria-prima, produtos em processamento e acabados
	Precisão (acuracidade) na medição
	Atendimento às Normas e aos Padrões
	Especificações
Segurança Meio Ambiente e Saúde	Qualidade do ar
	Qualidade da água
	Gestão de resíduos
	Segurança Operacional
	Segurança Pessoal
Planejamento e Controle da Produção	Plano de Produção
	Seleção da matéria-prima
	Integração com marketing e vendas
	Adequação do Plano de Produção ao mercado e Disponibilidade dos Ativos
	OEE – análise e adequação

Tabela 6.1: Atividades da organização ligadas à Produção.

Observa-se que, como já mencionado anteriormente, que a atividade de Produção não é uma exclusividade da Operação, como por vezes erradamente se atribui, mas ao conjunto de atividades realizadas pelas várias áreas da Organização dentre as quais se inclui a Operação.

6.2 – Objetivos da Operação

De um modo geral considera-se, erradamente, que o objetivo da Operação é PRODUZIR A QUALQUER CUSTO. O cumprimento do Plano de Produção seria a grande meta da Operação que, para isso, poderia sacrificar, dentre outros:
* A integridade dos ativos;
* O cumprimento dos planos de manutenção;
* O consumo de energia;

- O cumprimento das normas relacionadas com o meio ambiente;
- O atendimento às Normas Regulamentadoras ou de Segurança;
- As condições de trabalho, incluindo a duração da jornada.

Apesar do que foi mencionado parecer um absurdo, ainda encontramos essas práticas em muitas indústrias. Um dos casos mais clássicos é a utilização dos ativos de forma contínua, por vezes acima da capacidade de projeto, sem a sua liberação para as intervenções de manutenção previamente programadas. Esse tipo de atitude promove a degradação dos ativos, o que pode não aparecer em um primeiro momento, mas, ao longo do tempo, promove um aumento considerável nos custos.

"A Manutenção historicamente tinha sido acusada da indisponibilidade e dos custos elevados com a manutenção, mas uma análise mais apurada revela que a maior parte dos custos de manutenção resultou de práticas operacionais inadequadas."[8.1]

O gráfico 6.1 mostra as perdas que ocorrem no processo devido a equipamentos, causadas pela manutenção e pela operação, e as perdas oriundas de outras causas, como perda de qualidade, troca de linha, perdas por falta de demanda, falta de matéria-prima, problemas no suprimento de utilidades etc. Constata-se que a parcela de perdas em equipamentos resultante da Manutenção é a menor, seguida pelas perdas em equipamentos por problemas oriundos da má operação. Perdas no processo que não causadas devido a equipamentos representam o dobro das perdas devido aos mesmos.

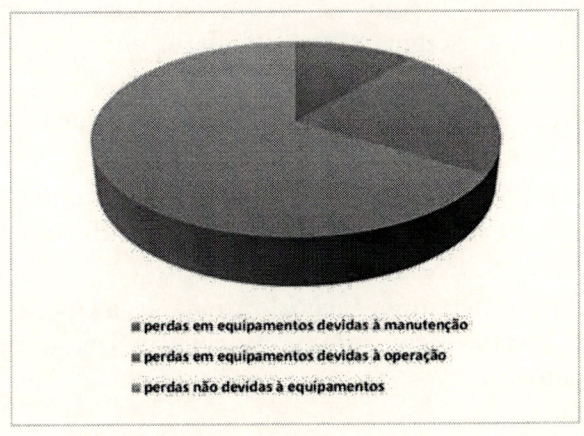

Gráfico 6.1: Perdas no processo. (Fortune 500/Ron Moore ref. 8.1)

138 *Gestão de Ativos*

Estudo levado a efeito pela MCP Consulting para o Departamento de Indústria e Comércio do Reino Unido indica que o percentual de falhas em ativos tem sua maior causa oriunda de práticas de operação inadequadas. Ver gráfico 6.2. [8.1]

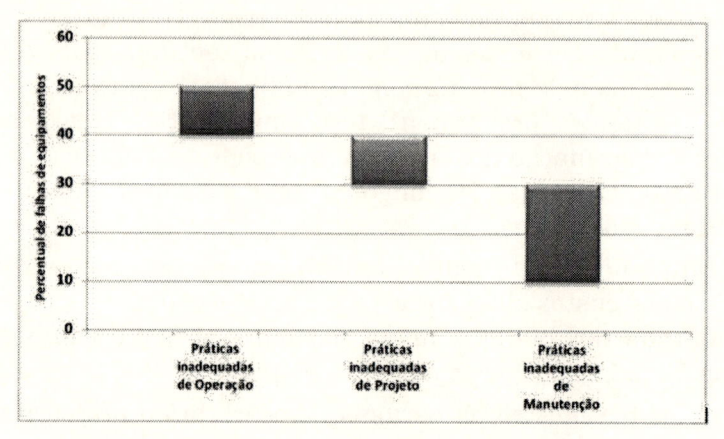

Gráfico 6.2: Causas de falhas em equipamentos.

A Operação é uma das funções mais importantes da organização e, como tal, impacta profundamente nos resultados, consequentemente, na competitividade das organizações. A situação descrita nos parágrafos anteriores indica claramente que, em se verificando essas situações, há de ser promovida uma gestão adequada para reverter esse quadro.

De modo análogo às outras áreas da empresa, a Operação, pela sua importância estratégica, deve considerar entre os seus objetivos principais:

- ♦ Garantir que os operadores sejam qualificados e capacitados no processo;
- ♦ Manter a documentação, que inclui fluxogramas, P&I, procedimentos operacionais, dentre outros, atualizada e disponível para consulta;
- ♦ Exigir que a instrumentação, tanto na área Operacional quanto no Laboratório, seja adequada, confiável, calibrada e rastreada a padrões;

- Operar dentro dos limites de controle e ter pleno conhecimento das causas que não permitem que isso seja possível de forma a propor ou buscar a solução;
- Honrar os compromissos assumidos com a liberação de equipamentos para a Manutenção e Inspeção de modo que sua atuação seja pautada pelo respeito à preservação dos ativos e controle adequado dos custos no médio e longo prazo;
- Controlar o Rendimento Global da Instalação (ou OEE-*Overall Equipment Effectiveness*), registrando as perdas com isenção;
- Contribuir para a produtividade dos trabalhos realizados nas Unidades Operacionais por outras especialidades ou empresas externas, antecipando-se às liberações de equipamentos, ações de isolamento das áreas e outras providências pertinentes;
- Manter elevado padrão de conformidade com a Segurança Operacional e Pessoal;
- Auxiliar a Segurança, Meio Ambiente e Manutenção com as informações necessárias e suficientes para que diagnósticos, intervenções e melhorias possam ser adotados por aquelas áreas.

> **Adicionalmente, a participação da Operação na equipe de análise de novos projetos constitui-se como uma atribuição que deve ser exercida desde que aquela seja o cliente final. Isso vale também para paradas de manutenção.**

6.2.1 – Qualificação e Capacitação dos Operadores

O conjunto de habilidades de Operador deve se basear em uma qualificação adequada que, atualmente, pressupõe preferencialmente nível técnico do segundo grau, acrescida de treinamentos específicos ligados a conceitos e processos.

Na área de conceitos, é fundamental que o Operador tenha noções concretas de disciplinas que afetam o seu dia a dia. Exemplificando: Operadores de Indústrias Químicas, Petroquímicas e Refinarias de Petróleo devem dominar conceitos sólidos de Física e Química de modo a compreender os processos que ocorrem nas unidades operacionais. Além disso, devem conhecer os diversos tipos de equipamentos das Unidades, como bombas centrífugas, compressores alternativos e centrífugos, turbinas a vapor, ventiladores, reatores e vasos, permutadores de calor, tubulação e seus acessórios. Além disso, devem ter conhecimentos sólidos de instrumentação que lhes permitam conhecer os sensores, indicadores, hardware e softwares.

Uma vez dominados esses conceitos, o entendimento do processo será mais fácil. Conhecer detalhadamente o processo é obrigação do operador. Somente assim este será capaz de:

- ♦ Operar adequadamente;
- ♦ Atuar em situações de anormalidades ou emergências;
- ♦ Fornecer informações para outras áreas da organização;
- ♦ Contornar situações que levem à perda de qualidade ou produtividade do processo.

Os operadores devem conhecer a lógica e a sequência dos intertravamentos, os pontos de alarme e a filosofia para cada um deles, bem como serem capazes de analisar os perigos ou riscos operacionais e adotar as medidas necessárias em cada situação.

> OPERADORES TREINADOS E QUALIFICADOS CONSTITUEM-SE COMO A BASE PARA A QUALIDADE DOS PRODUTOS OU SERVIÇOS, SEGURANÇA E PRESERVAÇÃO DOS ATIVOS E DOS SISTEMAS DE ATIVOS.

6.2.2 – Variáveis Chaves para a Excelência Operacional

Considera-se que cinco variáveis são essenciais para a Excelência Operacional:

- ♦ Indicadores chaves do processo (*kpi – key performance indicators*)
- ♦ Padrões e Procedimentos Operacionais;
- ♦ Instrumentação Adequada e Calibrada;
- ♦ Qualidade da Matéria-Prima;
- ♦ Confiabilidade dos Ativos.

6.2.2.1 – Indicadores Chave do Processo

Os indicadores são dados numéricos que permitem controlar os processos. O principal indicador da Operação é o volume / quantidade produzida ou de serviços prestados desde que esteja diretamente ligado ao faturamento e ao lucro.

O volume (m^3, toneladas) ou a quantidade (número de unidades) produzido é usualmente controlado e comparado com a programação da produção que define, ainda, as variações aceitáveis. Nesse indicador estão incluídos produtos bons e ruins (aprovados e rejeitados).

A Taxa de rejeitos ou de refugo é a relação de peças ou produto fora de conformidade em comparação com o total produzido. Minimizando essa taxa, a rentabilidade aumenta. Esses produtos fora de conformidade podem ser descartados ou reprocessados, dependendo do que sejam e do tipo de indústria.

Takt-Time ou Ritmo: O *takt-time* é definido a partir da demanda do mercado e do tempo disponível para produção; é o ritmo de produção necessário para atender a demanda. Matematicamente, resulta da razão entre o tempo disponível para a produção e o número de unidades a serem produzidas.[8.8]

Ritmo pode ser definido como a quantidade de produtos, de um único tipo, fabricada em determinado período de tempo. Assim, a velocidade no processo é importante, devendo ser contemplado que taxas lentas normalmente resultam em queda de lucros, enquanto velocidades mais rápidas podem afetar a qualidade.

Ciclo de Produção é a quantidade de tempo, ou o tempo de ciclo, para a conclusão de uma tarefa. Pode também expressar o tempo de um posto a outro dentro do processo produtivo.

A duração de um ciclo é dada pelo período transcorrido entre a repetição de um mesmo evento que caracteriza o início ou fim desse ciclo. Em um sistema de produção, o tempo de ciclo é determinado pelas condições operativas da célula ou linha. Considerando-se uma célula ou linha de produção com "n" postos de trabalho, o tempo de ciclo é definido em função de dois elementos:

- ♦ Tempos unitários de processamento em cada máquina/posto (tempo-padrão);
- ♦ Número de trabalhadores na célula ou linha.

Os conceitos de *takt-time* e tempo de ciclo são bastante distintos, embora relacionados. Ao contrário do primeiro, o conceito de tempo de ciclo está diretamente relacionado à Função Operação, ou seja, a cada máquina/operação em particular.[8.8]

> Meta de Produção é aquela que se estabelece para a produção, considerando o ritmo e a qualidade desejada.
>
> Indisponibilidade (*Downtime*) significa o tempo de inatividade ocasionado por uma falha de equipamento, pela mudança de uma linha, ajuste no processo, falta de energia elétrica ou utilidades.
>
> *Overall Equipment Effectiveness* (OEE) ou Rendimento Global da Instalação corresponde ao resultado do produto de três fatores: disponibilidade, performance e qualidade. Esse indicador foi desenvolvido por Seichi Nakagima nos anos 1960.

OEE = DISPONIILIDADE x PERFORMANCE x QUALIDADE

A disponibilidade significa o tempo em que o ativo está à disposição da Operação para produzir. Assim, se a área de produção que deveria operar 450 minutos por turno só opera 390 minutos em função de paradas imprevistas, haverá uma disponibilidade de 390 / 450 = 86,7%

A Performance está ligada à velocidade, sendo conhecida também por Produtividade. Calcula-se da seguinte forma.

Performance (Produtividade) = (Peças Produzidas * Ciclo ideal de tempo) / Tempo em operação

---

Nessa mesma área, a taxa de produção estava estimada em 40 unidades por hora, o que significa um ciclo de 1,5 minutos por unidade produzida.

Ao final de um turno, essa área entregou 242 unidades, incluindo-se nesse total as peças aprovadas e reprovadas. A Performance não penaliza a qualidade.

O tempo gasto para produzir as 242 unidades foi de 242 x 1,5 minutos = 363 minutos.

Assim, a Performance será:

Performance = (242 peças x 1,5 minutos/peça) / 390 minutos = 93,0 %

A Qualidade, ou Taxa de Qualidade, é calculada pela relação entre produtos bons (aprovados ou conformes) em relação ao total produzido no turno.

Supondo que das 242 peças produzidas, 21 foram rejeitadas, a taxa de qualidade será

Q = (242-21) /242 ou 91,3%.

Desse modo, o OEE será:

OEE = 0,867 x 0,930 x 0,913 = 0,736 ou 73,6%

A tabela a seguir mostra os indicadores chaves da operação:

INDICADOR	UNIDADE	Descrição
VOLUME PRODUZIDO	Diversas*	Quantidade total produzida.
TAXA DE REFUGO	%	% em relação ao total produzido.
CICLO DE PRODUÇÃO	Qte/unidade de tempo	Taxa de tempo para produção de uma peça ou quantidade definida.
DISPONIBILIDADE	%	Tempo disponível para operar.
INDISPONIBILIDADE	%	Tempo que o equipamento ficou inoperante.
OEE	%	Disponibilidade x Performance x Qualidade

Tabela 6.2: Indicadores chaves da Operação.

Empresas que já atingiram a excelência operacional controlam estas variáveis de modo eficaz e tratam todas as não conformidades identificando-as e catalogando-as em relação à importância e duração. O grau de importância pode se referir tanto a custos quanto à segurança, ou aos dois.

Cartas de controle permitem controlar e avaliar a conformidade dos bens produzidos em relação às variáveis importantes como dimensões, conformidade com especificações, tempo de produção ou volume processado/produzido ou vendas para determinada região.

O gráfico 8.3 mostra o controle do parâmetro de processo de uma indústria no qual são indicados os desvios e suas causas primárias. Repare que, a partir de um determinado momento, os limites de controle puderam ser readequados para menores margens em relação à meta estabelecida, 1000.

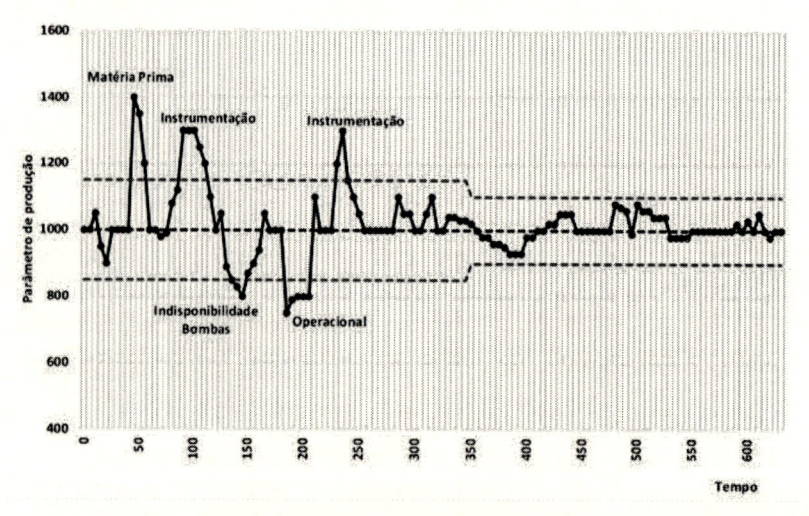

Figura 6.1: Controle de processo.

Uma vez definidas as causas de desvio, a utilização da análise de Pareto levará a determinar as causas que mais impactam o cumprimento da produção, dentro dos limites definidos ou como resultado adicional, indicando que tipo de controle deve ser aprimorado para que seja possível uma melhor análise dos desvios.

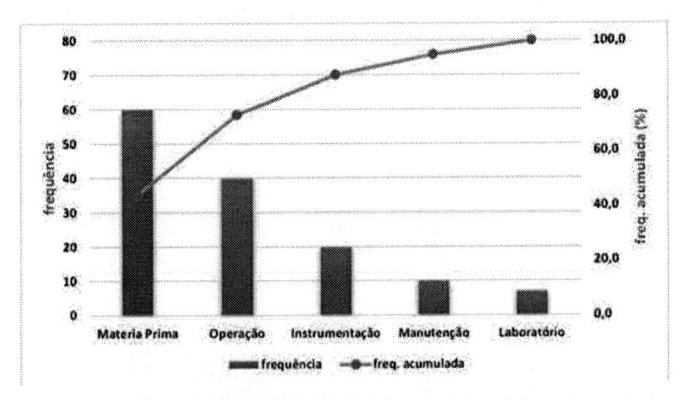

Gráfico 6.4: Pareto das causas básicas ou primárias.

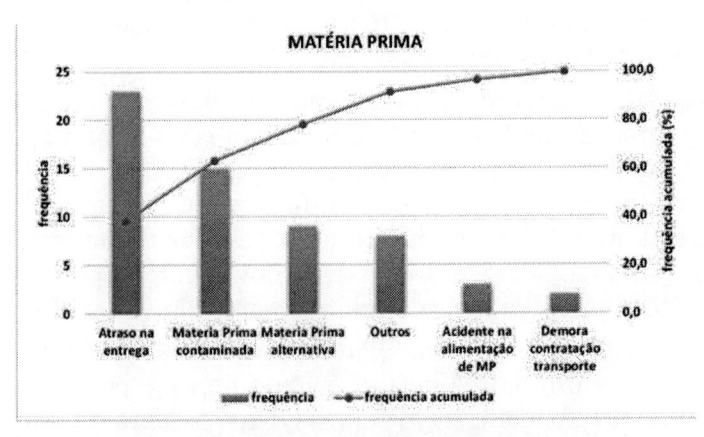

Gráfico 6.5: Grafico de Pareto para item A de ocorrências – Matéria-Prima.

6.2.2.2 – Padrões e Procedimentos Operacionais

Padrões e Procedimentos Operacionais são instrumentos de uso obrigatório pelos operadores de modo que sejam cumpridas as etapas relacionadas à operação dos ativos de modo correto e seguro. Além disso, os procedimentos operacionais se constituem como material indispensável para o treinamento de novos operadores.

Algumas situações de não conformidade relacionadas à Operação contemplam:

- Falta de treinamento dos operadores nos padrões e procedimentos – isso pode ocasionar problemas de má operação dos equipamentos, problemas de segurança pessoal e das instalações, alta taxa de rejeito pela baixa qualidade ou produtos fora de especificação.
- Inexistência de padrões e procedimentos – o que implica em afirmar que a empresa está em um estágio absolutamente atrasado e tem grandes chances de sofrer prejuízos gravíssimos;
- Procedimentos existentes desatualizados – as diversas modificações que são feitas ao longo do tempo nos equipamentos, instalações, sistemas e métodos de produção têm que ser incorporadas aos padrões, procedimentos, desenhos, fluxogramas, em resumo, a toda documentação técnica da empresa. O procedimento desatualizado é inútil e pode levar a ações incorretas e inseguras;
- Não cumprimento, pelos Operadores, das instruções contidas nos procedimentos, o que se constitui como uma flagrante de indisciplina. Os procedimentos devem refletir a melhor maneira ou a maneira adequada de se operar o equipamento ou os sistemas. Caso algum operador descubra uma maneira melhor de fazê-lo, deve propor esse novo método para que, após análise, este seja incorporado e, a partir daí, adotado por todos como a melhor ou mais adequada forma de se fazer o serviço;
- Maneiras diferentes de um grupo operar o equipamento, de um turno para outro. Ou seja, o Grupo 1 opera de um modo. O Grupo 2 opera de modo diferente. Possivelmente, nenhum dos dois Grupos opera de acordo com o procedimento. Essa situação denota uma absoluta falta de Gestão da área operacional, o que deve ser corrigido o mais rápido possível.

Operar de acordo com os Padrões e Procedimentos não é OPCIONAL
É fator de garantia da segurança, qualidade, produtividade e custos.

6.2.2.3 – Instrumentação adequada e calibrada

A instrumentação é o painel de bordo da Operação. É através dela que são tomadas todas as decisões, seja pelos operadores ou pelo sistema de automação.

Figura 6.2: Sala de Controle da Operação.

Do custo total de novos projetos, entre 10 e 15% vai para instrumentação. [8.2]

A interdependência entre a Operação e a Instrumentação é muito grande em função de algumas características que estão conceituadas a seguir:

> Processo é qualquer operação ou sequência de operações envolvendo modificação de matérias-primas. Essas modificações podem ser no estado de energia, na composição química, na forma e nas dimensões ou até das características físicas.
>
> Variável de processo é qualquer quantidade física que possui valor e altera-se com o tempo. Controlar uma variável significa manter constante uma grandeza que tende a variar. As variáveis de processo são acompanhadas/medidas para fins de controle, indicação, registro, alarme e totalização.

A instrumentação permite a leitura e o controle das variáveis através de sensores cujas características variam com o tipo de grandeza a ser medida e controlada (força, tensão, temperatura, vazão etc).[8.3]

Controlar um processo significa obter os resultados desejados dentro dos limites de tolerância preestabelecidos para determinados parâmetros.

Na ocorrência de variações ou distúrbios no processo, a variável controlada deve retornar ao valor do ponto de ajuste (*set point*) previamente estabelecido, dentro do tempo estimado e com erro limitado às tolerâncias definidas.

Os instrumentos de controle de processo são necessários porque as variáveis de processo não permanecem constantes ao longo do tempo. O objetivo do sistema de controle é determinar o valor das variáveis de processo e continuamente atualizar, acionar ou comandar os dispositivos de atuação que agem diretamente sobre o processo.[8.3]

Dessa forma, a função Operação depende primordialmente da instrumentação para obter os resultados a que se propõe.

A utilização de instrumentos (sensores, indicadores, hardware etc.) adequados à calibração é fundamental para garantir a precisão dos dados.

Calibração representa um conjunto de operações que estabelecem, sob condições especificadas, a relação ente valores indicados por um instrumento de medição e os valores correspondentes aos padrões utilizados.[8.5]

A calibração é fundamental para a garantia da qualidade da produção bem como para a precisão da informação, que leva à tomada de decisões. Além disso, a calibração assegura que os instrumentos utilizados para controlar o processo estão de acordo com os padrões estabelecidos garantido, dessa forma, a qualidade / conformidade do produto.

Um exemplo ilustra bem o que foi discorrido anteriormente.

"Na fabricação de um medicamento, as agências reguladoras exigem que toda a produção seja rastreada e que os instrumentos estejam calibrados em intervalos de tempo predefinidos. É a garantia de que a indústria reproduzirá a fórmula desenvolvida nos laboratórios. Um instrumento fora dos índices de tolerância não assegura que as substâncias foram medidas corretamente ou que estão sendo misturadas na temperatura estabelecida – e isso pode levar à produção de medicamentos fora da especificação. Caso isso aconteça, a produção tem que ser interrompida e segregada, e as áreas de produção e garantia da qualidade acionadas para avaliarem a extensão do problema. As tarefas relacionadas ao controle metrológico tornam-se ainda mais importantes à medida que os volumes de produção crescem, pois uma não conformidade como essa causa a perda de uma grande quantidade de produtos.

O trabalho é orientado pelas normas NBR 10012 (Sistema de Comprovação Metrológica – Requisitos para os processos de medição e equipamentos de medição), ISO 9000 e NBR 14919 (Requisitos específicos para a aplicação da NBR ISO 9001:2000 em conjunto com as boas práticas de fabricação para a indústria farmacêutica) e pela resolução RDC 17 da Anvisa..."[8.4]

6.2.2.4 – Qualidade da Matéria-Prima

Cada produto requer insumos materiais em uma ou mais operações. Os valores utilizados dependem das demandas de produtos e das quantidades de fluxo através das operações por unidade de produto. As matérias-primas, em geral, têm custos que afetam a rentabilidade do produto. Estes, por sua vez, também podem ser limitados em quantidade e podem provocar pontos de estrangulamento da produção.

As etapas que envolvem o controle da Matéria-Prima podem ser agrupadas conforme mostra a tabela abaixo:

Etapa	Atividades
Aquisição da(s) Matéria(s)-Prima(s)	♦ Requisitos contratuais ♦ Aquisição ♦ Certificado de conformidade ♦ Documentação
Recebimento da(s) Matéria(s)-Prima(s)	♦ Recebimento ♦ Amostra e testes ♦ Conferência ♦ Armazenamento
Controle	♦ Controle do inventário ♦ Controle do armazenamento para preservar características e propriedades
Utilização	♦ Definição e controle dos estoques intermediários ♦ Confirmação da condição / preservação da matéria-prima ♦ Utilização no processo

Tabela 6.3: Etapas envolvendo a Matéria-Prima.

A Matéria-Prima tem grande importância para os resultados do processo que se refletem na qualidade final do produto e na satisfação / fidelização do cliente. O gráfico 8.6 mostra a relação entre o risco embutido na Matéria-Prima e as consequências na qualidade do produto e custos de operação / prejuízos ou gastos adicionais.

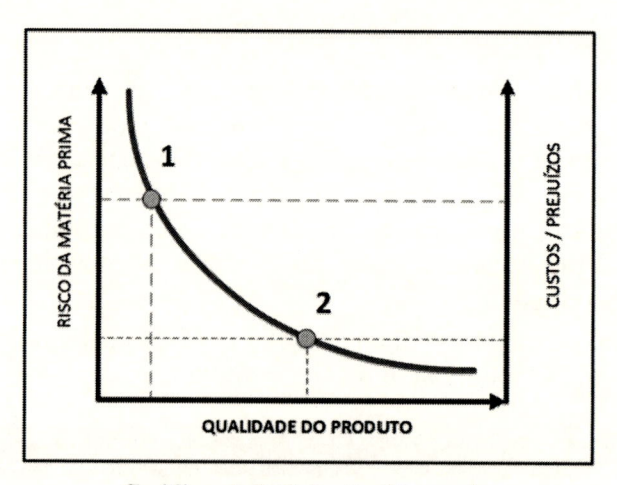

Gráfico 6.6: Relação Riscos da Matéria-Prima – Qualidade do Produto e Custos.

Adaptado de ref. 8.6

6.2.2.5 – Confiabilidade dos ativos

Confiabilidade é a probabilidade de um ativo – ou de um conjunto de ativos – operar nas condições para as quais foi projetado durante um determinado período de tempo, sob condições definidas.

Existem três momentos em que se atuar ou influenciar para uma melhor confiabilidade dos ativos:
- Na especificação e aquisição;
- Através da operação;
- Através da atuação de melhorias implementadas pela Manutenção e pela Engenharia.

Na especificação e aquisição está o melhor momento, pois o ativo será projetado e fabricado de acordo com o está sendo solicitado. Em grande parte das empresas, esse momento não é privilegiado, preferindo-se adquirir ativos com custo de aquisição menor (CAPEX) sem que seja analisado o custo operacional (OPEX).

Perdida a oportunidade de se adquirir um ativo com maior grau de confiabilidade por ocasião da especificação verifica-se, em função da criticidade e do histórico do equipamento, a necessidade de uma atuação que implique em melhorar a sua confiabilidade. Isso pode ser feito através de empresas especializadas, pelo fabricante, pela Engenharia ou até pela própria Manutenção, dependendo da extensão e/ou complexidade das modificações.

Outra forma de garantir e preservar a confiabilidade dos ativos é através da utilização adequada pela Operação. A má operação implica em danos aos ativos, promovendo falhas e obrigando a atuação da Manutenção na restauração das condições, eliminando a indisponibilidade gerada pela Operação. Outra situação que se verifica até mais comumente do que seria desejado é a utilização dos ativos em condições diversas daquelas para as quais foram projetados. Isso sujeita o equipamento a esforços ou cargas maiores (vazão, pressão, forças, tensão e corrente, temperatura etc.). Como o equipamento não oferece boa resposta a essas novas condições, a Operação cobra da Manutenção a solução para um problema que aquela não é capaz de resolver através do reparo simples, o que envolve ações de engenharia para modificações nos equipamentos ou até mesmo a substituição do equipamento por outro mais adequado.

6.3 – Considerações sobre a Gestão da Operação

A Gestão da Operação (*Operation Management*) é a função responsável pela gestão do processo de produção de bens e/ou execução de serviços.

De modo análogo à Manutenção, a atividade de Operação engloba outras relacionadas ao planejamento, programação, coordenação e controle de todos os recursos necessários para a produção de bens e serviços de uma empresa. Essa atividade envolve a gestão de pessoas, de equipamentos, de tecnologia, das informações e todos os demais recursos envolvidos.

É consenso que na gestão da Operação está representado o processo de transformação ou de conversão de matérias-primas em bens e serviços acabados através da utilização de recursos humanos, ativos e sistemas, informações técnicas que incluem o *know how* da empresa.

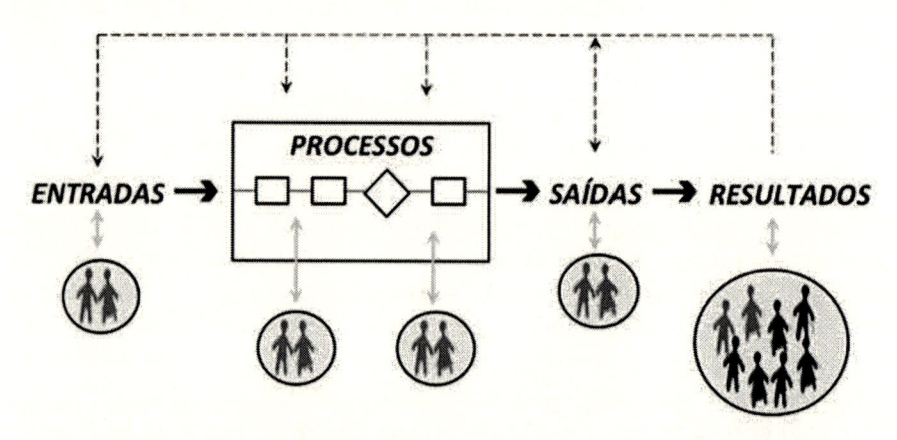

Figura 6.3: O papel de transformação da gestão de operações.

Apenas para exemplificar, nas indústrias de transformação ocorre a mudança física de matérias-primas em produtos, tais como a transformação de minério de ferro em chapas de aço; de chapas de aço em automóveis; de algodão e resinas em tecidos e de tecidos em vestimentas.

Isto é igualmente verdadeiro para as organizações prestadoras de serviços. Exemplificando, em uma empresa aérea ou em uma empresa de ônibus interestaduais, o serviço prestado contempla o transporte de passageiros e suas bagagens de um local para outro.

Independentemente de ser a empresa de transformação ou de prestação de serviços, a Gestão da Operação é responsável por diversas decisões e pela consolidação de estratégias que vão desde o design até a entrega do produto. A participação da Operação, mesmo que de forma indireta em fases como design, marketing, e vendas, tem influência ou sofre as consequências dessas atividades. Daí a importância da participação conjunta dos diversos segmentos para a obtenção dos resultados da empresa. Não é possível, por exemplo, Marketing e Vendas definirem volume de entrega de produtos sem consultar a Operação e a Programação da Produção.

Existem algumas diferenças entre as empresas que fabricam (indústrias de transformação) e as Prestadoras de Serviços, como mostrado na tabela 8.4:

Fabricação (Indústrias de transformação)	Prestação de Serviço
Produtos tangíveis	Produtos intangíveis
Produtos podem ser inventariados	Produtos não podem ser inventariados
Baixo nível de contato com o cliente	Alto nível de contato com o cliente
Tempo de resposta longo	Tempo de resposta curto
Empresa de capital intensivo	Empresa de trabalho intensivo

Tabela 6.4: Operação na Manufatura e na Prestação de Serviços.

Ambos os tipos de empresas têm uma Gestão de Operação que é responsável por uma parcela significativa dos resultados, incluídos os aspectos financeiros e de imagem. Mesmo que os desafios sejam diferentes em função das características, os princípios de Gestão aplicáveis são os mesmos.

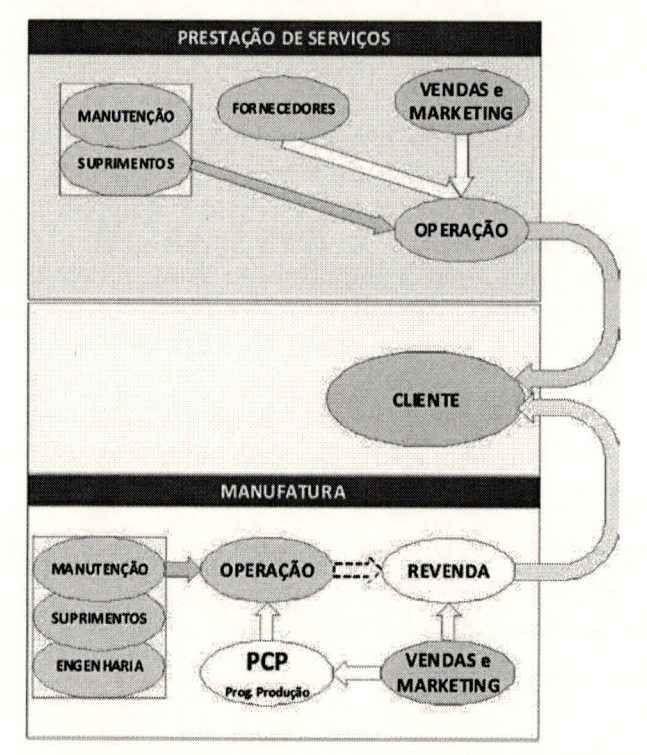

Figura 6.4: Principais interfaces da Operação
nas empresas de Manufatura e Prestação de Serviços.

A Operação deve trabalhar em estreita colaboração com as demais áreas da organização, pois os resultados só serão obtidos a partir da atuação conjunta de esforços. A figura 8.4 ilustra as principais interfaces e a relação com o cliente final.

De um modo geral, o cumprimento do programa de produção ou de prestação de serviços pressupõe um nível elevado na disponibilidade dos ativos. A Disponibilidade é sustentada pela Confiabilidade dos Ativos, pelos aspectos de Manutenibilidade que permitem um rápido retorno do equipamento e pela Suportabilidade, que significa que os recursos necessários estarão disponíveis em um determinado tempo e horário. Isso é ilustrado na figura 8.5, que indica o nível de influência, em percentuais, das atividades em relação aos componentes que suportam a Disponibilidade.

O QUE TEM A MAIOR INFLUÊNCIA NO RESULTADO ?			
	DISPONIBILIDADE		
	CONFIABILIDADE	MANUTENIBILIDADE	SUPORTABILIDADE
ENGENHARIA (projeto)	70%	70%	10%
OPERAÇÃO	20%	10%	20%
MANUTENÇÃO	10%	20%	70%
	Garantir a operação nas condições de projeto, dentro das condições previamento definidas.	Simplificar e agilizar os serviços de manutenção	Garantir os recursos adequados, na hora certa, no local correto

Figura 6.5: Influência das áreas da empresa nas variáveis que garantem a disponibilidade.(adaptado de ref. 8.7)

Capítulo 7

Gestão da Manutenção

7.1 – Introdução

Conforme mencionado anteriormente, o processo de Gestão de Ativos é um conjunto de atividades que uma Organização utiliza para conseguir que os seus ativos entreguem os resultados e objetivos de forma sustentável.

Assim, obviamente, esse processo envolve todas as áreas da Organização, dentre elas a Manutenção. Essa participação ocorre conforme indicado na figura 7.1, que mostra a Participação Direta, na qual determinadas áreas são as principais responsáveis, e a Participação Indireta, na qual as áreas dão suporte ou assessoram a atividade com participação direta.

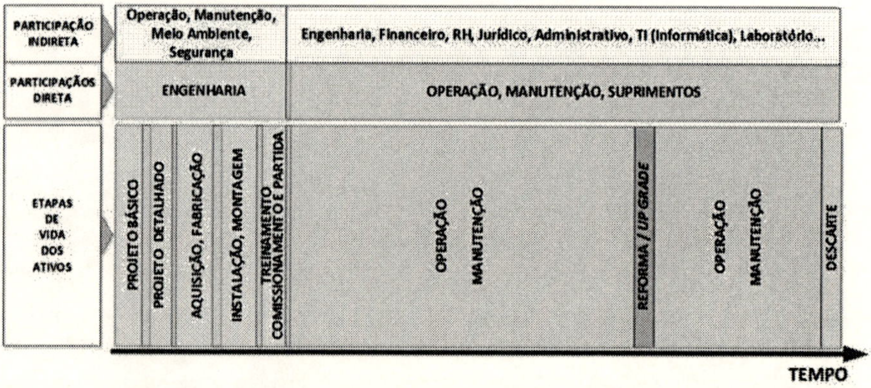

Figura 7.1: Envolvimento das áreas da Organização nas etapas da vida dos ativos.

Fica claro que, após o Comissionamento e Partida, as áreas de Manutenção, Operação e Suprimentos são as mais envolvidas na etapa considerada de vida útil do ativo, que é aquela de maior duração no ciclo de vida.

Este capítulo aborda o papel da Manutenção na Gestão de Ativos, o que inclui aspectos de Gerenciamento da atividade bem como aspectos operacionais ou de execução da manutenção.

Quando apareceram as primeiras iniciativas para implementação da Gestão de Ativos Físicos, alguns autores adotaram para a Manutenção daqueles o termo *Asset Health Care*, que significa "Cuidados com a Saúde dos Ativos".

O termo *health care* foi tomado emprestado da área médica e refere-se ao cuidado com a saúde, o que engloba diagnóstico, tratamento, prevenção de doenças, lesões, problemas físicos e mentais em seres humanos.

A Manutenção, de modo análogo, também exerce as atividades de monitoramento, prevenção, diagnóstico, reparo (tratamento) dos problemas nos equipamentos, sistemas e instalações, ou seja, nos ativos físicos das Organizações.

Independentemente do nome ou título que se adote para a Manutenção dentro da Gestão de Ativos, deve existir a consciência e/ou certeza, em todos os níveis da Organização, de que essa função é estratégica para os resultados.

> **A Manutenção é uma das funções estratégicas das Organizações e, como tal, impacta diretamente nos resultados.**

Outro aspecto que deve ser levado em consideração é que as normas NBR ISO 55000 para Gestão de Ativos (*Asset Management*) são normas de Sistemas de Gestão de Ativos. Assim, estas indicam O QUE FAZER, mas não abordam o COMO FAZER.

Não há dúvidas de que, para as empresas, a gestão eficaz dos seus ativos (físicos, humanos, financeiros e de propriedade intelectual) é algo, atualmente, imperativo. Como já mostrado anteriormente, o Sistema de Gestão de Ativos é interdisciplinar, isto é, abrange todas as áreas das empresas. Mas um erro que por vezes se comete é considerar que a Gestão de Ativos Físicos, a cargo da Manutenção, é o suficiente. Na realidade, a Gestão de Ativos Físicos exercida pela Manutenção é necessária, mas não é suficiente.

Como as normas NBR ISO 55000 não definem "como fazer", fica implícito que a Gestão da Manutenção deve se apoiar em um Sistema Estruturado que, aplicado com perseverança e em consonância com o Planejamento Estratégico da Organização, terá como finalidade CRIAR VALOR PARA A EMPRESA.

Para aquelas empresas que já estão no estágio de Manutenção Classe Mundial, as atividades de Manutenção, sob a ótica da Gestão de Ativos, não sofrem uma modificação sensível.

Ocorre que, em um número considerável de empresas, a Manutenção não se encontra nesse estágio e muitas ações básicas devem ser desenvolvidas, antes, para garantir que se atinja a Excelência.

Um dos conceitos que deve ser amplamente divulgado e reconhecido em todos os níveis é:

Quanto mais "saudáveis" estiverem os ativos, maior será a capacidade de cumprirem suas funções. Garantir que os equipamentos cumpram a sua função e estejam disponíveis para atender ao programa de produção da empresa torna-se o grande desafio da Manutenção.

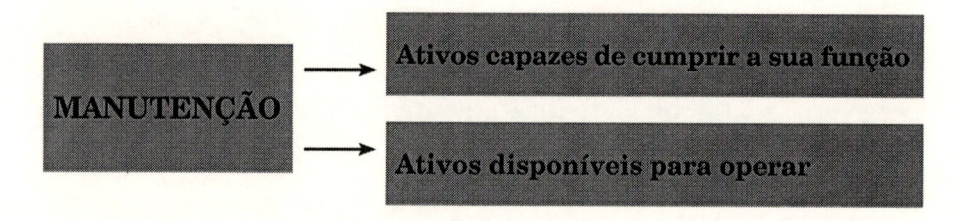

```
┌─────────────┐     ┌──────────────────────────────────────┐
│             │ ──► │ Ativos capazes de cumprir a sua função│
│ MANUTENÇÃO  │     └──────────────────────────────────────┘
│             │     ┌──────────────────────────────────────┐
│             │ ──► │ Ativos disponíveis para operar        │
└─────────────┘     └──────────────────────────────────────┘
```

De modo mais direto, podemos afirmar que as duas metas permanentes da Manutenção, em relação à Gestão dos Ativos Físicos, são:

> **DISPONIBILIDADE e CONFIABILIDADE.**

7.2 – Conceitos de Excelência

Para fins de classificação, considera-se a existência de três classes de empresas:

- ATRASADAS (*Laggard*);
- MEDIANAS (*Average*);
- EXCELENTES ou CLASSE MUNDIAL (*Best in Class* ou *World Class*).

Capítulo 7 Gestão da Manutenção

As empresas Excelentes (*Best in Class*) são aquelas que "apresentam o mais alto nível de desempenho atual em uma indústria, usado como padrão ou referência a ser igualada ou superada." **7.1**

Segundo estudos de *benchmarking* (Aberdeen Group, referência 7.2, entre 2006 a 2012), a distribuição estatística das empresas, no mundo, segundo essa classificação, é a seguinte:

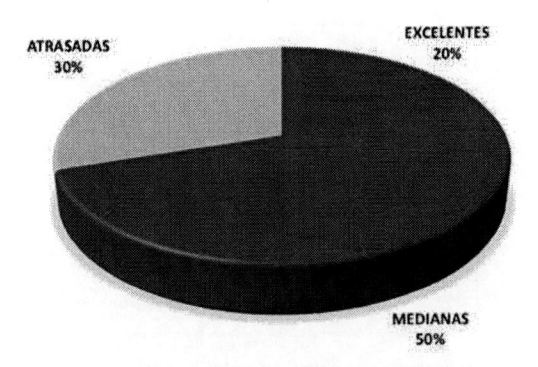

Gráfico 7.1: Distribuição das empresas de acordo com os seus resultados. [7.2]

- ATRASADAS 30%
- EXCELENTES 20%
- MEDIANAS 50%

Verifica-se que apenas 20% das empresas são consideradas excelentes. Portanto, os 80% restante precisam rever e trabalhar os seus processos para obter melhores resultados.

A melhoria dos processos em busca da Excelência é obtida através da GESTÃO.

A Tecnologia é necessária, mas não é suficiente;
A Gestão é o mais importante fator no êxito de uma organização.[7.3]

Os gestores das plantas industriais e da Manutenção devem ter a percepção de que há coisas básicas que devem ser bem feitas antes de partir para a implantação de processos e/ou ferramentas mais sofisticadas. Analogamente à construção de uma casa, o telhado só poderá ser feito após a fundação e as paredes estarem prontas. A figura 7.2 mostra a analogia entre a construção de uma casa e a estruturação básica (e sucinta) dos processos da Manutenção.

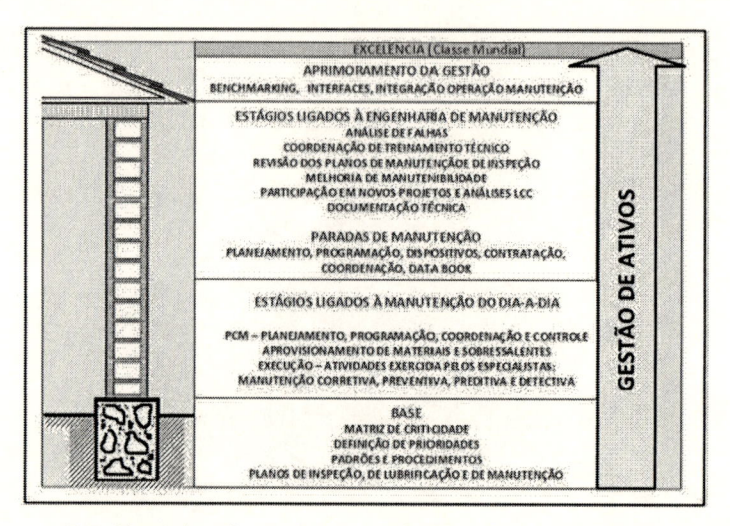

Figura 7.2: Estágios da construção da Excelência na Manutenção.

Convém ressaltar que a Gestão de Ativos é considerada como o processo que busca a excelência, na Gestão Empresarial e, em particular, na gestão da Manutenção e de outros processos.

O fato de se ter uma Gestão de Ativos não significa, necessariamente, que a empresa está em nível de excelência, mas que caminha nesta direção.

Na base de qualquer sistema que leve à Excelência está o Sistema de Gestão Organizacional. Nele estão contidos o Planejamento Estratégico e as orientações de Gestão, Metas e Diretrizes. Todas as áreas que compõem a estrutura organizacional deverão se orientar por tal Sistema.

Analisando apenas a Manutenção verifica-se que, dependendo do estágio em que se encontra a Manutenção – atrasada, mediana ou excelente –, alcançar a Excelência significa trabalhar continuamente por um período de tempo que varia entre três e dez anos.[7.4]

Não há aqui a intenção de promover o desânimo nos profissionais de Manutenção ou Gerentes de Plantas Industriais, mas tão somente mostrar a realidade. Imaginar que é possível transformar uma

Manutenção totalmente REATIVA em Manutenção Classe Mundial em seis meses é um sonho impossível.

Entretanto, quando se trabalha efetivamente, de forma planejada e de modo perseverante, a cada dia são obtidos melhores resultados que, dentre outras vantagens, servem como um poderoso fator motivacional para todos os níveis da Manutenção e da Planta.

7.3 – Caminho para a Excelência na Manutenção

Constata-se que os resultados se tornam melhores à medida que se diminui o volume de aplicação da Manutenção Corretiva Emergencial e da Manutenção Preventiva e se implementam Técnicas Preditivas/Inspeção e atividades sistematizadas de Engenharia de Manutenção. A figura 7.3 mostra o caminho natural entre a Manutenção Reativa e a Manutenção Classe Mundial.

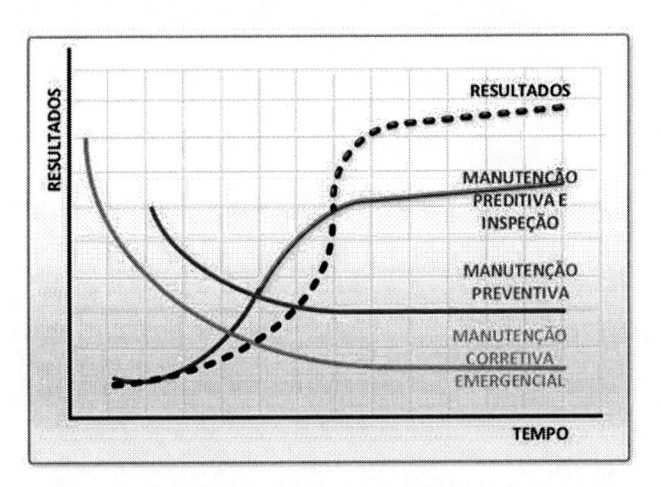

Figura 7.3: Melhoria dos resultados em função do volume de aplicação das técnicas de manutenção.

A Gestão de Ativos, que implica na otimização da utilização dos ativos, depende, de certa forma, da aplicação das técnicas de manutenção. A ênfase na aplicação de técnicas preditivas e de inspeção significa um caminho natural para a excelência na Manutenção, o que promove um aumento na disponibilidade dos ativos.

A distribuição aproximada de aplicação das políticas de Manutenção se dá conforma abaixo:

Processos/ Estágio	Tipo de Empresa		
	Atrasada	Mediana	Classe Mundial
REATIVA	Praticamente 100%	30% – 50%	< 10%
PREVENTIVA	Incipiente	60 – 40%	Máximo 30%
CONTROLADORA	Preditiva inexistente	Preditiva 0 a 9%	Preditiva > 50%
INOVADORA	Eng. de Manutenção Quase inexistente	Eng. de Manutenção Ocasional	Eng. de Manutenção Sistematizada, com aplicação frequente.
CLASSE MUNDIAL	Inexistente	Inexistente	*Benchmark* via *kpi;* Estabelecimento de Diretrizes para melhorar a competitividade; Processos de análise e estudos frequentes.

Tabela 7.1: Aplicação das políticas de manutenção pelas três classes de empresas.

Em função do que foi mostrado, deduz-se que o caminho para a Excelência deve contemplar (Ver figura 7.5 juntamente com o texto):

7.3.1 – BASE (CONSOLIDAÇÃO)

Isto é, a consolidação dos instrumentos básicos da Manutenção que, dentre outras, contempla a existência de Matriz de Criticidade dos Ativos Físicos; Padrões e Procedimentos dos processos e daqueles operacionais – ligados à execução; Planos de Inspeção, Lubrificação e Manutenção – Preventiva, Preditiva e Detectiva. A consolidação desses instrumentos pressupõe, obviamente, a sua existência, a atualização e a utilização.

Por mais esdrúxulo que possa parecer:

- ♦ Muitas empresas possuem padrões e procedimentos (elaborados para obtenção da certificação ISO 9000), mas não os atualizam nem os utilizam;
- ♦ Planos de Manutenção e de Inspeção, quando existentes, não são atualizados ou, em função da indefinição de atribuições, permitem que qualquer um lhes faça modificações ou alterações;
- ♦ A Matriz de Criticidade inexiste em um grande número de empresas. Quando existe, nem sempre é adotada, sendo o PCM – Planejamento e Controle da Manutenção – a área de Manutenção que deveria garantir a sua aplicação, principalmente nas negociações com a Operação. Afinal, a elaboração da Matriz de Criticidade pressupõe a participação da Manutenção, Operação, Segurança, Inspeção e Meio Ambiente, pelo menos.

Esses instrumentos permitirão que as atividades da Manutenção estejam, digamos, regulamentadas. De certa forma, esses instrumentos definem as "regras do jogo" válidas para todas as áreas da Organização. Por exemplo, o tratamento que a área de Suprimentos dará para um sobressalente de um ativo de Criticidade A será completamente diferente daquele dado para um sobressalente de um ativo de Criticidade C (sendo A o mais importante e C o menos importante).

A figura 7.4 mostra o caminho entre a Base e a Excelência, bem como a interdependência entre as atividades na Manutenção.

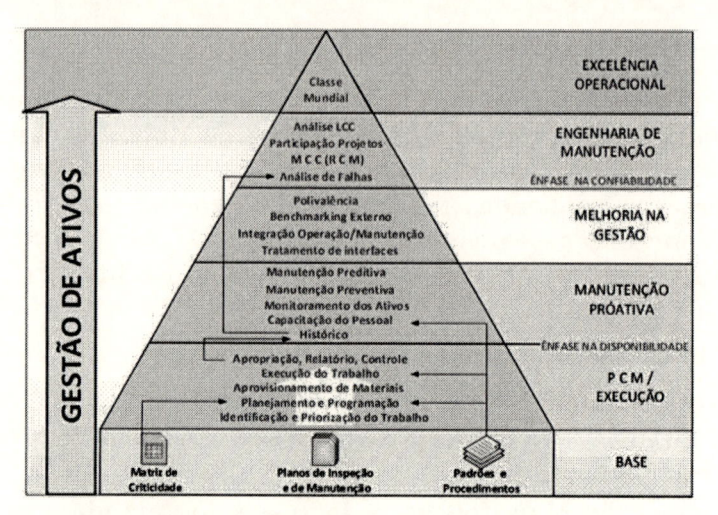

Figura 7.4: Etapas de atuação da Manutenção para alcançar a Excelência – Gestão de Ativos.[7.4]

7.3.2 – PCM / EXECUÇÃO

Congregam a Manutenção do dia a dia e trabalham em conjunto. Ao PCM cabem as atribuições de PLANEJAR, PROGRAMAR, COORDENAR e CONTROLAR. Além dessas, uma das funções importantes do PCM é atuar como filtro na entrada dos pedidos de serviços de modo que à execução sejam encaminhados aqueles serviços que realmente sejam do escopo e impliquem em continuidade operacional e/ou melhoria da confiabilidade dos ativos.

O PCM tem como função principal a OTIMIZAÇÃO DOS RECURSOS DA MANUTENÇÃO – Mão de Obra, Material, Máquinas de Apoio, Máquinas Operatrizes, dentre outros. Um guindaste de 30 toneladas, por exemplo, deve ter sua programação otimizada para atender às demandas dos vários serviços paralelos, do mesmo modo que a aplicação dos recursos humanos deve ser otimizada para não faltar em determinados momentos e sobrar em outros.

A capacidade de negociação deve ser uma característica inerente ao programador, que se relaciona diariamente com os clientes, dentre eles o maior, que é a Operação.

Ao PCM cabe a definição de O QUE FAZER e QUANDO FAZER.

A EXECUÇÃO é formada pelos especialistas, que são capazes de realizar os serviços de manutenção, seja monitoramento, inspeção, análise e diagnóstico, reparos, substituições, montagens, dentre outros. São caracterizados pelas áreas ou oficinas de Mecânica, Eletricidade, Instrumentação, Caldeiraria / Tubulação e outras, conforme a especificidade da planta.

À EXECUÇÃO cabe a definição do COMO FAZER e COM QUEM FAZER.

A etapa PCM/EXECUÇÃO está suportada pelos seguintes instrumentos da BASE:

- ♦ **Planos de Inspeção e de Manutenção** – Definem a política de manutenção para cada tipo de ativo a partir da Matriz de Criticidade. Para um equipamento classe A, por exemplo, serão aplicadas técnicas preditivas que estarão detalhadas no Plano de Manutenção correspondente e que servirá de base tanto para o PCM programar quanto para a Operação liberar e a Execução realizar os serviços.

- ♦ **Matriz de Criticidade** – documento que, elaborado por diversos segmentos da planta, contém as definições de criticidade dos ativos e, portanto, serve de guia para ações de Planejamento e Programação pelo PCM, classificação de sobressalentes pela área de Suprimentos, definição das políticas de manutenção dos ativos pela Execução, Análises e Estudos pela Engenharia de Manutenção, dentre outros. A Matriz de Criticidade baliza as ações da Organização, permitindo a aplicação de recursos com maior ou menor intensidade onde eles sejam realmente mais ou menos necessários.

- ♦ **Padrões e Procedimentos** – representam a memória técnica da Organização escrita por quem conhece, ou seja, seus empregados. Os Procedimentos definem a melhor maneira de se executar um trabalho e devem ser elaborados pelos executantes. Isso permite que haja um comprometimento dos colaboradores e que a utilização dos Procedimentos seja feita sem reservas.

- Os Procedimentos contêm informações sobre os ativos, processos, controles, e ainda são aplicados no tratamento das interfaces departamentais.
- Uma das grandes virtudes dos Procedimentos, além de padronizar a maneira de executar os serviços pelo melhor modo de fazê-los, é servir como material para capacitação de pessoal.

A capacitação de pessoal no trabalho (*on the job training*) deve ser exercida através dos Padrões e Procedimentos, orientados por supervisores ou executantes com maior grau de conhecimento no assunto.

Nessa fase, o instrumento de formalização das atividades é a OS ou OT (Ordem de Serviço ou Ordem de Trabalho); ver figura 7.5. A OS, documento que vincula a relação entre o PCM e as áreas EXECUTANTES, deve conter:

- Número e data;
- Prioridade;
- TAG do ativo;
- Centro de Custo (para apropriação financeira);
- Delineamento do trabalho – realizado pelo planejador em conjunto com a execução. Nesse delineamento está mostrada a sequência das atividades, recursos de mão de obra necessários, tempo estimado para cada atividade, além da dependência entre atividades;
- Orçamentação – a cargo do PCM, indica a previsão de gastos com Mão de Obra e Material;
- Ferramentas e EPIs necessários;
- Observações para auxílio do pessoal de execução;

Capítulo 7 Gestão da Manutenção

Empresa		ORDEM DE SERVIÇO - OS				OS nº	
TAG	25-MA-12	Local	U-25		Centro de Custo	29 130	
Criticidade	B	Tipo de serviço		Manutenção Corretiva Planejada			
Descrição OS		Manutenção do motor elétrico do misturador				data	22.08.14
PCM - contato		José da Silva		ramal	512	radio faixa	3

tarefa	descrição	tempo	Recursos		dep.	Observações
1	Análise preliminar de risco	0,5	1EL	1ME		
2	Retirar Permissão de Trabalho (PT)	0,5	1EL	1ME	1	
3	Desenergizar e bloquear	0,5	1EL		2	
4	Liberar o serviço	0,5				Operador da área
5	Desconectar cabos motor e desacoplar	1,0	1EL	1ME	3,4	
6	Retirar misturador e motor	1,0	1EL	1ME	5	
7	Apoio Máquina de elevação de carga	1,0	1OM			
8	Revisar motor elétrico	8,0	1EL		6	
9	Revisar misturador	8,0		1ME	6	
10	Montar motor no misturador	3,0	1EL	1ME	8,9	
11	Apoio Máquina de elevação de carga	1,0	1OM			
12	Instalar o conjunto no tanque	2,0	1EL	1ME	10	Operador da área
13	Preencher Relatório de Manutenção	0,5	1EL	1ME	12	
14	Apropriar na OS (MO e materiais)	0,5	1EL	1ME	13	
15						
16						

ORÇAMENTAÇÃO DA OS							
Mão de obra				Material			
Função	hh	R$/h	total R$	Descrição	qte	R$/u	R$ total
Mecânico	17,0	50,00	850,00	Rolamento NU310	1	1.120,00	1.120,00
Eletricista	17,5	50,00	875,00	Rolamento 6220	1	650,00	650,00
Oper. Máquina	2,0	40,00	80,00	Produto limpeza	1	12,00	12,00
				Parafusos	6	1,50	9,00
	total MO		1.805,00	Total Material			1.791,00

EPIs adicionais	Ferramentas / Acessórios
	Estropo diam. 1/2in x 1,5 m

Figura 7.5: Ordem de Serviço (OS).

A geração das OS é feita através dos softwares de gerenciamento da Manutenção, que podem ser do tipo CMMS – *Computer Maintenance Management System*, EAM – *Enterprise Asset Management* ou Módulo PM de ERP – *Plant Maintenance of Enterprise Resource Planning*.

Independentemente do tipo de software utilizado, este só poderá emitir uma OS completamente preenchida se forem cadastradas todas as informações no banco de dados. A princípio, esta afirmação pode parecer sem sentido, no entanto, a má utilização dos softwares de manutenção é uma constatação no mundo inteiro. Detalhes como esse, voltados ao desenvolvimento de um banco de dados adequado, que forneça informações consistentes para o PCM, para a Execução e para outros setores da Organização, acabam sendo um diferencial encontrado nas empresas excelentes.

As duas últimas ações posteriores à execução dos serviços de Manutenção são a apropriação e a elaboração do relatório de manutenção.

A apropriação permitirá que sejam computadas as horas aplicadas naquele serviço, permitindo que o PCM tenha condições de informar dados para lançamento financeiro (Centro de Custo) além de, ao registrar no sistema, levantar dados para planejamentos posteriores, aplicar correções ou propor melhorias para os próximos serviços.

O relatório de manutenção é o instrumento pelo qual é formado o histórico de manutenção do ativo, representando a preservação da memória técnica. Não importa se o relatório é feito manualmente (escrito) ou através do lançamento das informações em software (via computadores); o que importa é registrar as ocorrências, suas causas, correções, peças substituídas e outros detalhes relevantes.

Essa memória será muito importante na Análise de Falhas, em decisões futuras de aquisição de equipamentos similares ou em solicitações de modificações e melhorias nos ativos.

7.3.3 – MAUTENÇÃO PROATIVA.

O termo PROATIVO é utilizado para indicar atitudes que visam resolver problemas antes que estes aconteçam; antecipar-se ou atuar em avanço em relação a uma situação futura.

PROATIVO é, portanto, o contrário de REATIVO.

Na Manutenção, como mostrado anteriormente, empresas atrasadas trabalham de modo REATIVO enquanto as empresas que buscam ou já alcançaram a Excelência adotam, cada vez mais, atitudes PROATIVAS.

O conjunto de ações PROATIVAS que pode ser implementado nas práticas de manutenção contempla, dentre outras, a Manutenção Preventiva, a Manutenção Preditiva, a Manutenção Detectiva e a Engenharia de Manutenção.

A Manutenção Preventiva é bastante utilizada como uma estratégia de melhoria na Manutenção, tanto no Brasil como em outros países. No entanto, a Manutenção Preventiva apresenta alguns efeitos que não a recomendam como de aplicação ampla e irrestrita, a saber:

- ♦ A disponibilidade dos ativos é afetada negativamente pela intervenção definida no plano de manutenção preventiva;

Capítulo 7 Gestão da Manutenção 171

- Ativos que estavam funcionando a contento podem apresentar problemas após intervenção;
- Uma vez abertos os equipamentos, há uma tendência de se trocar peças que estão com meia vida, o que aumenta os custos de manutenção;
- Nem sempre as frequências de manutenção preventiva são adequadas e, na maioria das vezes, são mais curtas do que o necessário, levando a intervenções desnecessárias. Outras vezes ocorre uma falha antes de completado o período entre as intervenções.

Em resumo, a Manutenção Preventiva deve ter seu nicho de utilização limitado àqueles ativos para os quais não é possível a aplicação de técnicas preditivas.

A Manutenção Preditiva é a que permite que as empresas obtenham melhores resultados enquanto o custo de Manutenção cai. Isso se deve, dentre outras coisas, à:

- Na Manutenção Preditiva os ativos são monitorados, isto é, têm suas variáveis controladas, o que permite que funcionem por mais tempo, sem intervenção. Isso privilegia a disponibilidade;
- O monitoramento permite estimar, com grau de certeza elevado, quando é necessária a intervenção para a correção de algum problema. Isso proporciona uma preparação prévia, fazendo com que o tempo para reparo seja menor do que em outras situações. Novamente, o monitoramento privilegia a disponibilidade, sem falar em custos e aspectos ligados à segurança pessoal e operacional;
- O tipo de manutenção que apresenta menor custo é a Manutenção Preditiva. Enquanto se gasta 1 (um) na Preditiva, se gasta 1,5 (um e meio) na Preventiva e, no mínimo, 2 (dois) na Corretiva Não Planejada. Ver tabela 1.3, que mostra dados consolidados e válidos desde 1996 até 2014;
- Além dos custos da manutenção Corretiva Não Planejada e da Preventiva serem mais altos, é preciso considerar, ainda, que isso leva a uma **maior indisponibilidade, o que gera, como consequência, uma maior perda de faturamento;**

TIPO DE MANUTENÇÃO	Relação de custo
CORRETIVA NÃO PLANEJADA	2,0
PREVENTIVA	1,5
PREDITIVA (monitoramento + correção planejada)	1,0

Tabela 7.3: Relação entre os custos de Manutenção por tipo. [7.3 e outros]

- O percentual de manutenção preditiva que se pratica, seja no Brasil ou em outros países, ainda é muito pequeno. No Brasil, o percentual de horas apropriadas em Manutenção Preditiva, segundo dados da Abraman[7.5], é de 17% para os últimos 22 anos! Considerando que a maioria dos que respondem à pesquisa da Abraman é formada por grandes empresas, esse resultado deixa a desejar;
- O gráfico 1.2 mostra os percentuais por tipo de manutenção, comparando a situação real (o que é praticado) com a situação ideal (o que deveria ser praticado). Observa-se que o percentual de manutenção preditiva apresenta uma diferença muito grande. Isso justifica, de certa forma, o fato de 80% das empresas ainda estarem na condição de medianas ou atrasadas;

TIPOS DE MANUTENÇÃO - IDEAL X O QUE SE PRATICA

PRATICADO: CORRETIVA 55%, PREVENTIVA 35%, PREDITIVA 10%
IDEAL: CORRETIVA 9%, PREVENTIVA 26%, PREDITIVA 65%

Gráfico 7.2: Tipos de manutenção – o que é praticado x ideal.

◆ Adicionalmente, deve ser levado em consideração o fato de que as empresas com melhores resultados entre as excelentes adotam o monitoramento dos ativos em um espectro mais amplo. Além de acompanhar as variáveis relacionadas aos aspectos ligados à manutenção – vibração, temperatura de mancais, estado do lubrificante – monitoram também as variáveis relacionadas à performance operacional do equipamento – pressão, vazão, corrente etc.;

◆ Refinarias de Petróleo empregavam o monitoramento *on line* para grandes máquinas, que são equipamentos críticos e não possuem reserva ou *standby*. Há pelo menos 12 anos foram incluídos no monitoramento *on line* máquinas de uso geral (bombas centrífugas, ventiladores, motores elétricos) de modo a permitir o controle das variáveis ligadas à condição dos ativos bem como o acompanhamento da operação privilegiando os pontos em que o equipamento apresenta a melhor performance. Esse tipo de monitoramento está previsto no *Standard* API 610. A figura 7.6 mostra a localização do acelerômetro na caixa de mancal de uma bomba centrífuga e, ao lado deste, o ponto onde é feita a medição de vibração com instrumentos (medição *off line*).

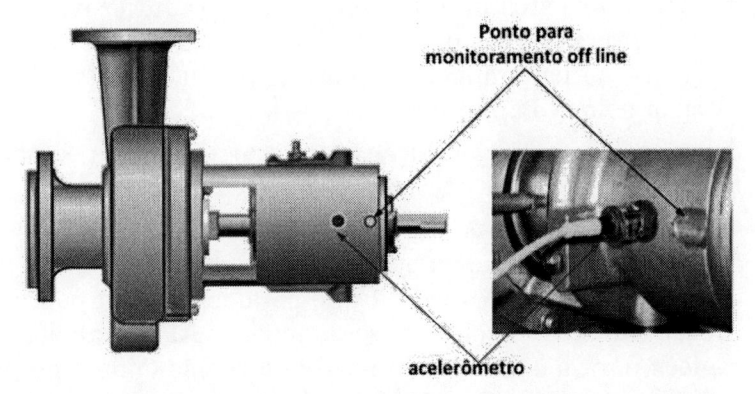

Figura 7.6: Acelerômetro em bomba centrífuga de processo.

Através desse tipo de monitoramento, que é mais barato do que o monitoramento utilizado nas máquinas críticas, é possível:

- Fazer o acompanhamento e controle da vibração do ativo;
- Fazer a intervenção somente quando estiver comprovada uma necessidade, ditada pela mudança das variáveis acompanhadas e definida pelo diagnóstico, que pode ser complementado por outras medições *off line* e por outras técnicas preditivas;
- Caracterizar problemas de má operação do ativo pela relação entre a vibração e o ponto de operação. (Ver figura 7.8);
- Coletar dados que permitam outros tipos de análise, coordenada pela Engenharia de Manutenção, como Análise de Falhas, Vida de componentes etc.

Os resultados obtidos são:

- Maior disponibilidade;
- Maior confiabilidade;
- Menores custos de manutenção pela redução no emprego da mão de obra para intervenções (muitas vezes desnecessárias);
- Menores custos de manutenção pela redução no consumo de sobressalentes, uma vez que as trocas de peças somente ocorrerão por indicação objetiva, perfeitamente caracterizada pelo acompanhamento preditivo.
- A figura 7.7 mostra a relação entre a região onde a bomba centrífuga trabalha e a vibração, conforme API 610. [7.7]

Observa-se que, no ponto de melhor eficiência (BEP-*Best efficiency point*), ou seja, no ponto de melhor rendimento, a vibração é mais baixa. À medida que se afasta desse ponto, a vibração começa a se elevar. Desse modo, o API estabelece duas regiões para a operação da bomba: a região onde é preferível a operação (entre 80 e 110% do BEP) e outra região entre 70 e 120% do BEP, denominada como região de operação admissível. Os números circulados junto à curva indicam o que ocorre com as bombas quando estas trabalham nesses pontos (fonte: diversos autores):

- elevação de temperatura;
- cavitação por baixa vazão;
- redução na vida do selo e dos mancais;
- redução na vida do impelidor;
- recirculação na sucção;
- recirculação na descarga;
- redução da vida do selo e dos mancais;
- cavitação por alta vazão.

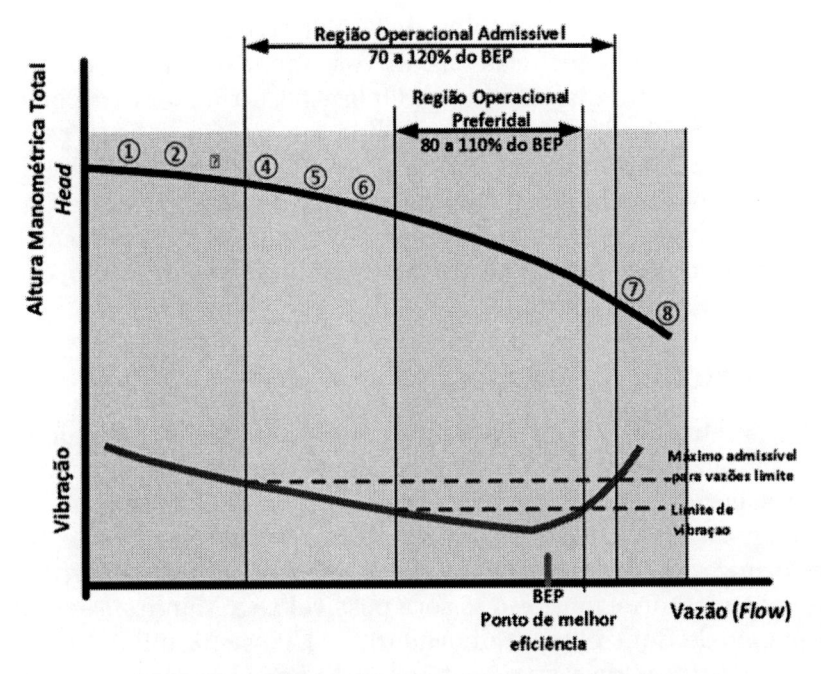

Figura 7.7: Relação entre região de operação x vibração em bombas centrífugas. [7.7 e outros]

- O que foi detalhado acima, para bombas centrífugas, ocorre também para outros ativos. As condições operacionais afetam a vida dos componentes e do ativo, implicando em aumento da indisponibilidade e aumento nos custos. A frase a seguir, retirada de um estudo em uma fábrica de papel[7.8], atesta essa relação:

"Uma das conclusões importantes a partir deste estudo é que não é apenas a variação da carga da máquina que afeta as amplitudes das frequências de defeito de rolamento, mas a velocidade da máquina também. Portanto, mudanças na velocidade da máquina e a carga devem ser consideradas ao se interpretar espectros de vibração. Isto irá melhorar a eficácia do diagnóstico de vibração e previsão do tempo para substituição. Durante o período abrangido por este estudo, que foi de 58 dias, verificou-se que o tempo total de paralisação devido a razões desconhecidas foi muito grande, causando perdas econômicas consideráveis de cerca de 2,3 milhões de coroas suecas..."

♦ Conclui-se que não basta a PROATIVIDADE da Manutenção, incorporando técnicas preditivas, monitoramento *on line* e melhoria no diagnóstico. A Operação é também responsável pela saúde dos ativos na medida em que uma operação mal feita ou desastrada pode provocar falhas, indisponibilidade, acidentes e até catástrofes. A Proatividade, na visão da Gestão de Ativos, passa pelo trabalho em conjunto da Operação e da Manutenção para garantir o que as duas, em conjunto, constituem: A Produção.

7.3.5 – Melhoria na Gestão

Nessa etapa estão agrupadas algumas atividades cuja condução deve ser feita pela Gerência da Manutenção e pelos gerentes de suas áreas especializadas. A condução do processo pela Gerência não exclui a participação, o envolvimento ou conhecimento dos demais níveis hierárquicos da Manutenção. À Gerência cabe a visão de futuro e a busca da melhoria, mas isso só será possível se a Manutenção estiver no estágio de Controladora, Inovadora ou Classe Mundial. Enquanto não se atingir um desses três estágios, não haverá tempo para pensar, melhorar, inovar. O dia a dia os absorverá como bombeiros, apagando fogo continuamente. Dentre os processos ou instrumentos da Gestão da Manutenção, alguns têm um papel preponderante:

♦ ***BENCHMARKING – "Benchmarking"*** é o processo de melhoria da performance pela contínua identificação, compreensão e adaptação de práticas e processos excelentes encontrados dentro e fora das organizações. Registre-se que este processo de *Benchmarking* é aplicado para toda a empresa assim como para a manutenção, em particular;

- Essa ferramenta ou instrumento de gestão baseia-se em:
  - Indicadores;
  - Melhores práticas.
- **Indicadores** são dados numéricos estabelecidos sobre os processos que queremos controlar. Na evolução dos indicadores, desde a máxima de Juran que recomendava ter poucos indicadores vitais, foram denominados *kpi* (*key performance indicators*) – indicadores chaves da performance, aqueles que melhor representam os negócios ou os processos;
- **Benchmark** é a melhor marca de referência representando, portanto, indicadores utilizados para as comparações;
- **Melhores Práticas** são aquelas práticas que têm se mostrado superiores em resultados, selecionadas por um processo sistemático e julgadas como exemplares, boas, ou de sucesso demonstrado.

Então, de modo muito simplificado, o processo de *benchmaking*, em âmbito internacional e/ou externo à organização, dá-se conforme mostrado na figura 7.8.

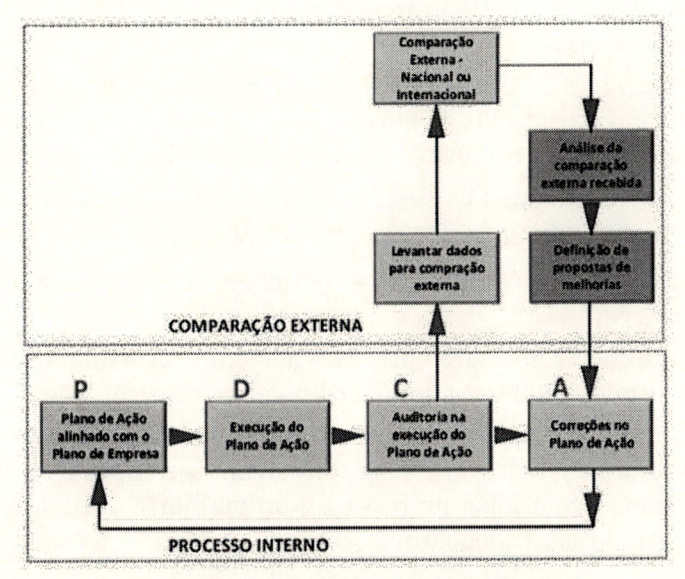

Figura 7.8: Processo de Gestão com comparação externa (*benchmarking*).

O processo de *benchmarking* é importante, pois propicia uma comparação direta com outras empresas, permitindo que a busca por melhores resultados seja feita em bases consistentes através da análise dos indicadores e aplicação de práticas de sucesso comprovado.

No quadro do Processo Interno, a Manutenção atua conforme seu Plano de Ação, desenvolvido a partir das Diretrizes emanadas pela direção da Empresa. O Plano de Ação da Manutenção representa a porção que lhe cabe para atingir as metas estabelecidas pela alta gerência.

O giro completo do PDCA inclui, além da elaboração do Plano de Ação com metas, responsáveis e prazos (Plain = P), a sua Execução conforme o planejado (Do = D), as Auditorias (*Check = C*) e as ações de correção do Plano original *(Act =A)*.

Logicamente, a comparação dos resultados é feita com a própria Manutenção da Empresa. É um processo bom, pois permite a autocomparação, de forma que seja realizado um trabalho de melhoria constante.

No entanto, os desafios se tornam maiores e melhores quando há comparação com outras Empresas, o que é feito através do processo de *benchmarking*.

A comparação é feita através de indicadores, que são obtidos da mesma forma para todos os participantes, isto é, a fórmula ou a metodologia para sua obtenção é idêntica para todos.

Uma vez analisados os resultados que essa comparação proporciona, duas providencias devem ser tomadas:

a. Corrigir os planos de ação e metas em função da análise comparativa;
b. Conhecer as melhores práticas nas empresas que apresentam resultados melhores do que os da sua empresa.

Enquanto o processo interno pode significar uma baixa velocidade de mudança, o *benchmarking*, envolvendo comparação externa, promove uma aceleração no processo de melhoria, ainda mais se a empresa tiver resultados ruins.

Integração Operação – Manutenção

As duas áreas mais diretamente envolvidas com a Produção são a Operação e a Manutenção. Tanto o volume produzido como a qualidade / conformidade do que é produzido depende, e muito, dessas duas áreas. Enquanto a Manutenção é responsável pela confiabilidade dos ativos, a Operação é responsável pela confiabilidade do processo.

Os objetivos e as metas são comuns às duas áreas.

No entanto, no mundo inteiro, nas empresas que ainda não atingiram a excelência, a convivência entre Operação e Manutenção quase sempre é conflituosa. E tanto mais conflituosa ela seja, mais perdas terá a empresa e, consequentemente, resultados ruins.

Quando a interface Operação – Manutenção não é boa, acontecem fatos como:

♦ Ocorrências operacionais não são devidamente informadas ao pessoal da Manutenção. Com isso, leva-se muito mais tempo para diagnosticar o problema e propor a correção, o contrário do que ocorreria se a informação fosse mais clara e objetiva;

♦ Nem sempre a prioridade dada ao serviço ou a aplicação do pessoal da Manutenção, no serviço, leva em consideração a necessidade de cumprimento do plano de produção. Muitas vezes o pessoal da Manutenção nem tem o conhecimento do que significa este ou aquele ativo paralisado;

♦ Liberações de ativos absolutamente necessárias para correção de problemas são obstadas pela Operação na pretensão de cumprir o programa de produção a qualquer custo. Muitas vezes, esse tipo de decisão promove uma maior degradação dos ativos com consequências, no médio prazo, em confiabilidade, disponibilidade, custos e, consequentemente, maiores perdas;

♦ Baixo comprometimento dos operadores com a emissão da Permissão de Trabalho, liberação dos equipamentos para início dos serviços e, ainda, testes ao final dos trabalhos de manutenção. Isso aumenta o Tempo Médio de Reparo, reduzindo a Disponibilidade;

♦ O pessoal da Manutenção não tem informações sobre os efeitos da indisponibilidade nos resultados da empresa. Não sabem, por exemplo, qual a perda de produção que um determinado ativo indisponível provoca; não têm ideia dos custos da indisponibilidade e, finalmente, não têm conhecimento de quais as perdas pela redução do volume produzido. O que foi dito para o pessoal de Manutenção pode ocorrer também para o pessoal de Operação e de Suprimentos.

Assim, é fundamental que haja um entrosamento profissional entre essas duas áreas. Algumas atitudes podem ajudar sobremaneira na integração Operação – Manutenção:

- Participação de Operadores e Técnicos de Operação nas Análises de falhas conduzidas pela Engenharia de Manutenção;
- Reuniões entre a Manutenção e os Setores Operacionais antes da elaboração do Plano de Ação. Isso permitirá que sejam conhecidas as necessidades da Operação a fim de que sejam definidas metas conjuntas de disponibilidade para os ativos;
- Reuniões periódicas entre a Gerência de Operação e de Manutenção para análise de perdas causadas pela atuação ineficaz tanto de um como de outro. No caso da Gerência da Operação e da Manutenção ser única, as reuniões devem ser realizadas com o nível imediatamente inferior;
- O PCM, que faz reuniões semanais com a Operação, deve manter um canal de informação para as Especializadas (Execução) de modo a mantê-las informadas e receber feedbacks que eventualmente podem levar à renegociação com a Operação.

Tratamento das interfaces

Interface, em ciência da computação, é a fronteira que define a forma de comunicação entre duas entidades.[7.9]

Essa definição é muito adequada, pois, de fato, lacunas na interface entre departamentos ou áreas de uma Organização são frutos de uma falta de comunicação clara, que defina, para ambas as partes, a sua atuação.

Por causa dessa indefinição:

- Uma área não assume ou não faz o serviço por achar que isso pode ser responsabilidade da outra área;
- As duas áreas querem fazer o serviço por acharem que é seu;

Capítulo 7 Gestão da Manutenção 181

- Os desgastes pessoais são constantes e acabam criando problemas de inter-relacionamento;
- Os resultados são afetados negativamente em função do maior tempo para solução, envolvimento de outras pessoas e gerentes para tentar resolver impasses, dentre outros;
- A não participação deste ou daquele setor em um dado momento do serviço ou do projeto pode causar consequências no projeto, na aquisição, na instalação e no desempenho do ativo.

A figura 7.9 mostra três situações de interfaces entre as áreas A e B de uma Organização. Na primeira à esquerda, a interface entre as duas áreas está bem tratada.

Na figura do meio, uma área ultrapassa a fronteira para fazer serviços da outra área. Normalmente esses serviços são aqueles considerados "bons".

Na figura à direita há um distanciamento e cria-se uma zona entre as duas áreas, que ficam sem dono. Nenhuma das duas áreas assume a realização daqueles serviços que, via de regra, são serviços "ruins".

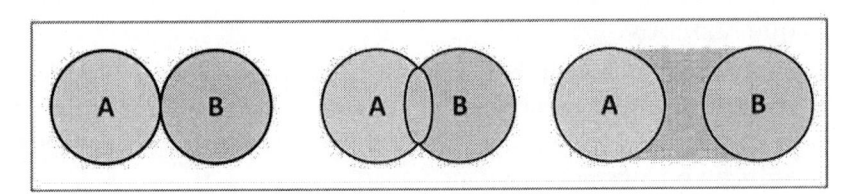

Figura 7.9 Interfaces.[7.10]

Interfaces existem entre todas as áreas da organização, seja de modo direto ou indireto. [7.10]

Interface direta ocorre quando existe uma relação cliente-fornecedor. Exemplos:

Manutenção (fornecedor) e Operação (cliente);

Manutenção (cliente) e Suprimentos (fornecedor).

Interface indireta é aquela em que não há um vínculo direto, mas o desempenho de uma área afeta a outra. Exemplo de interface indireta:

Manutenção e Comercial (Vendas).

A área comercial pode se comprometer com clientes a vender uma determinada quantidade de produto tomando por base o plano de produção da empresa. Caso ocorram falhas em equipamentos que comprometam a produção, essa venda pode ser cancelada ou postergada.

De um modo geral, a existência de interfaces mal tratadas decorre, dentre outros fatores, dos seguintes:

- Falta de uma visão do todo, da contribuição da área de cada um para os resultados da organização e não somente olhar para os resultados de sua área específica, como se diz na linguagem popular – "olhar somente para o seu umbigo";
- Falta de organização da empresa, que não possui padrões e procedimentos definindo a atuação (e até atribuições) da (e na) sua estrutura organizacional;
- Descumprimento, por parte dos gerentes daquilo que está definido nos procedimentos;
- "Esperteza" de certos gerentes e empregados de outros níveis hierárquicos que querem "empurrar" para outra área serviços que não lhes agradam;
- Relacionamento interpessoal ruim entre gerentes, transferindo para o campo profissional suas desavenças e impactando a empresa negativamente. Percebe-se que, em todos os casos, a solução é Gerencial.

Acima de todas essas interfaces citadas, a existência desses e de outros tipos de problemas significa falta de Gestão ou omissão do Gerente.

As interfaces devem estar perfeitamente identificadas e definidas em Padrões de Sistema. O seu cumprimento não é opcional. É uma questão de disciplina.

Empresas onde reinam a indisciplina e a visão setorial não alcançarão a Excelência.

Polivalência

Polivalência ou Multiespecialização podem ser nomes inadequados, mas encerram uma prática que aumenta, sobremaneira, a produtividade na Manutenção.

Nos serviços de manutenção, diversas situações requerem a participação de outra especialidade para pequenos serviços ou serviços complementares. Isso significa uma descontinuidade e inclusão de perdas de tempo.

Os exemplos abaixo ilustram duas situações onde isso ocorre:

♦ Durante um serviço de troca de um trecho curto de tubulação, os caldeireiros solicitaram que fosse chamado um instrumentista para retirar um manômetro que estava montado no trecho a ser trocado. Até o instrumentista ser acionado, deslocar-se para o local e retirar o manômetro, será gerado um tempo de ociosidade dos caldeireiros, além de aumentar o tempo para reparo do dano.

Por que não habilitar os caldeireiros para retirar o manômetro nesse tipo de situação? Se isso fosse feito, a produtividade aumentaria sensivelmente. (Figura 7.10)

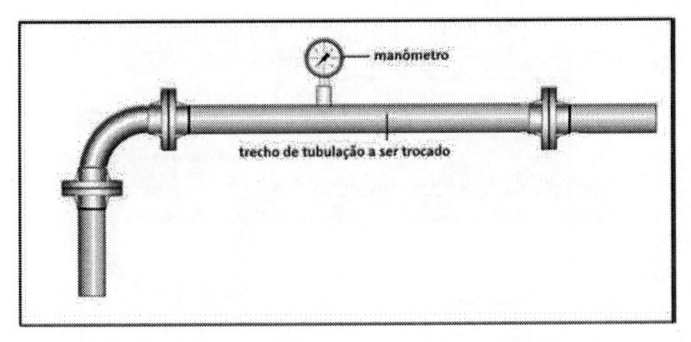

Figura 7.10: Tubulação com manômetro.

♦ Em serviços de revisão geral de bombas centrífugas e outros equipamentos rotativos, pode haver a necessidade de se reinstalar o mesmo ou um novo cubo do acoplamento. A figura 7.11 ilustra esse caso. Como o ajuste entre o eixo e o cubo do acoplamento é sem folga, é necessário esquentar o cubo para que, dilatado o seu furo, seja permitida a montagem. Isso pode ser feito em banho de óleo (quente), com aquecedor indutivo ou aquecendo com maçarico. Normalmente, desses três citados, o maçarico é sempre o mais disponível em qualquer oficina de manutenção.

Mecânicos são os especialistas que fazem manutenção em equipamentos rotativos. Contudo, é comum o supervisor ser acionado pelos mecânicos para "buscar um maçariqueiro que esquente o cubo do acoplamento". Como no caso acima, isso provoca uma descontinuidade e aumento no tempo de reparo. Da mesma forma que acima, a pergunta é: Por que não capacitar os mecânicos para fazer esse aquecimento com maçarico?

A polivalência não estimula a criação de executantes que entendam de todas as especialidades, pois isso é utópico. O que se pretende é capacitar os especialistas de forma que estes façam determinadas tarefas de outras especialidades, que tenham um grau de complexidade baixo mas contribuam significativamente para a produtividade e redução do Tempo Médio de Reparo.

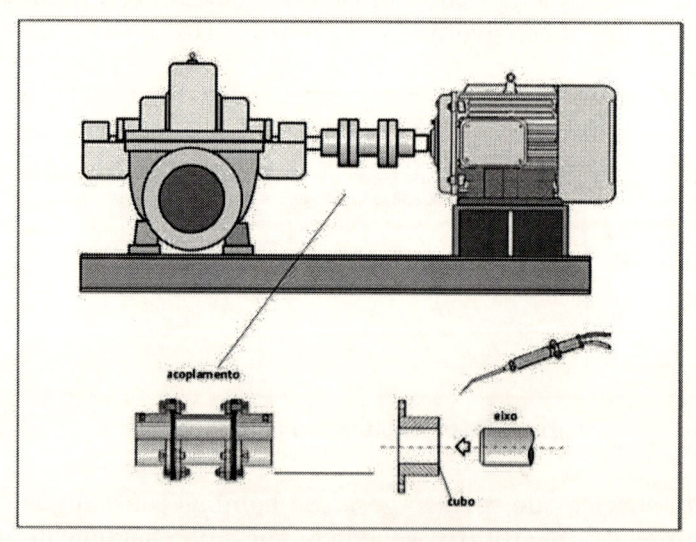

Figura 7.11: Bomba centrífuga acionada por motor elétrico, acoplamento e montagem do eixo no cubo.

Alguns cuidados devem ser tomados para a implementação da Polivalência na Manutenção:

♦ Para executar qualquer atividade, além do que está definido nas atribuições, qualquer empregado deve ser formalmente treinado;

♦ O treinamento deve ter evidências objetivas, isto é, lista de presença assinada, material didático e testes;

♦ Uma vez treinado, o empregado estará capacitado para fazer essas tarefas. No entanto, deve-se providenciar a alteração das atribuições, com a inclusão desses serviços para os quais aquele fora treinado.

7.3.6 – Engenharia de Manutenção

A Engenharia de Manutenção é o grupamento responsável por atividades absolutamente imprescindíveis, que requerem tempo e clima adequado para serem feitas, algo que nem o PCM nem os Especialistas da Execução têm.

Analogamente a um caixa de banco, o PCM e os setores da Execução estão às voltas com o atendimento ao dia a dia, resolvendo problemas urgentes, diagnosticando outros que foram detectados pela preditiva ou reclamados diretamente pela Operação etc. Dessa forma, raramente conseguem um tempo exclusivo para se dedicar a análises e estudos.

No Brasil, os grupamentos de Engenharia de Manutenção começaram a se consolidar a partir do início dos anos 90 como reflexo dos programas da Qualidade que foram adotados por diversas empresas e refletiram positivamente na Gestão da Manutenção.

Seria desnecessário enfatizar que a Engenharia de Manutenção é uma área que tem que trabalhar intimamente ligada à Execução e ao PCM, pois as metas e os objetivos são os mesmos. No entanto, em algumas situações podem ocorrer desvios nesse tipo de situação, criando problemas de convivência entre os grupos. Hierarquicamente, tanto o PCM quanto a Execução e a Engenharia de Manutenção estão no mesmo nível, apesar de a Engenharia de Manutenção coordenar certos serviços, conforme indicado na tabela 7.4.

Atividade	Eng. Manutenção	Execução	PCM
Análise de Falhas	Coordena, Controla	Participa sempre	Participa eventualmente
Revisão dos Planos de Manutenção	Coordena	Participa	Quando solicitado
Melhoria de Manutenibilidade	Estuda, Propõe, Contrata	Solicita, Participa	Solicita, Participa
Manut. Centrada na Confiabilidade	Coordena Estuda	Participa	Participa
Participação em novos projetos	Participa	Participa	Quando solicitado
Análise de LCC (Custo do Ciclo de Vida)	Participa	Quando solicitado	
Treinamento externo	Coordena	Participa	Participa
Treinamento no trabalho	Participa	Coordena	Participa eventualmente
Pequenas melhorias (*sustaining*)	Coordena Contrata, fiscaliza, testa	Participa, quando solicitado	Participa, quando solicitado

Tabela 7.4: Atividades relacionada à Engenharia de Manutenção.

É importante destacar que, quando a falha tem relação com a engenharia do sistema ou quando está relacionada à sua operação, estas áreas também participam da análise.

A Engenharia de Manutenção tem como meta permanente aumentar a confiabilidade e a disponibilidade dos ativos.

Das atividades listadas na tabela 7.4, destacam-se como promotoras de melhoria da confiabilidade as seguintes:

- Análise de Falhas;
- Participação da Manutenção em novos projetos e reformas;
- Analise do LCC dos ativos.

Análise de Falhas

É um procedimento sistematizado que, através do estudo (análise) de problemas, busca o bloqueio das causas de falhas (causa básicas ou causa raiz da falha). Existem diversas metodologias para análise de falhas, sendo aplicadas tanto em produtos como em processos e também na Manutenção. No caso da Manutenção, especificamente, busca-se melhorar a confiabilidade dos ativos. Ativos mais confiáveis oferecem maior disponibilidade.

Glancey[7.11] lista as seguintes metodologias de Análise de Falhas:

- Análise Causa Consequência (*Cause-Consequence Analysis*)
- Lista de Verificação (*Checklist*)
- Árvore de eventos (*Event Tree Analysis*)
- Análise do Modo e Efeito da Falha (*Failure Modes & Effects Analysis* – FMEA)
- Análise do Modo, Eeito e Criticalidade da Falha (*Failure Modes, Effects and Criticality Analysis* -FMECA)
- Análise de Árvore de Falha (*Fault Tree Analysis* – FTA)
- Análise de Perigos (Riscos) e Operabilidade (*Hazard & Operability Analysis* -HAZOP)
- Confiabilidade Humana (*Human Reliability*)
- Análise Preliminar de Perigo (Risco) (*Preliminary Hazard Analysis* – PHA)
- Classificação Relativa (*Relative Ranking*)
- Revisão de Segurança (*Safety Review*)
- Análise "what if / lista de verificação" (*What-If / Checklist Analysis*)
- Análise "What if" (*What-If Analysis*)

Em meados da década de 1980, o movimento de implantação da Qualidade Total nas empresas nacionais trouxe uma técnica de análise de problemas conhecida como MASP – Método de Análise e Solução de Problemas.

MASP é a denominação atribuída, no Brasil, para o QC-Story, método de solução de problemas de origem japonesa. Estima-se que o MASP é o método de solução de problemas mais difundido e utilizado no Brasil. Uma das vantagens dessa metodologia é a simplicidade, o que permite ampla participação das pessoas nos grupos de análise de falhas. Essa participação, principalmente do pessoal de execução, é um fator motivador.

Na primeira ETAPA do MASP, intitulada IDENTIFICAÇÃO DO PROBLEMA, as atividades de HISTÓRICO DO PROBLEMA e a ANÁLISE DE PARETO dependem dos registros feitos pela Manutenção ao longo da vida do(s) ativo(s). Esses registros são o que se denomina como HISTÓRICO DE MANUTENÇÃO.

Quanto mais detalhado e confiável for o histórico de Manutenção, melhor será a análise de falhas – desde que o grupo envolvido tenha os subsídios necessários para detectar a causa básica e encaminhar uma solução.

A Análise de Falhas é uma das melhores práticas na Manutenção, pois proporciona os seguintes ganhos:

- Melhora sensível nos resultados pelo aumento da confiabilidade dos ativos;
- Atua como um fator de integração – Engenharia de Manutenção, Execução, PCM e Operação;
- É um fator de motivação para os empregados que participam dos grupos de análise pelo comprometimento que criam e pelos resultados obtidos;
- Reduz custos de manutenção, pois, além dos resultados obtidos com o aumento da confiabilidade, a análise permite identificar e corrigir outros problemas paralelos que resultam em melhorias e custos menores.

Participação da Manutenção em novos projetos e reformas

Novos projetos apresentam uma série de desafios que são mais facilmente vencidos quando há uma participação sistematizada dos segmentos da Organização que têm ou terão envolvimento direto com eles.

Embora caiba à Engenharia de Projetos desenvolver o projeto, especificar equipamentos e sobressalentes, comprar e inspecionar, montar, comissionar e apoiar a partida, esta deve obter a participação de outras áreas, como a Manutenção, Operação, Segurança, Meio Ambiente, dentre outras. O resultado final será muito melhor para a empresa, desde que:

- A Manutenção detenha a maior experiência acumulada nos equipamentos da planta, sendo capaz de ajudar tanto na especificação como na análise das propostas e indicação de sobressalentes;
- Outro aspecto que para a Manutenção é muito importante e que muitas vezes passa despercebido pela Engenharia é a manutenibilidade, que significa a maior facilidade para se executar os serviços nos ativos. Soluções adotadas no projeto e na construção são muito mais baratas do que aquelas propostas e/ou construídas com as unidades em operação. Além disso, soluções simples que melhoram a manutenibilidade implicarão em melhoria da segurança pessoal e redução do tempo de reparo;
- A Operação, a Segurança e a área de Meio Ambiente devem também participar de modo idêntico à Manutenção, pois têm suas contribuições a dar para a Engenharia.
- A Operação é o cliente final do projeto e deve analisá-lo sob as condições de "operabilidade", isto é, condições para que os operadores façam as manobras e comandem os ativos. Plataformas, aspectos de ergonomia, facilidades de acesso e cuidados com a segurança pessoal devem ser levados em consideração na etapa de projeto;

- Uma das fases fundamentais em todo projeto é prever o treinamento dos operadores e mantenedores. Isso deve ser parte integrante do fornecimento dos ativos e sistemas, cabendo aos fabricantes ministrar o treinamento. Além disso, a Operação deve preparar cursos que envolvam os diversos segmentos da Organização (Segurança, Meio Ambiente, Suprimentos, Manutenção e outros) de modo que, já na fase de comissionamento, todos conheçam e saibam como se comportar em qualquer situação;
- Pelo lado da Manutenção, a coordenação dessa participação é da Engenharia de Manutenção. A convocação de especialistas das várias áreas, feitas por esta última, dá-se em função das necessidades;
- As demais áreas (Operação, Segurança, Meio Ambiente, TI) participam em função de um Procedimento de Sistema que regulamenta esse procedimento. Normalmente esse Procedimento tem uma Matriz de Participação no Projeto que define em que momentos determinadas áreas participam e indica, ainda, o tipo de participação.

A figura 7.12 mostra os custos de capital, CAPEX, e os custos Operacionais, OPEX – Operação e Manutenção – que ocorrem durante a vida total dos ativos, ou seja, desde a concepção até o descarte. O trabalho em conjunto, que aproveita o somatório de conhecimentos e experiências, promove uma redução substancial tanto no CAPEX quanto no OPEX. Os custos operacionais chegam a representar entre 65 e 75% do custo total, mas, de maneira equivocada, busca-se apenas a economia no custo de aquisição – CAPEX.

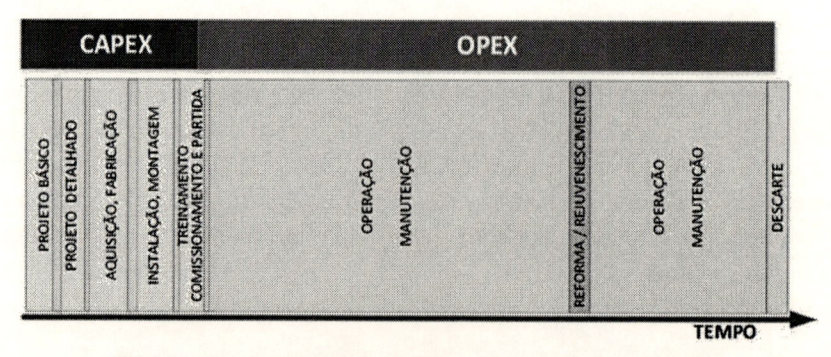

Figura 7.12: CAPEX e OPEX no ciclo de vida total.

Quando um novo projeto é feito do modo descrito acima, o risco de se registrar ocorrências como as listadas a seguir é muito baixo:

- Mortalidade infantil dos ativos;
- Aquisição de sobressalentes desnecessários ou não aquisição de sobressalentes mínimos para garantir a continuidade operacional;
- Dificuldades de acesso tanto para a Operação como para a Manutenção;
- Aquisição de equipamentos ou de fabricantes que tenham histórico de problemas na planta (baixa confiabilidade);
- Riscos de acidentes pelo desconhecimento, pelos operadores, da planta ou unidade;
- Desconhecimento por parte da Manutenção das características dos novos ativos e falta de preparo do seu pessoal para conduzir as intervenções necessárias;
- Danos aos equipamentos pela má operação, fruto da falta de treinamento dos operadores.

Em algumas empresas, a falta de integração e de participação é tamanha que as seguintes frases podem ser ouvidas:

- "A Engenharia não entrega a obra, mas a abandona";
- "A Manutenção não tem interesse em participar ou não tem gente para isso";
- "Somente agora, que eles começaram a fazer a fundação, é que soubemos que vai ser instalado um novo ativo nesta Unidade." Ver figura 7.13.

Figura 7.13 Falta de integração entre a Engenharia e outras áreas.

Análise do Custo do Ciclo de Vida

A análise do custo do ciclo de vida é uma abordagem que permite conhecer quanto, realmente, custam os ativos ao longo de sua vida.

Esse assunto será detalhado no capítulo 10, mas algumas considerações devem ser levadas em conta:

- Dentro do perfil da Engenharia de Manutenção, normalmente cabe a esta a prerrogativa de analisar o custo do ciclo de vida (que doravante denominaremos LCC, para simplificar);
- O melhor momento para se verificar o LCC de um ou mais ativos é durante o projeto. Nessa hora poderão ser tomadas as grandes decisões que impactarão sensivelmente nos custos dos ativos;
- Na maioria das vezes, a opção de compra de um ativo levando em consideração apenas o seu preço de aquisição – CAPEX –, pode significar custos operacionais – OPEX – muito elevados que, em pouco tempo, suplantam a economia feita;
- A análise do LCC para equipamentos em operação pode ser interessante a fim de propor melhorias desde que se tenha ideia dos ganhos a serem obtidos, reduzindo significativamente o OPEX, que é o maior custo na vida dos ativos.

Em muitas empresas, os custos de aquisição ainda são utilizados como o critério principal – e apenas esse – para definir a compra. Isso funciona do seguinte modo:

♦ A Engenharia faz a especificação do equipamento seguindo as normas usuais e emite dois documentos que irão balizar a compra: A Folha de Dados (FD), que informa as características do ativo e a Requisição de Material (RM), contendo diversas informações sobre documentação pertinente, escopo de fornecimento, garantia etc.;

♦ A área de Suprimentos coloca o Pedido de Compra que tem a FD e a RM como anexos nos principais fornecedores do tipo de ativo pretendido. Vamos supor que Suprimentos obteve três propostas com três preços diferentes. Caso os três proponentes declarem atendimento integral aos documentos de compra, a aquisição será feita pelo menor preço.

Teoricamente, tudo isso está correto. E, efetivamente, está, pois não se exigiu nenhuma informação adicional, via documentos de Engenharia, sobre os custos do ciclo de vida, quais sejam – custos de manutenção, incluindo mão de obra e material, custos operacionais – consumo de eletricidade, água, vapor, ar comprimido, confiabilidade, traduzida pelo tempo médio entre falhas esperadas.

Assim, o ativo será adquirido em função do seu custo de aquisição.

A cultura de aquisição de ativos deve ser mudada, incorporando a solicitação e análise dos custos esperados para o ciclo de vida. Ver capítulo 10.

7.3.7 – Gestão de Ativos

A Gestão de Ativos não implica, necessariamente, na Excelência da Manutenção. O que a Gestão de Ativos promove é o alinhamento do desempenho da Manutenção, necessário para a produção de valor para a empresa.

Desse modo, é necessário que a Manutenção busque padrões de excelência para, alcançando alto desempenho, criar valor para a organização, apoiando o desempenho dos negócios.

Um dos melhores analistas da indústria na atualidade, Ron Moore [7.12], afirma que: "Dois terços (2/3) das perdas de produção não estão relacionadas com equipamentos. Daquelas que estão, a maioria dá-se devido à má operação; somente 10% (dez por cento) das perdas de produção são causadas pela Manutenção"

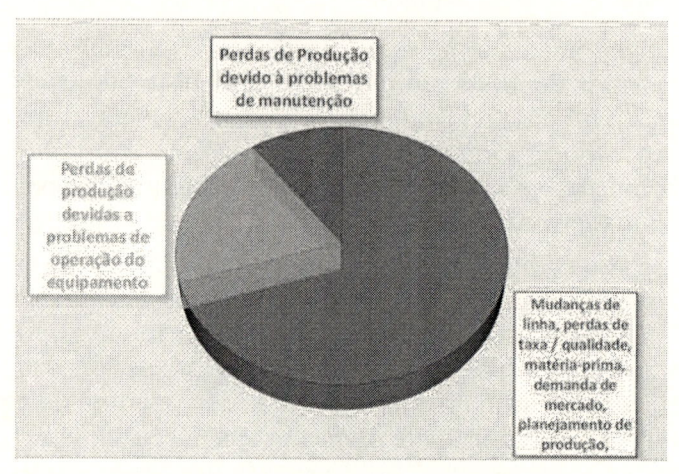

Gráfico 7.3: Perdas de produção.[7.12]

Essas informações não devem ser tomadas como um passaporte para se debitar à Operação os problemas da planta. Elas ajudam a entender como as falhas ocorrem, mas servem para nos lembrar, constantemente, da necessidade de:

- ◆ Trabalhar em conjunto, principalmente Operação e Manutenção;
- ◆ Ter capacidade cada vez mais apurada de diagnóstico;
- ◆ Utilizar sempre monitoramento *on line* e *off line* como medida de controle e identificação dos desvios;
- ◆ Atuar proativamente na capacitação de pessoal favorecendo a instrução de operadores pelo pessoal da Manutenção e dos mantenedores pelo pessoal da Operação.

A Manutenção deve integrar e alinhar as suas atividades e seu gerenciamento com o Plano Estratégico de Gestão de Ativos (*Strategic Asset Management Plan* – SAMP). Para tal, deve elaborar o seu Plano de Gestão de Ativos (*Asset Management Plan*). A tabela 7.5 sintetiza o conteúdo básico do PAM.

DADOS DE ENTRADA	DADOS DE SAÍDA
Informações:	Planos de Gestão de Ativos. Para cada família ou classe significativa de ativos, incluem:
Dados dos ativos existentes	Links para registro de ativos
Previsões de Demanda	Níveis de categoria para ativos em serviço
Dados de Gestão de Risco	Plano de Gestão de Risco
Prioridades de renovação	Soluções de prestação de serviço alternativo
Estimativa de vida útil dos ativos	Informações financeiras dos ativos
Novas prioridades dos ativos	♦ Depreciação, ♦ Despesas de capital previstas, ♦ Dados sobre renovação ou descarte
Ativos identificados para descarte	Programas de aperfeiçoamento de ativos
Sistema de Gestão de Ativos	Identificação dos custos de
Programa de substituição de ativos	♦ Operação
Revisão no Programa de Capital (CAPEX)	♦ Manutenção
	♦ Depreciação
	♦ Renovação (CAPEX)
	♦ Melhorias (CAPEX)

Tabela 7.5: Conteúdo básico do PAM.

A figura 7.14 ilustra, de modo conciso, as atividades relacionadas aos Planos de Gestão de Ativos.

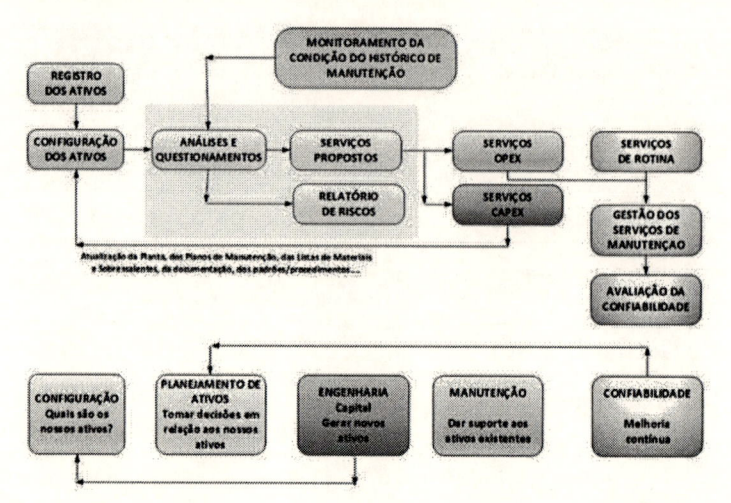

Figura 7.14: Atividades relacionadas aos Planos de Gestão de Ativos.

Capítulo 8

Gestão de Ativos – Normas e Especificações

8.1 – PAS-55 (*Public Available Specification* – Especificação Disponível Publicamente)

A PAS-55 foi o documento que deu origem às discussões sobre Gestão de Ativos em nível mundial. Em 2002, o Instituto de Gestão de Ativos (*Institute of Asset Management – IAM*), do Reino Unido, conduziu seminário com a participação de gestores seniores de várias indústrias e de agencias regulatórias. O principal resultado foi a necessidade de estabelecer-se uma linguagem comum para a Gestão de Ativos. Como não existia um norma formal sobre o assunto, o IAM produziu a PAS-55:2004 (Especificações para a Gestão Otimizada de Ativos Físicos de Infraestrutura). Esta versão de norma foi elaborada e revisada por um painel de 23 organizações, predominantemente do Reino Unido.

Em 2008, o IAM revisou a PAS-55, com a participação de 49 organizações, de 15 setores da indústria e 10 países diferentes, que passou a ser chamada de Especificação Disponível Publicamente para a Gestão Otimizada de Ativos Físicos. Ambas as versões foram publicadas pelo *British Standard Institute (BSI)* e a versão de 2008 foi traduzida para o português pela Abraman em 2011.

A PAS 55 especifica requisitos para 28 aspectos de boas práticas relativas à Gestão de Ativos, desde a estratégia para o ciclo de vida até a manutenção no dia a dia. Permite a integração de todos os aspectos do ciclo de vida dos ativos e propicia uma linguagem comum para uma discussão multifuncional nas organizações. Especifica o que precisa ser feito, mas não como isto deve ser feito, permitindo que as organizações desenvolvam processos efetivos que reflitam os desafios particulares do seu ambiente de negócios[8.7].

A PAS 55 é dividida em duas partes. A parte 1 trata da Especificação para a Gestão Otimizada dos Ativos Físicos (PAS 55-1) [8.1]. Esta parte especifica todos os requisitos voltados um sistema de gestão para a gestão de ativos físicos durante o seu ciclo de vida. É em relação a esta parte 1 que as organizações buscam conformidade e, eventualmente, certificação. A parte 2 trata das Diretrizes para a Aplicação do PAS 55-1[8.2]. Esta parte fornece diretrizes no estabelecimento, na implementação, na manutenção e melhoria de um sistema de Gestão de Ativos e sua coordenação com outros sistemas de gestão.

Muitas organizações da indústria de transporte, energia e óleo e gás do Reino Unido e em outros países estão adotando a PAS 55 como a base para a sua Gestão de Ativos. Algumas organizações estão buscando a certificação dos seus sistemas de gestão de acordo com a Parte 1 deste documento, enquanto outras o estão utilizando para desenvolver um processo de Gestão de Ativos consistente nos seus negócios, sem a intenção de obter certificação[8.7].

Os órgãos regulatórios tiveram um papel importante no desenvolvimento da Gestão de Ativos da indústria de transporte, energia e óleo e gás do Reino Unido. Os custos crescentes para atualizar ou reformar os ativos de infraestrutura e, em alguns casos, a falta histórica de investimentos no setor, significou que a necessidade de desenvolvimento de uma metodologia transparente para justificar estes custos foi fundamental. Para que se tenha uma ideia do impacto deste papel, todas as empresas de distribuição de energia do Reino Unido foram certificadas pela PAS 55 até o final de 2008 a fim de assegurar uma garantia do compromisso de longo prazo e da estratégia e políticas deste setor no que diz respeito à Gestão de Ativos[8.7].

De acordo com a PAS 55, Gestão de Ativos possui seis áreas principais, a saber[8.7]:

♦ Estratégia e Planejamento de Gestão de Ativos;
♦ Tomada de decisões relativas à Gestão de Ativos;
♦ Atividades de entrega do ciclo de vida;
♦ Ativadores de conhecimento dos ativos;
♦ Organização e ativadores de pessoas;
♦ Análise e avaliação de risco.

A figura 8.1 mostra o relacionamento entre estas seis áreas.

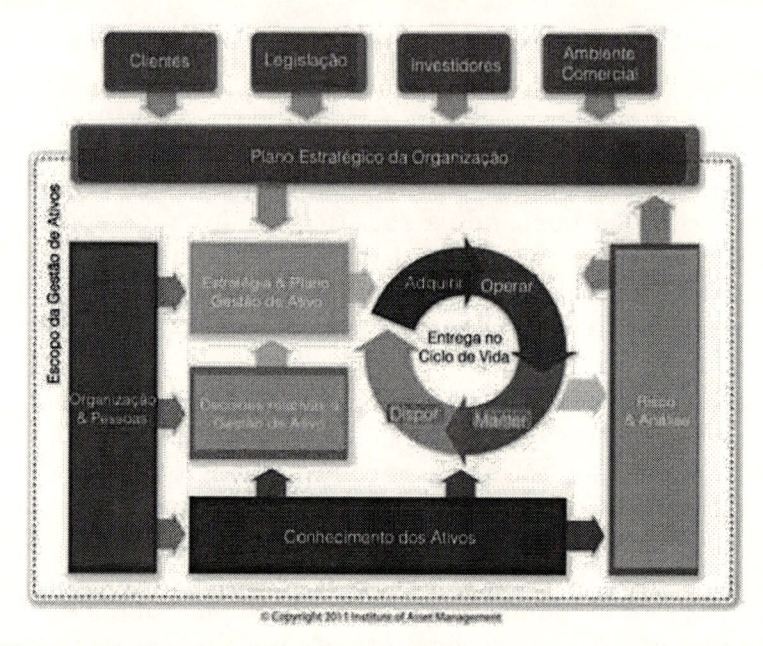

Figura 8.1: Panorama da Gestão de Ativos segundo o IAM-UK[8.7].

A figura 8.2 especifica as 39 áreas de competência que compõem cada uma destas seis áreas. Uma descrição detalhada sobre cada uma delas pode ser obtida no documento Panorama da Gestão de Ativos versão 2 (*Asset Management Landscape v.2*), que pode ser baixado da página do GFMAM (www.gfmam.org) [8.6]. Outro documento que apresenta a descrição destas seis áreas é o *Asset Management – an anatomy*, que pode ser baixado da página do IAM (www.theIAM.org)[8.8]. Recomendamos a leitura atenta destes documentos para todos aqueles interessados em compreender o fascinante mundo da Gestão de Ativos.

Capítulo 8 Gestão de Ativos – Normas e Especificações

Figura 8.2: Panorama da Gestão de Ativos segundo o Global Fórum de Manutenção e Gestão de ativos (GFMAM – *Global Forum for Maintenance and Asset Management*)[8.6].

A seguir, fazemos um resumo com os itens da PAS 55-1, mantidas a itemização e a numeração.[8.1]

4. Requisitos do sistema de gestão de ativos:

4.1 – Requisitos gerais;

4.2 – Política de gestão de ativos;

4.3 – Estratégia, objetivos e planos da gestão de ativos:

    4.3.1 – Estratégia da gestão de ativos;

    4.3.2 – Objetivos da gestão de ativos;

    4.3.3 – Planos da gestão de ativos;

    4.3.4 – Planos de Contingência.

4.4 – Capacitadores e controles da gestão de ativos:

    4.4.1 – Estrutura, autoridade e responsabilidades;

    4.4.2 – Terceirização das atividades da gestão de ativos;

    4.4.3 – Treinamento, conscientização e competência;

4.4.4 – Comunicação, participação e consulta;

4.4.5 – Documentação do sistema de gestão de ativos;

4.4.6 – Gestão de informação;

4.4.7 – Gestão de Risco:

    4.4.7.1 – Processos da gestão de riscos;

    4.4.7.2 – Metodologia da gestão de riscos;

    4.4.7.3 – Identificação e avaliação de risco;

    4.4.7.4 – Uso e manutenção das informações de risco do ativo.

4.4.8 – Requisitos legais e outros requisitos;

4.4.9 – Gestão de mudanças.

4.5 – Implementação dos planos de gestão de ativos:

    4.5.1 – Atividades do ciclo de vida;

    4.5.2 – Ferramentas, instalações e equipamentos.

4.6 – Avaliação e melhoria de desempenho:

    4.6.1 – Monitoramento de desempenho e condição;

    4.6.2 – Investigação de falhas, incidentes e não conformidades relacionadas ao ativo;

    4.6.3 – Avaliação de conformidade;

    4.6.4 – Auditoria;

    4.6.5 – Ações de Melhoria:

        4.6.5.1 – Ação corretiva e preventiva;

        4.6.5.2 Melhoria contínua.

    4.6.6 – Registros

4.7 – Análise crítica pela direção;

A figura 8.3 mostra o relacionamento entre os principais requisitos:

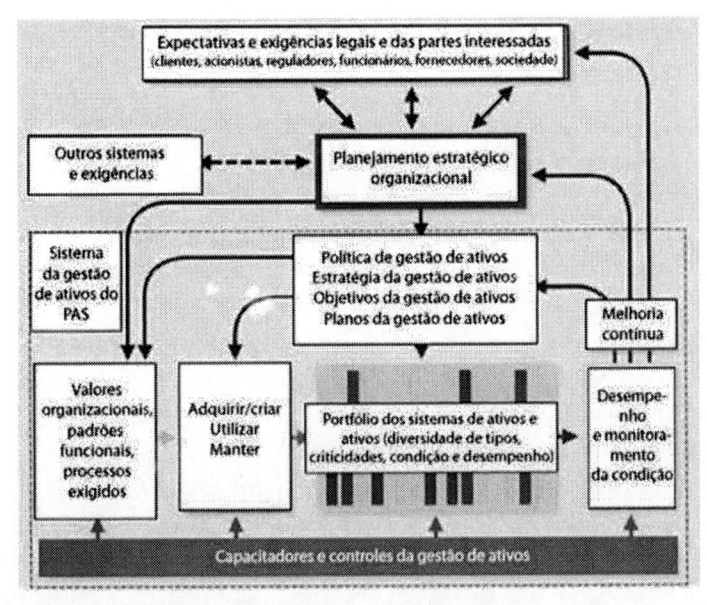

Capítulo 8 Gestão de Ativos – Normas e Especificações

Figura 8.3: Relacionamento entre os principais requisitos da PAS-55[8.1].

A figura 8.4 mostra o relacionamento entre os itens da PAS-55-1 e os elementos do método PDCA.

Figura 8.4: Relacionamento entre os requisitos da PAS-55 e o método PDCA[8.1].

8.2 – NBR ISO-55.000: A Norma Internacional da Gestão de Ativos

As definições apresentadas no Capítulo 2 estão coerentes com a coleção de Normas Internacionais ISO 55.00X, que entrou em vigor em Janeiro de 2014. A cidade de Calgary, no Canadá, na semana de 29 de Abril a 3 de maio de 2013 foi o palco de um laborioso trabalho reunindo aproximadamente 70 participantes especialistas em Gestão de Ativos de 31 países que prepararam a versão final da norma.

Aquela foi a sexta e última reunião internacional destinada à redação destes documentos tão esperados pelas organizações antes do processo de votação para sua aprovação, que ocorreu no segundo semestre de 2013.

As ISO-5500X começaram a ser elaboradas em fevereiro de 2010, em Londres, pelo comitê PC-251 da ISO. Em fevereiro de 2011 este passou pela Austrália. Nos EUA, em outubro; em fevereiro de 2012, pela África do Sul e, na República Tcheca, em junho. Finalmente, em abril de 2013, esteve no Canadá. Neste período foram produzidas mais de 250 atas de reunião, com informações relevantes à Gestão de Ativos.

Agora a coleção está pronta na versão final, sendo composta de três normas, a saber:

- ABNT NBR ISO 55000 (Gestão de Ativos – Visão geral, fundamentos e terminologia), que trata da definição de Ativos, Gestão de Ativos e Sistema de Gestão de Ativos no sentido mais amplo, bem como os termos e definições usadas nesta área [8.3].
- ABNT NBR ISO-55001 (Requisitos para o Sistema de Gestão de Ativos), que trata dos requisitos necessários para um sistema de gestão de ativos integrado e efetivo [8.4].
- ABNT NBR ISO-55002 (Guia para a implantação do Sistema de Gestão de Ativos), que fornece exemplo e/ou guia para a implantação do Sistema de Gestão de Ativos [8.5].

Rhys Davies, especialista Inglês do *Institute of Asset Management (IAM)*, foi o coordenador geral do ISO/PC-251. Representantes da França, Austrália, Inglaterra, dos EUA, entre outros países e especialistas, estiveram presentes em Calgary, contribuindo com as evoluções, inovações e tendências mais relevantes para esta nova coleção de normas internacionais.

No Brasil, a Abraman, junto ao Instituto do Cobre, coordenaram a adequação da coleção para o Português através da Comissão da ABNT CEE-251 (Comissão de Estudo Especial de Gestão de Ativos). Mais de 25 representantes de 15 organizações brasileiras foram envolvidos. A comissão Brasileira, em nome da ABNT, é o órgão responsável pela emissão de normas no Brasil. A meta foi publicar a Norma em Português simultaneamente à publicação em Inglês e Francês (línguas oficiais da ISO), tornando-se também NBR em janeiro de 2014.

Diversos novos aspectos conceituais e práticos foram incorporados nesta coleção de Normas, mas não devemos perder de vista que a Gestão de Ativos é uma só. Esta premissa é essencial para posicionarmos as inovações da ISO-5500x no prolongamento do trabalho iniciado com brilho pela BSI PAS 55.

8.3 – ISO 55.000 E PAS-55: Semelhanças e Diferenças

Diferentemente da PAS-55, a NBR ISO 55.000 nasceu alinhada com a estrutura de outras normas de sistema gestão, como as NBR ISO 9.000, 14.000, 31.000 etc. Embora pareça diferente da PAS-55, os seguintes pontos permaneceram comuns nos dois documentos:

- ♦ O alinhamento dos objetivos;
- ♦ A visão estratégia de longo prazo;
- ♦ O processo transparente e consistente de tomada de decisões;
- ♦ A abordagem baseada em risco partindo de um conhecimento positivo.

Como a ISO 55.000 contou com vários países na sua criação, novas ideias que não faziam parte explicitamente da PAS-55 foram incluídas, a saber:

- ♦ Novas definições mais refinadas de ativos, Gestão de Ativos, ciclo de vida, entre outras;
- ♦ Abordagem mais relevante para ativos intangíveis, como programas de computadores, por exemplo;

- Abordagem mais relevante para prestadores de serviços e contratos;
- Foco muito mais forte em gestão do que na PAS-55;
- Exigência na demonstração da produção de valor pelas organizações;
- Ligação forte entre aspectos técnicos e financeiros;
- Recomendação da quebra dos silos organizacionais;
- Ênfase na comunicação interna e externa;
- Ênfase mais forte nas partes interessadas;
- Maior ênfase nos aspectos financeiros.

Outra diferença importante é que a certificação da NBR ISO 55.000 seguirá o preconizado pela ISO-17021/5 (Requisitos de Competência para Certificação e Auditoria), enquanto a PAS-55 segue o PAM (*PAS Assessment Methodology*), desenvolvido pelo IAM. Portanto, as grandes empresas de auditoria fornecerão os certificados de conformidade de modo similar ao que acontece com as NBR ISO 9.000 e 14.000, enquanto a PAS-55 segue um procedimento interno do IAM que só é reconhecido no Reino Unido.

8.4 – Descrição breve do Sistema de Gestão de ativos segundo a NBR ISO 55.001

A figura 8.5 descreve os requisitos para um Sistema de Gestão de Ativos [8.3].

Itens da NBR ISO	Requisitos
4	Contexto da Organização
5	Liderança
6	Planejamento
7	Apoio
8	Operação
9	Avalição de Desempenho
10	Melhoria

Figura 8.5: Requisitos para um Sistema de Gestão de Ativos.

Nos parágrafos seguintes descrevemos, de modo genérico, os elementos do Sistema de Gestão de Ativos.

Requisito 4. Contexto Organizacional – o inter-relacionamento entre a Gestão de Ativos e os outros elementos da organização.

- Os objetivos da Gestão de Ativos devem ser o desdobramento dos objetivos organizacionais nos termos da Gestão de Ativos;
- Sistema de Gestão de Ativos – um conjunto completo de elementos descrevendo a política, os objetivos, as atividades e os recursos requeridos para produzir Gestão de Ativos;
- Planejamento Estratégico para a Gestão de Ativos – descrição das atividades organizacionais necessárias para que sejam alcançados os resultados pretendidos pelo sistema de Gestão de Ativos.

Requisito 5. Liderança – os comportamentos necessários dos gestores para alcançar os resultados pretendidos pelo sistema de Gestão de Ativos.

- Contém a Política de Gestão de Ativos, que indica os propósitos e princípios da Gestão de Ativos para a organização;
- Papéis, responsabilidades e autoridades organizacionais – os limites legais de autoridade para as posições gerenciais individuais a fim de que sejam alcançados os resultados pretendidos pelo sistema de Gestão de Ativos.

Requisito 6. Planejamento – a identificação dos ativos específicos e as atividades a eles direcionadas para alcançar os resultados pretendidos pelo sistema de Gestão de Ativos.

Requisito 7. Apoio – Os recursos e sistemas requeridos para apoiar as atividades e o processo de Gestão de Ativos.

Requisito 8. Operação – a implementação e desempenho dos planos e dos processos de Gestão de Ativos. Contém os processos, atividade, ações e etapas realizadas para alcançar os resultados pretendidos pelo sistema de Gestão de Ativos.

Requisito 9. Avaliação de Desempenho – a avaliação de desempenho dos planos e processos.

Requisito 10. Melhoria – processo para implantação da melhoria continua dos ativos, do sistema de gestão de ativos e da gestão de ativos.

A figura 8.6 mostra o relacionamento entre os principais requisitos da norma e o método PDCA.

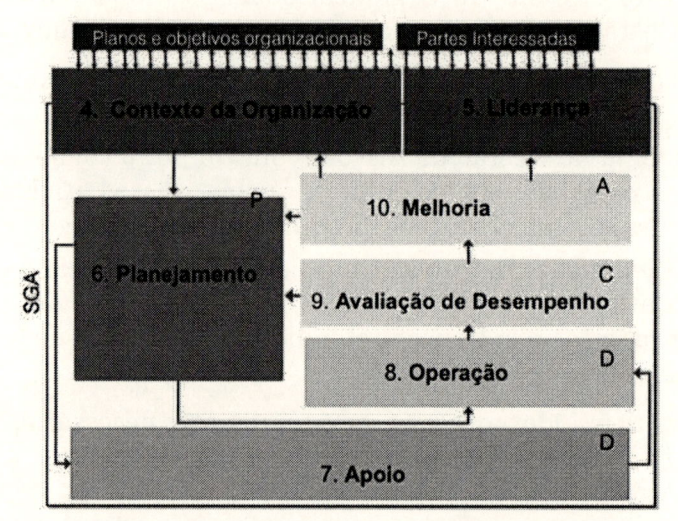

Figura 8.6: Principais requisitos do Sistema de Gestão de ativos e o método PDCA (Lafraia, 2014).

A figura 8.7 descreve, mais detalhadamente, cada item com seus respectivos requisitos obrigatórios.

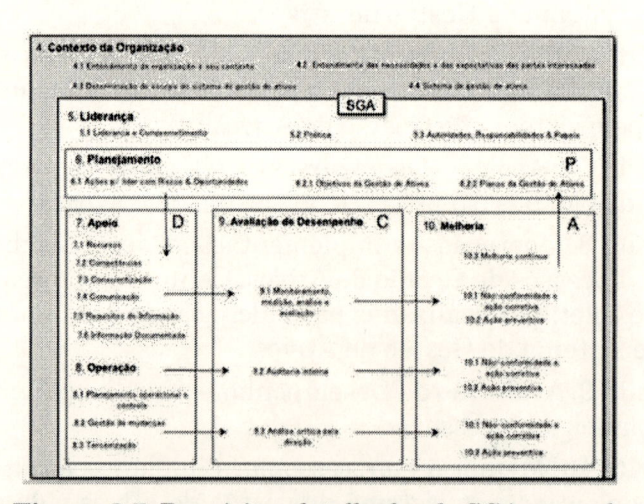

Figura 8.7: Requisitos detalhados do SGA segundo a NBR ISO 55001 e o método PDCA (Lafraia, 2014).

Capítulo 8 Gestão de Ativos – Normas e Especificações 209

A seguir, apresentamos um resumo dos mais de 60 requisitos que a organização é obrigada a cumprir para adquirir certificado de conformidade com a norma NBR ISO 55.001 [8.4]. Recomendamos que o leitor estude as normas NBR ISO 55.000, 55.001 e 55.002 para um entendimento mais preciso e detalhado. No resumo abaixo destacamos, com algarismos romanos, as 13 informações documentadas que devem fazer parte do Sistema de Gestão de Ativos.

Requisito 4.1 – Entendimento da organização e seu contexto

- Deve determinar as questões internas e externas que são pertinentes:
  - Os objetivos da gestão de ativos devem ser alinhados e consistentes com os objetivos organizacionais e incluídos no plano estratégico da gestão de ativos (SAMP).

Requisito 4.2 – Entendimento das necessidades e das expectativas das partes interessadas

- Deve determinar:
  - As partes interessadas;
  - Os requisitos e expectativas;
  - Os critérios para a tomada de decisão;
  - Os requisitos para o registro de informações financeiras e não financeiras e para relatá-las interna / externamente.

Requisito 4.3 – Determinação do escopo do sistema de gestão de ativos

- Deve determinar os limites e a aplicabilidade;
- Deve estar alinhado com o SAMP e com a política;
- O escopo deve considerar:
  - As questões externas e internas referidas em 4.1;
  - Os requisitos referidos em 4.2;
  - As interações com outros sistemas de gestão.
- Deve definir o portfolio de ativos;
- Deve estar disponível como informação documentada.

Requisito 4.4 – Sistema de gestão de ativos

- Deve estabelecer, implementar, manter e continuamente melhorar;
- Deve desenvolver um SAMP documentando (II) o papel do SGA no sentido de apoiar o alcance dos objetivos do SGA;

Requisito 5.1 – Liderança e Comprometimento

- A alta direção deve demonstrar liderança e comprometimento:
  - Assegurando que a política, o SAMP e os objetivos sejam estabelecidos e compatíveis;
  - Assegurando a integração;
  - Assegurando que os recursos estejam disponíveis;
  - Comunicando a importância e a conformidade;
  - Assegurando o alcance dos resultados pretendidos;
  - Orientando e apoiando pessoas a contribuir para a eficácia;
  - Promovendo a colaboração multifuncional;
  - Promovendo a melhoria contínua;
  - Apoiando outros papéis para demonstrar sua liderança;
  - Assegurando que o gerenciamento de riscos e a gestão de ativos estão alinhadas.

Requisito 5.2 – Política

- A alta direção deve estabelecer uma política que:
  - Seja apropriada;
  - Forneça uma estrutura para os objetivos;
  - Inclua um comprometimento para satisfazer os requisitos aplicáveis;
  - Inclua um comprometimento para a melhoria contínua.
- A política deve ser:
  - Consistente com o plano organizacional;
  - Consistente com outras políticas organizacionais pertinentes;
  - Adequada à natureza e dimensão dos ativos e operações;
  - Disponível como informação documentada (III);
  - Comunicada;
  - Disponível para as partes interessadas;
  - Implementada e analisada criticamente e atualizada.

Requisito 5.3 – Autoridades, Responsabilidades & Papéis

- A alta direção deve assegurar que sejam atribuídas e comunicadas;
- A alta direção deve atribuir responsabilidade e autoridade para:
  - Estabelecer e atualizar o SAMP / objetivos;
  - Assegurar o apoio às entregas do SAMP;
  - Assegurar a conformidade;
  - Assegurar a pertinência, adequação e eficácia;
  - Estabelecer e atualizar o(s) plano(s) – ver 6.2.2;
  - Relatar o desempenho para a alta direção.

Requisito 6.1 – Ações para lidar com Riscos & Oportunidades

- Deve considerar 4.1 e 4.2 para determinar os Riscos e Oportunidades para:
  - Dar garantia → alcançar o(s) resultado(s) pretendido(s);
  - Prevenir ou reduzir efeitos indesejados;
  - Alcançar a melhoria contínua.
- Deve planejar:
  - Ações para tratar riscos e oportunidades, considerando que estes podem mudar, como:
    - Integrar e implementar as ações;
    - Avaliar a eficácia dessas ações.

Requisito 6.2 – Objetivos da Gestão de Ativos

Requisito 6.2.1 – Objetivos da gestão de ativos

- Deve estabelecer os objetivos;
- Deve considerar os requisitos das partes interessadas;
- Os objetivos devem:
  - Ser consistentes e alinhados;
  - Ser consistentes com a política;
  - Ser estabelecidos e atualizados usando os critérios de tomada de decisão (ver 4.2);
  - Ser estabelecidos e atualizados como parte do SAMP;

- Ser mensuráveis (se aplicável);
- Levar em consideração requisitos aplicáveis;
- Ser monitorados;
- Ser comunicados;
- Ser analisados criticamente e atualizados.
♦ Deve manter informações documentadas (IV).

Requisito 6.2.2 – Planejamento para o alcance dos objetivos da gestão de ativos

♦ Deve integrar o planejamento com finanças, recursos humanos e apoio;
♦ Deve estabelecer, documentar (V) e manter o(s) plano(s);
♦ Deve(m) estar alinhados com a política e o SAMP;
♦ Deve assegurar que o plano leve em consideração requisitos pertinentes;
♦ Deve determinar e documentar (VI):
  - O método e os critérios de tomada de decisão;
  - Os processos e métodos ao longo de seus ciclos de vida;
  - O que será feito;
  - Quais são os recursos necessários;
  - Quem será responsável;
  - Quando será concluído;
  - Como os resultados serão avaliados;
  - O(s) horizonte(s) de tempo adequado(s) para o(s) plano(s);
  - As implicações financeiras e não financeiras;
  - O período de análise crítica.
♦ Ações para tratar os riscos e oportunidades:
  - Identificação de riscos e oportunidades;
  - Avaliação dos riscos e oportunidades;
  - Determinação da significância dos ativos.
♦ Implementação de tratamento e monitoramento: deve assegurar que riscos sejam considerados, incluindo Planos de Contingência

Capítulo 8 Gestão de Ativos – Normas e Especificações

Requisito – 7.1 – Recursos

- Deve determinar e prover os recursos necessários para o estabelecimento, implementação, manutenção e melhoria contínua do SGA;
- Deve fornecer os recursos requeridos para o cumprimento dos objetivos da gestão de ativos e para a implementação das atividades previstas no(s) plano(s).

Requisito 7.2 – Competências

- Deve:
  - Determinar a competência;
  - Assegurar que as pessoas sejam competentes;
  - Executar ações para adquirir e avaliar a eficácia das ações executadas;
  - Reter informação documentada (VII) como evidência da competência;
  - Analisar criticamente.

Requisito 7.3 – Conscientização

- As pessoas devem estar conscientes:
  - Da política de gestão de ativos;
  - De suas contribuições para a eficácia /benefícios da melhoria do desempenho;
  - De suas atividades de trabalho, dos riscos e oportunidades;
  - Das implicações de não conformidade.

Requisito 7.4 – Comunicação

- Deve determinar as necessidades de comunicações:
  - O que;
  - Quando;
  - A quem;
  - Como.

Requisito 7.5 – Requisitos de Informação

- Deve determinar os seus requisitos de informação:
- Deve considerar:

- Riscos;
- Papéis e responsabilidades;
- Processos, procedimentos e atividades;
- A troca de informações;
- O impacto sobre a tomada de decisão.
- Deve determinar:
  - Atributos das informações;
  - Qualidade das informações;
  - Como e quando as informações devem ser coletadas, analisadas e avaliadas.
- Deve especificar, implementar e manter processos para gerenciar;
- Deve determinar requisitos para o alinhamento da terminologia financeira e não financeira;
- Deve assegurar consistência e rastreabilidade entre dados técnicos e financeiros.

Requisito 7.6 – Informação Documentada

Requisito 7.6.1 – Geral

- SGA deve incluir:
  - Informações documentadas requeridas por esta Norma;
  - Informações documentadas para os requisitos legais e regulatórios;
  - Informações documentadas determinadas pela organização.

Requisito 7.6.2 – Criação e Atualização

- Deve assegurar:
  - Identificação e descrição;
  - Formato;
  - Análise crítica e aprovação.

Requisito 7.6.3 – Controle da informação documentada

- Devem ser controladas para assegurar que sejam:
  - Disponíveis e adequadas;

- Protegidas.
- Deve tratar as seguintes atividades:
- Distribuição, acesso e recuperação;
- Armazenagem e preservação;
- Controle de alteração;
- Retenção e descarte.
- Devem identificar informações documentadas de origem externa.

Requisito 8.1 – Planejamento operacional e controle

- Deve planejar, implementar e controlar os processos;
- Implementar as ações determinadas em 6.1 no(s) plano(s) da gestão de ativos;
- Implementar as ações corretivas e preventivas definidas em 10.1 e 10.2, por:
  - Critérios para os processos;
  - Controle dos processos;
  - Manutenção das informações documentadas (VIII);
  - Tratamento e monitoramento dos riscos.

Requisito 8.2 – Gestão de mudanças

- Riscos associados a qualquer mudança devem ser avaliados;
- Deve assegurar que tais riscos são gerenciados;
- Deve controlar mudanças e analisar criticamente as conseqüências indesejadas;

Requisito 8.3 – Terceirização (*outsourcing*)

- Deve avaliar os riscos associados;
- Deve determinar e documentar (IX) como essas atividades serão controladas e integradas;
- Deve determinar:
  - Processos e atividades terceirizados;
  - Responsabilidades e autoridades;
  - Processo para compartilhamento de conhecimento e informação.

- Deve assegurar que:
  - Os recursos terceirizados cumpram os requisitos de 7.2, 7.3 e 7.6;
  - O desempenho das atividades terceirizadas é monitorado.

Requisito 9.1 – Monitoramento, medição, análise e avaliação

- Deve determinar:
  - O que precisa ser monitorado e medido;
  - Os métodos para assegurar resultados válidos;
  - Quando devem ser realizados;
  - Quando os resultados devem ser analisados e avaliados.
- Deve avaliar e relatar:
  - O desempenho do ativo;
  - O desempenho da GA, incluindo o desempenho financeiro e não financeiro;
  - A eficácia do SGA.
- Deve avaliar e relatar a eficácia dos processos de gerenciamento de riscos;
- Deve reter informação documentada (X) apropriada como evidência;
- Deve assegurar cumprir os requisitos de 4.2.

Requisito 9.2 – Auditoria Interna

Requisito 9.2.1

- Deve conduzir auditorias internas para fornecer informações sobre o quanto o SGA está em conformidade com:
  - Os próprios requisitos da organização;
  - Os requisitos desta Norma;
  - Eficazmente implementado e mantido.

Requisito 9.2.2

- Deve:
  - Planejar, estabelecer, implementar e manter programa(s) de auditoria;
  - Definir os critérios e o escopo;

- ♦ Selecionar auditores e conduzir / assegurar objetividade e imparcialidade;
- ♦ Assegurar que os resultados são relatados;
- ♦ Reter informação documentada (XI).

Requisito 9.3 – Análise crítica pela direção

- ♦ Deve analisar criticamente o SGA;
- ♦ Deve incluir considerações com relação a:
  - ♦ Situação das ações das AC anteriores;
  - ♦ Mudanças em questões internas e externas;
  - ♦ Desempenho da gestão de ativos;
  - ♦ Não conformidades e ações corretivas;
  - ♦ Resultados de monitoramento e medição;
  - ♦ Resultados da auditoria;
  - ♦ Atividades da gestão de ativos;
  - ♦ Oportunidades de melhoria contínua;
  - ♦ Mudanças no perfil de riscos e oportunidades.
- ♦ As saídas devem incluir decisões;
- ♦ Deve reter as informações documentadas (XII);

Requisito 10.1 – Não conformidade e ação corretiva

- ♦ Deve
  - ♦ Reagir a não conformidade ou incidente:
    - ♦ Executar ações para controlar e corrigir;
    - ♦ Tratar as consequências.
  - ♦ Avaliar a necessidade de ações para eliminar as causas:
    - ♦ Análise crítica da não conformidade ou incidente;
    - ♦ Determinação das causas;
    - ♦ Determinação da existência de não conformidades semelhantes.
  - ♦ Implementar qualquer ação necessária;
  - ♦ Analisar criticamente a eficácia;
  - ♦ Fazer mudanças (ver 8.2) no SGA.
- ♦ Ações corretivas devem ser apropriadas;

- Deve reter informações documentadas (XIII);
- Da natureza das não conformidades ou incidentes e as ações;
- Dos resultados de qualquer ação corretiva.

Requisito 10.2 – Ação preventiva

- Deve estabelecer processos para proativamente identificar potenciais falhas no desempenho dos ativos e avaliar a necessidade de ações preventivas;
- Quando uma falha potencial é identificada, devem ser aplicados os requisitos de 10.1.

Requisito 10.3 – Melhoria contínua

- Deve continuamente melhorar a pertinência, adequação e eficácia da sua GA e do seu SGA.

Capítulo 9

Gestão de Contratos – Terceirização

9.1 – Introdução

A terceirização está presente no nosso cotidiano de diversas formas:

- **Franquia (*Franchising*)** – método de comercialização de produtos ou serviços no qual o franqueado (terceiro) obtém o direito de uso de uma marca, comprometendo-se a operar de acordo com um padrão de qualidade estabelecido pelo franqueador em troca do pagamento de um determinado valor (Mac Donald, O Boticário, Spoleto, entre outros).

- **Concessão pública** – contrato entre a Administração Pública e uma empresa privada, pelo qual o governo transfere ao terceiro a execução de um serviço público, para que este o exerça em seu próprio nome e por sua conta e risco, mediante tarifa paga pelo usuário, em regime de monopólio ou não, por um determinado período.

- A **Concessão pública**, no Brasil, abrange particularmente construções, manutenções e tarifações das rodovias, ferrovias, portos e aeroportos.

- **Parceria Público Privada (PPP)** – é uma parceria em que o setor privado projeta, financia, executa e opera uma determinada obra/serviço, objetivando o melhor atendimento de uma determinada demanda social, por um determinado tempo.

- Em contrapartida, o setor público pode contribuir financeiramente no decorrer do contrato, e pagará pelos serviços que serão prestados à população, no todo ou em parte, dentro do padrão de qualidade determinado e aferido pelo Poder concedente.

São exemplos de PPP a construção e administração de presídios, hospitais, escolas, estações de tratamento de água e esgoto, que podem ser desenvolvidas em âmbito municipal, estadual e federal.

A diferença básica entre a PPP e a Concessão é que, na concessão, a remuneração do terceiro é oriunda das tarifas cobradas aos usuários dos serviços públicos, enquanto que na PPP a remuneração do terceiro ou parceiro privado pode advir do todo de pagamentos efetuados pela Administração Pública, ou em parte, de tarifas cobradas aos usuários do serviço prestado.

Capítulo 9 Gestão de Contratos – Terceirização

◆ **Serviços Temporários** – Serviço ou trabalho temporário é aquele que a empresa lança mão para substituição de pessoal regular e permanente e/ou para atender acréscimo extraordinário de serviços (substituição de férias, licença maternidade, picos sazonais, como Páscoa e Natal).

◆ **Autônomo** – Prestação de serviços de profissionais liberais, como advogados e médicos.

No Brasil, o **trabalhador autônomo** é a pessoa física que exerce, por conta própria, atividade econômica (com ou sem fins lucrativos). É um prestador de serviços, não tem vínculo empregatício.

◆ **Terceirização de Serviços ou de Produtos** – Contratação de empresas para realização de serviços ou fabricação de bens / produtos. É a forma mais ampla de terceirização.

O melhor exemplo de terceirização de produtos é o da indústria automobilística, em que a montadora, dona da tecnologia, do projeto, trabalha praticamente nas duas pontas, concepção e montagem, entregando a terceiros a fabricação dos componentes ou subconjuntos.

A Terceirização de Serviços é amplamente utilizada, seja em atividades acessórias ou em atividades meio.

Exemplos de terceirização de serviços:

◆ **EPC** – *Engineering, Procurement and Construction*: modalidade de serviço de engenharia no qual uma empresa ou um consórcio de empresas assume a construção de um empreendimento que inclui as fases de detalhamento de projeto, aquisição dos equipamentos e sistemas e preservação, instalação / montagem, comissionamento e partida assistida.

◆ **Deslocamento** – Com o rápido crescimento da riqueza das economias emergentes globais, a base de vantagem competitiva está mudando de "capacidades internas" para "capacidades de rede".

Neste ambiente global altamente competitivo, a terceirização é abordada como uma prática prioritária estratégica para que se possa alcançar vantagem competitiva sustentável.

Com um crescimento extraordinário, a China também oferece oportunidades rentáveis de produção e capacidades inovadoras para terceirização que têm sido utilizadas por várias empresas multinacionais. Assim, diversas organizações produzem seus equipamentos na China ou em outros países que oferecem vantagens tecnológicas associadas a menores custos de produção.

Esse fenômeno de terceirização é conhecido como Deslocamento. Quase todas as empresas de fabricação de equipamentos eletrônicos de consumo terceirizam a produção com os países asiáticos, notadamente a China. O Iphone, da Apple, é totalmente fabricado na China, que oferece tecnologia, rapidez no atendimento às modificações e *up grades*, pessoal disponível 24 horas por dia, além de um menor custo.

9.1.1 – Objetivo deste Capítulo

Lançar um olhar estratégico sobre a Gestão de Contratos. Esta importante ferramenta de gestão, bem compreendida e bem praticada por algumas importantes empresas brasileiras, contratantes e contratadas, gera excelentes resultados para todas as partes envolvidas; infelizmente, é mal praticada por outras empresas. O mau uso desta ferramenta, quando a mesma é utilizada somente com foco inadequado na redução de custo, tem como pano de fundo uma visão distorcida de curto prazo. Não resta nenhuma dúvida em afirmar que esta redução de custos no curto prazo é uma falsa verdade, amplamente superada, no médio e longo prazo, pela perda de produtividade e, consequentemente, de competitividade empresarial.

A busca de redução de custos a qualquer custo, por parte de determinadas empresas traz, de maneira recorrente, sérios questionamentos legais.

Em contrapartida, não há nenhuma dúvida em afirmar que a terceirização é uma importante ferramenta estratégica para ajudar a alavancar a produtividade da atividade empresarial e da manutenção em particular e esta, por sua vez, contribui de forma importante para a sustentabilidade empresarial, quando compreendida e aplicada corretamente.

A boa Gestão de Contratos passa por quatro aspectos fundamentais:

- ♦ Qualidade;
- ♦ Legalidade;

♦ Segurança;
♦ Custos.

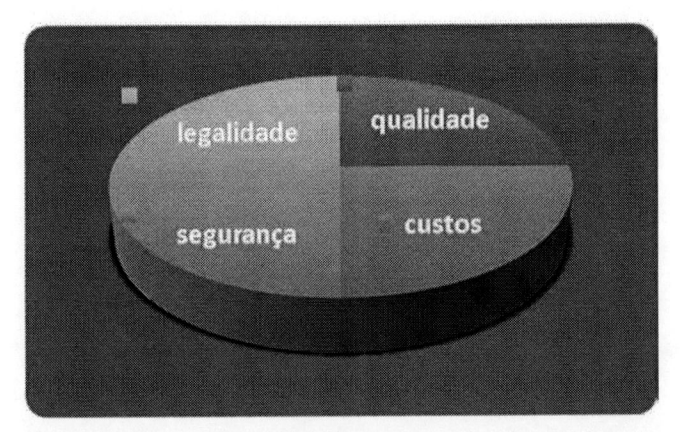

Figura 9.1: Aspectos Fundamentais da Terceirização.

9.2 – Competitividade / Sustentabilidade da Empresa

É a maior competitividade das empresas que vai garantir a sustentabilidade empresarial – razão de ser de toda empresa, contribuindo diretamente para a geração e/ou manutenção do nível de emprego que é, sem dúvida, um significativo fator de cidadania.

Neste contexto, o uso correto da terceirização é uma importante ferramenta de gestão para ajudar a alavancar esta competitividade.

Pode-se afirmar que, ao longo do tempo, o processo de terceirização tem evoluído de forma muito positiva, consequência de frutíferos debates envolvendo Tomadores e Prestadores de Serviços, Sindicatos, Juristas, Gestores Empresariais e de Manutenção, Especialistas Diversos, entre outros, na busca dos melhores resultados estratégicos que passam pela confiabilidade, disponibilidade, otimização de custo, segurança e saúde do trabalhador.

É este salto, qualitativo e quantitativo, nos resultados estratégicos, que vai aumentar a competitividade e a sustentabilidade empresarial.

Todavia, é forçoso reconhecer que estamos ainda em um processo de evolução para que o conjunto empresarial tenha uma adequada compreensão e aplicação desta importante ferramenta.

9.3 – Classificação das Atividades

As diversas atividades que compõem o macro processo empresarial podem ser classificadas, tecnicamente, em três grandes grupos:

ATIVIDADE FIM
É a atividade vocação da organização;
É a razão de ser do negócio da empresa

ATIVIDADES MEIO
São aquelas atividades ligadas à atividade fim

ATIVIDADES ACESSÓRIAS
São aquelas necessárias para apoiar as atividades da empresa porém
não estão ligadas à atividade fim

Figura 9.2: Classificação das Atividades de uma Organização.

9.3.1 – Atividade – Fim

Como o próprio nome indica, é a atividade vocação da empresa, ou seja, a razão de ser da sua existência e, como tal, está prevista em seu Contrato Social.

Alguns exemplos de Atividade – Fim:

Capítulo 9 Gestão de Contratos – Terceirização

Segmento empresarial	Objeto fim constante do contrato social	Atividade-fim necessária para o atendimento do objeto fim
Nuclear	Geração de energia elétrica	Operação da usina nuclear
Aviação Civil	Transporte de pessoas e cargas através de aviões	Operação (pilotagem) das aeronaves.
Refino de Petróleo	Produção de derivados de petróleo – gasolina, querosene, óleo diesel etc.	Operação das unidades da refinaria.
Manutenção Industrial	Prestação de serviços de manutenção industrial	Execução de serviços de manutenção em unidades de contratantes ou em oficina própria sob contrato específico.

Considerações importantes:

◆ Empresas que prestam serviços de manutenção para terceiros e, como tal, esta é a sua vocação, devem ter esta atividade classificada, tecnicamente, como Atividade-Fim. Entretanto podem, também, ter determinados serviços de manutenção que não se inserem em sua vocação, em sua razão de ser, sendo estes outros serviços classificados, tecnicamente, como Atividades-Meio.

Por exemplo, uma determinada empresa que tem como objeto prestar serviço de manutenção mecânica para terceiros. Esta, portanto, é a sua Atividade-Fim. Tal empresa pode contratar determinados serviços que não fazem parte do seu objeto, por exemplo, serviços de pintura, montagem de andaime, isolamento térmico, entre outros.

Caso esse empresa faça a subcontratação de serviços de mecânica, por exemplo, que é sua Atividade-Fim, isto se caracterizaria como uma mera intermediação.

♦ Na aviação, por exemplo, ninguém tem dúvida de que a boa manutenção agrega muito valor à segurança do voo, todavia, apesar de a manutenção ser muito importante, esta não tem a classificação técnica de Atividade-Fim.

A razão de ser de uma companhia aérea é "transportar pessoas". Neste caso, a Atividade-Fim é desempenhada pelos pilotos, cabendo à manutenção a classificação técnica da Atividade-Meio.

Em resumo: a companhia aérea não existe para fazer manutenção, esta não é a sua razão de ser. Existem diversas situações de companhias aéreas que contratam serviços de manutenção com empresas especializadas, com os fabricantes dos equipamentos ou até mesmo com empresas concorrentes.

9.3.2 – Atividades-Meio

São aquelas atividades ligadas à Atividade-Fim, mas que com ela não se confundem; sendo a sua contratação permitida pela Súmula 331, do TST.

Algumas atividades têm a uma importante parcela no macroprocesso empresarial como, por exemplo:

♦ Estudo e introdução de modificações de projeto;
♦ Área comercial;
♦ Manutenção;
♦ Inovações tecnológicas;
♦ Suprimento de matéria-prima e insumos;
♦ Expedição de produtos;
♦ SMS – Segurança / Meio Ambiente / Saúde;
♦ Informática (TI)

Estas atividades, apesar da sua importância, são classificadas, na grande maioria das empresas, como Atividades-Meio e não como Atividades-Fim.

Somente em empresas que têm estas atividades como seu objeto, como sua razão de ser, é que, tecnicamente, cabe a classificação de Atividade-Fim.

É sobre a atividade de manutenção que tem se concentrado, mais fortemente, o debate da legalidade da terceirização.

9.3.3 – Atividades-Acessórias

São aquelas necessárias para apoio às empresas como um todo, mas não estão ligadas à Atividade-Fim.

Alguns exemplos de Atividades-Acessórias:

Transporte, Vigilância, Limpeza, Alimentação e Jardinagem em instalações industriais, Bancos, Hospitais, Empresas diversas e Instituições em geral.

Entretanto, estas mesmas atividades citadas como Atividades--Acessórias são, tecnicamente, classificadas como Atividades-Fim quando se tratar de empresas que prestam os serviços citados para terceiros.

Exemplificando: uma empresa cujo objeto é prestar serviços de alimentação para terceiros terá, nesta atividade, a sua Atividade--Fim.

9.4 – A Correta Terceirização

Terceirização não deve ser entendida como uma maneira de se contratar atividades de menor tecnologia e que tragam, simplesmente, redução de custo para o Contratante.

Terceirização deve ser entendida como uma ferramenta estratégica e que passa por alguns pressupostos que possibilitam agregar valor para as partes envolvidas: Contratante, Contratada e Trabalhadores. São eles:

- Busca de uma relação de parceria;
- Busca de uma política de "ganha-ganha";
- Enfoque em resultados estratégicos e não somente em redução de custo;
- Definição e cumprimento de parâmetros para as questões de SMS – Segurança, Meio Ambiente e Saúde;
- Autonomia gerencial da Contratada, principalmente para seleção de seu pessoal e para a condução técnica – gerencial dos serviços;

- Idoneidade, tanto da contratante quanto da contratada;
- Contrato que englobe direitos e deveres, tanto da Contratante quanto da Contratada;

A terceirização de atividades-fim não é recomendável por ferir os aspectos legais atualmente vigentes. Apesar das discussões sobre o assunto no Congresso Nacional, até o momento não há uma unanimidade ou definição legal sobre o assunto.

9.4.1 – Terceirização e Empreiteirização

Terceirizar não significa:

- Contratar atividades de menor importância e que possam trazer, somente, alguma economia operacional para a empresa contratante;
- Contratar pessoal de menor custo;
- Contratar empresas sem a devida idoneidade ou qualificação apenas porque estas apresentam menores valores na licitação;

Terceirizar passa pelo pressuposto básico de uma relação de parceria na qual tanto a Contratante como a Contratada:

- Tenham os mesmos objetivos à disponibilidade, confiabilidade, segurança ou outros indicadores de desempenho;
- Busquem a melhoria dos resultados empresariais da contratante que, por sua vez, significarão melhores resultados também para a Contratada e seus empregados;
- Consigam, com a atuação conjunta eficaz, traduzir os resultados e trazer vantagem competitiva para a empresa Contratante e para a empresa Contratada.

Dentro dessa conceituação, podemos definir terceirização como:

> **Terceirização é a transferência, para terceiros, de atividades que agregam competitividade empresarial, com base em uma relação de parceria.**

Capítulo 9 Gestão de Contratos – Terceirização

Baseado nos maus resultados do passado, devido à contratação ineficaz foi cunhado o termo EMPREITEIRIZAÇÃO para identificar essa prática. A TERCEIRIZAÇÃO, diferentemente da EMPREITEIRIZAÇÃO, é o processo de contratação que, adotando boas práticas de gestão em um processo de parceria, busca os melhores resultados tanto para a Contratante como para a Contratada.

A tabela a seguir indica as principais diferenças entre a TERCEIRIZAÇÃO e a EMPREITEIRIZAÇÃO.

EMPREITEIRIZAÇÃO	TERCEIRIZAÇÃO
Não parceria	Parceria
Desconfiança	Confiança
Levar vantagem em tudo	Política do "ganha-ganha"
Ganhos de curto prazo	Ganhos estratégicos
O preço decide	Enfoque nos resultados empresariais
Antagonismo	Cooperação
Descompromisso gerencial da Contratada	Autonomia gerencial da Contratada
Contratada como adversária	Contratada como parceira
Contratação de mão de obra	Contratação com responsabilidade técnica – RT (Serviço e Resultado)

Sugerimos que o leitor avalie em que estágio o processo de contratação se encontra em sua empresa. Ainda existem muitas empresas que, embora pratiquem o que está mostrado no lado esquerdo da tabela, pensam, equivocadamente, que têm um processo de Terceirização.

A evolução do processo deve ser no sentido de caminhar para o lado direito da tabela, isto é, sair da EMPREITEIRIZAÇÃO PARA A TERCEIRIZAÇÃO Somente dessa forma se estará praticando uma boa gestão e, com isso, será possível alcançar os melhores resultados empresariais. É importante registrar que já existe um número razoável de empresas, Contratantes e Contratadas, adotando a modalidade de parceria, com excelentes resultados.

9.4.2 – Idoneidade Técnica, Administrativa e Financeira.

É importante contratar serviços com empresa idônea, traduzido por:

- **Idoneidade Técnica:** significa que a empresa tem o conhecimento de como realizar o trabalho e não é um mero fornecedor de mão de obra. Resumindo: é a Responsável Técnica (RT) pelo trabalho e capaz de entregar qualidade, produtividade e garantir o serviço executado.
- **Idoneidade Administrativa:** significa que a empresa cumpre com suas obrigações trabalhistas e tributárias, além de executar de maneira correta seus demais processos administrativos.
- **Idoneidade Financeira:** significa que a empresa tem um porte financeiro compatível com a envergadura financeira do contrato.

Os Contratantes têm uma maior responsabilidade no sentido de buscar a excelência no processo de Terceirização e, para isto, devem definir alguns parâmetros claros quando da concorrência/contratação, que variam para cada Contratante e para cada tipo de serviço, como por exemplo:

- Busca de metas quantitativas de resultados;
- Nível de capacitação, habilitação e experiência do pessoal contratado compatível com os serviços a serem executados;
- Condições adequadas de segurança e saúde;
- Correta utilização de EPI's;
- Definição clara de questões relativas a transporte, alimentação e uniforme;
- Tipo de instalações das contratadas, envolvendo refeitório, vestiários e escritórios;
- Fornecer as especificações técnicas dos equipamentos e sistemas que fazem parte do escopo da contratação;
- Explicitar os Princípios e Valores praticados em suas instalações.

Por outro lado, é importante, também, que as empresas que prestam serviços para terceiros procurem desenvolver contratos com qualidade, com maior produtividade e segurança e custos otimizados e, preferencialmente, que sejam do tipo Serviço ou Resultados.

A busca da excelência do processo de Terceirização é fruto de uma visão estratégica de médio/longo prazos que trata de uma ferramenta muito importante, com ganhos para todas as partes envolvidas (Contratante, Contratada e Trabalhadores), e a seleção da empresa a ser contratada passa, pelo menos, por quatro objetivos básicos:

- Nivelar em um patamar superior os Prestadores de Serviços;
- Maior nível de qualidade, o que vai refletir na confiabilidade e na disponibilidade, que são variáveis importantes para a sustentabilidade empresarial, quando se tratar de atividades ligadas à produção;
- Maior segurança e saúde para o Trabalhador;
- Eliminar lacunas existentes na Contratante.

9.5 – Modalidades Básicas de Terceirização

Existem três modalidades básicas de contratação:

- Mão de Obra
- Serviço
- Resultados / Performance

9.5.1 – Contrato tipo Mão de Obra

Exceto nos casos de trabalho temporário previstos em lei, esta é a forma mais incorreta de se realizar contratos. Carrega em seu bojo grandes vícios que não agregam valor, pelo contrário, principalmente para a Contratante e para os Trabalhadores; podemos citar, entre outros, os seguintes fatores:

- A mão de obra tende a ser de qualificação inferior e mais barata.
- A produtividade tende a ser mais baixa como consequência de não estimular a Contratada a buscar uma maior produtividade, pois quanto menor a produtividade maior será a demanda de serviços, o que vai redundar em uma maior necessidade de recursos humanos, que é do exclusivo interesse da empresa Contratada.

232 Gestão de Ativos

- ♦ A responsabilidade pela execução do serviço tende a ser de competência da Contratante, já que este tipo de contrato pode induzir à supervisão direta por parte da Contratante.
- ♦ Tendência de serviços de menor qualidade, decorrente da tendência de utilização de pessoal de qualificação inferior.
- ♦ Mais retrabalho.

Resumindo: este tipo de contrato, exceto no caso de trabalho temporário previsto em lei, de modo geral não atende aos três pressupostos básicos de se contratar empresa idônea do ponto de vista Técnico, Administrativo e Financeiro.

Como consequência de tudo isto, os resultados estratégicos deixam a desejar, aí incluídos a disponibilidade, a confiabilidade, a segurança, entre outros.

O que se procura, basicamente, com este tipo de contrato, é uma redução de custo a qualquer custo, com prejuízo no médio e longo prazo para as demais variáveis empresariais.

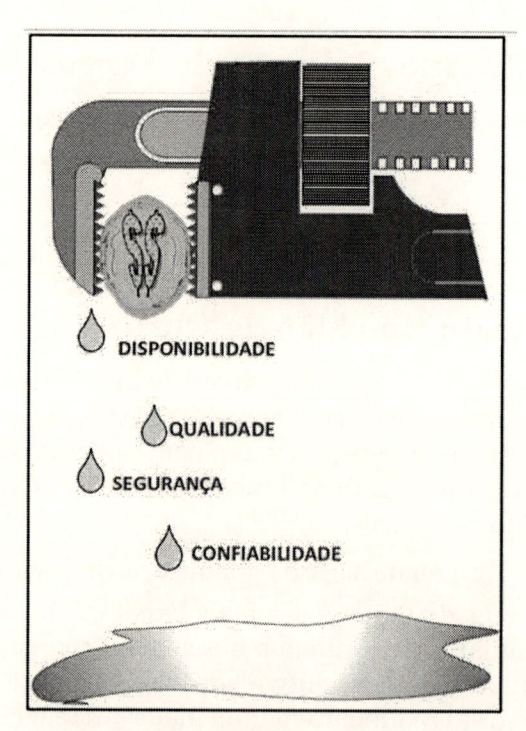

Figura 9.3: A Redução de Custo a qualquer Custo.

Por tudo que foi dito, o contrato tipo "Mão de Obra" deve ter seu uso minimizado, restringindo-se apenas aos serviços temporários, conforme previsto em lei.

9.5.2 – Contrato de Serviço

Representa um grande avanço em relação ao contrato de "Mão de Obra" e possui determinadas características que o tornam muito interessante para vários tipos de serviço em que não é possível mensurar, de maneira adequada, a disponibilidade dos equipamentos e sistemas relativos aos serviços realizados. No contrato de "Serviço", ao contrário do contrato de "Mão de Obra", observa-se:

- A Responsabilidade Técnica é da empresa Contratada, cabendo a ela a adequada seleção de seu pessoal e a execução da supervisão das atividades. Isto tem um significado muito importante, que é tirar da Contratante a possibilidade de praticar a "pessoalidade" e a "supervisão direta" dos empregados da Contratada.
- Mão de obra de melhor qualificação, já que isto interessa também à empresa Contratada porque ela é a Responsável Técnica pelo serviço.
- Maior produtividade, já que neste caso a empresa Contratada é a responsável pela adequada realização do serviço em termos de prazo e qualidade, pois a sua adequada remuneração depende muito desta produtividade.
- Melhor qualidade dos serviços, já que o pessoal da empresa Contratada tem melhor qualificação.

Este tipo de Contrato tem uma grande aplicação nas Atividades Acessórias e na Manutenção. Todavia, em Atividades-Meio que são aquelas ligadas à Atividade-Fim, existe ainda uma lacuna, expressa pela falta de foco comum na busca de uma maior disponibilidade: enquanto à Contratante interessa uma maior disponibilidade, para a empresa Contratada isto vai significar uma menor demanda de serviços e, consequentemente, um menor faturamento.

9.5.3 – Contrato de Resultados / Performance

Esta modalidade é a mais recente e a mais eficaz na contratação de serviços nas Atividades – Meio, ou seja, aquelas ligadas à Atividade-Fim. É uma modalidade mais recente no Brasil, tendo sido implementada há aproximadamente 15 anos. O seu uso vem sendo adotado paulatinamente, em especial pelas empresas contratantes que estão à frente do processo de Terceirização e a praticam corretamente buscando, desta maneira, melhores resultados empresariais. A sua aplicação depende, fundamentalmente, de se encontrar uma maneira de medir, de modo adequado, os resultados a serem alcançados, principalmente aqueles estratégicos.

Existe espaço, também, para a utilização desta modalidade em Atividades-Acessórias desde que se consiga definir metas de desempenho.

Ressaltamos os seguintes aspectos, tomando como base a atividade de Manutenção:

- ♦ A Contratante tem como objetivo fundamental a maior disponibilidade, com consequente redução da demanda de serviços, maior confiabilidade, maior segurança, todo isto com custo otimizado;
- ♦ Para que a Contratada possa, de fato, ser parceira da Contratante na busca por uma maior produtividade, aquela não deve ser remunerada somente pela quantidade de recursos utilizados, já que estes vão diminuir devido à redução da demanda de serviços; devem ser buscadas maneiras de remunerá-la, também, pelos resultados. É o tipo de parceria "ganha-ganha". Esta premissa faz com que a Contratante e a Contratada tenham um foco comum, que é a busca permanente do aumento, por exemplo, da disponibilidade ou até mesmo outro indicador que se queira otimizar, como veremos adiante nos exemplos que serão expostos.
- ♦ A Responsabilidade Técnica é da empresa Contratada, cabendo a ela a adequada seleção de seu pessoal e a execução da supervisão das atividades.
- ♦ Outra variável importante para que se estabeleça uma parceria é que esta modalidade se torna mais eficaz quando os prazos contratuais são mais longos. Já existem, hoje, exemplos

de contratos com prazo de três anos, renováveis por igual período; nestes casos de renovação, normalmente é previsto que haja conveniência de ambas as partes.

♦ Busca-se, sempre que possível, estabelecer cláusulas de premiação pelo alcance/superação dos objetivos estabelecidos, assim como cláusulas de penalidade pelo não atendimento.

♦ A Contratada também terá, como meta fundamental, uma maior disponibilidade com consequente redução na demanda de serviço.

No caso de contrato na atividade de Manutenção, convém observar que é desejável que seja definida uma área ou unidade operacional que fique por conta da Contratada. Como a meta de disponibilidade é um objetivo que a Contratada tem que cumprir, sua atuação no acompanhamento dos equipamentos e proposições de melhorias se constituem como ações que melhorarão a disponibilidade. Não é razoável, portanto, que nessa unidade ou nessa área outras empresas ou pessoal próprio façam intervenções nos mesmos equipamentos, pois isso pode criar problemas e prejudicar o trabalho da Contratada.

Em função das afirmações acima, parece haver uma contradição: Maior disponibilidade, Menor demanda de serviço, execução / apropriação de menos homens-hora (h/h), faturamento menor e lucro maior.

Como conseguir realizar esta aparente contradição?

Se a meta referencial é a disponibilidade, temos a seguinte situação:

♦ Uma disponibilidade mínima dos equipamentos ou sistemas estabelecida contratualmente;

♦ Um teto de recursos contratados estabelecido de maneira coerente, que pode ser, inclusive, referido em homem-hora – não confundir pagamento por homem/hora com contratação de mão de obra. Ressalta-se que o judiciário brasileiro tem, majoritariamente, um entendimento, em nossa opinião equivocado, de que a unidade de medida em homem/hora significa contrato de mão de obra;

- Metas de Segurança definidas em forma de indicadores a serem atendidos: taxa de frequência de acidentes com e sem afastamento, mutilação / fatalidade, entre outros. Pode-se, também, estabelecer premiação ou multa para estes resultados.

Para o estabelecimento destes indicadores, é preciso contar com um bom banco de dados ou, na sua falta, com uma negociação aberta e franca, em que os dois lados envolvidos estabeleçam, dentro de uma relação de confiança, estes parâmetros.

É bom ressaltar que esse "bom banco de dados" nada mais é do que o histórico de manutenção. A partir das informações geradas é possível definir, para todas as empresas que participarem da licitação:

- Disponibilidade média da área ou Unidade Operacional objeto do contrato;
- Homens-hora aplicados na área ou Unidade Operacional nos últimos anos;
- Listagem dos principais equipamentos da contratação.

Definidos estes parâmetros e atendida a disponibilidade mínima estabelecida e os indicadores de segurança, a Contratada não recebe qualquer remuneração caso ultrapasse o teto de recursos estabelecido; em contrapartida, se o teto estabelecido não for atingido, aquela recebe uma parte da diferença do que não fora utilizado.

9.5.3.1 – Menores Faturamento e Custo × Maior Lucro

Esta afirmativa não é de fácil entendimento pelos gestores ainda não comprometidos com este tipo de contrato, o que representa um dos fatores que tem retardado a sua implantação. Esta aparente contradição de Menores Faturamento e Custo × Maior Lucro pode ser melhor compreendida com um exemplo prático. Imagine-se o seguinte contrato:

Conforme já foi dito, neste tipo de contrato as variáveis se comportam da seguinte maneira – ver figura 9.4:

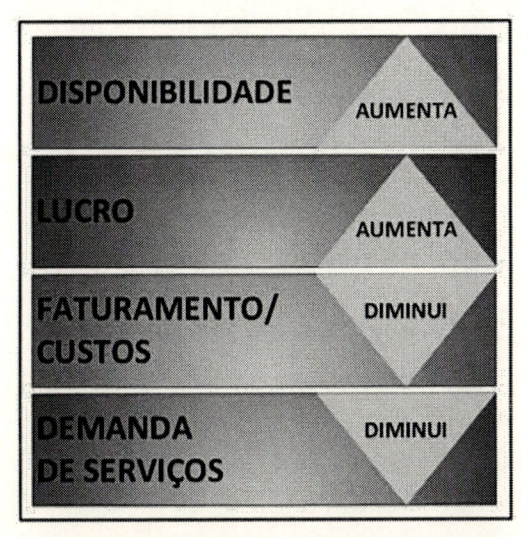

DISPONIBILIDADE	AUMENTA
LUCRO	AUMENTA
FATURAMENTO/ CUSTOS	DIMINUI
DEMANDA DE SERVIÇOS	DIMINUI

Figura 9.4: Comportamento das variáveis dos contratos de resultados.

O primeiro contrato de Resultados foi implantado na PETROBRAS – Refinaria Gabriel Passos – REGAP, em Betim-MG, em 1996.

Foi feito um projeto piloto para a manutenção de uma unidade de processo, tendo como principais características:

- Disponibilidade de 98%;
- Duração de três anos, podendo ser renovado por mais dois anos;
- Teto de recursos, no primeiro ano, de 30.000 Homens-hora/ano; caso este teto não fosse consumido, o ganho seria dividido igualmente entre as partes.

Para efeito de entendimento da organização interna e para mostrar para as empresas concorrentes o que poderia significar este novo tipo de contrato foi feita uma simulação comparando o contrato de serviço com o contrato de resultados. Supondo que o lucro da Contratada seria de 10% do seu faturamento em ambos os contratos, o que é uma boa margem dentro de uma economia estabilizada, os seguintes resultados seriam obtidos:

♦ **Caso 1: Contrato por Serviço (não tem previsão de prêmio):**

Todo o recurso previsto para o ano (30.000 h/h) vinha sendo consumido:

- ♦ Faturamento da Contratada: 30.000 h/h
- ♦ Lucro da Contratada: 3.000 h/h

♦ **Caso 2: Contrato por Resultados (tem previsão de prêmio):**

- ♦ Foram consumidos, apenas, 25.000 h/h:
- ♦ Faturamento da Contratada: 25.000 h/h
- ♦ Lucro sobre o faturamento: 2.500 h/h [a]
- ♦ Sobra de recursos: 5.000 Hh
- ♦ Prêmio da Contratada (50%): 2.500 h/h [b]
- ♦ Pagamento pela Contratante: 27.500 h/h
- ♦ Lucro total da Contratada: 5.000 h/h [a+b]

Na área entregue à Contratada, a menor utilização de h/h implica em uma redução de serviços (menor nível de intervenção), com consequente aumento na disponibilidade.

No Caso 2, apesar de o faturamento da Contratada ter reduzido de 30.000 h/h para 25.000 h/h, o seu lucro saltou de 3.000 h/h, no Caso 1, para 5.000 h/h, no Caso 2.

Sem dúvida, foi um bom negócio para as duas partes envolvidas:

- ♦ Para a Contratante, que teve uma menor intervenção na planta, no mínimo fora mantida a disponibilidade da Contratada, um menor risco de acidentes e, no final, um desembolso inferior ao teto estabelecido, ou seja, desembolsou apenas 27.500 h/h dos 30.000 h/h inicialmente previstos;
- ♦ Para a Contratada, que, apesar de ter faturado menos no Caso 2, teve seu lucro aumentado de 3.000 h/h no Caso 1, para 5.000 h/h no Caso 2.

Isso é o que pode ser chamado de uma política **"ganha-ganha"**, com busca do crescimento coletivo e ganhos de médio e longo prazos para as partes envolvidas.

Capítulo 9 Gestão de Contratos – Terceirização

PARÂMETRO	VARIAÇÃO
QUALIDADE	
DISPONIBILIDADE	
LUCRO DA CONTRATADA	
ATENDIMENTO	
MORAL	
SEGURANÇA	
CUSTO DA MANUTENÇÃO	
FATURAMENTO	

Figuras 9.5: Variáveis afetadas pelo Contrato de Resultados.

O resultado de todas as variáveis é positivo para as duas partes; Contratante e Contratada, o que caracteriza uma verdadeira parceria – ver figura 9.5.

A dificuldade desta modalidade de contrato está na sua elaboração ressaltando-se dois motivos principais:

- Tratar-se de uma cultura ainda em processo de mudança no Brasil;
- Falta de confiabilidade no banco de dados das empresas (histórico não confiável)

A situação quantitativa no Brasil ainda é uma maior prevalência da contratação do tipo "Mão de Obra" em detrimento da contratação tipo "Resultado / Performance. Veja a figura 9.6:

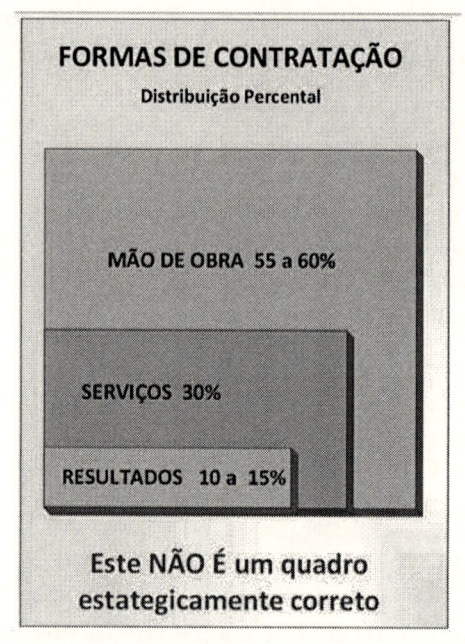

FORMAS DE CONTRATAÇÃO
Distribuição Percental

- MÃO DE OBRA 55 a 60%
- SERVIÇOS 30%
- RESULTADOS 10 a 15%

Este NÃO É um quadro estategicamente correto

Figura 9.6: Modalidades de Contratação no Brasil x Percentuais.

No primeiro mundo, a situação quantitativa tem sido:

Mão de Obra: 15%;

Serviço: 30% – coincide, aproximadamente, com o praticado no Brasil;

Resultado / performance: 55%.

É importante afirmar que não basta ter o conhecimento de qual é o *benchmark* mundial, é a Gestão que faz a diferença para que seja feita esta travessia da contratação tipo "Mão de Obra" para Resultado / Performance. Quanto mais rápida for essa mudança, melhores serão os resultados.

Como observação final, ressaltamos que as modalidades de contrato tipo "Serviço" e "Resultado / Performance" são as mais indicadas do ponto de vista de resultados estratégicos e da "boa prática" da Terceirização, especialmente para as Atividades-Meio.

9.6 – Vantagens da Terceirização

As principais vantagens obtidas com a correta Terceirização que pressupõe, entre outras coisas, uma relação de parceria, são:

- Melhor administração do tempo dos gestores da empresa Contratante, como foco de ação e energia nos principais processos da empresa, dentre eles a Atividade-Fim, a razão de ser – **esta é a principal vantagem**;
- A transferência de determinadas "Atividades-Meio" e "Atividades "Acessórias" para empresas que as têem como Atividade-Fim agrega valor ao processo;
- Na medida em que determinadas "Atividades-Meio" e "Atividades Acessórias" são transferidas para terceiros, obtém-se uma maior flexibilidade organizacional da empresa Contratante;
- Redução de estoques, quando se contrata com fornecimento de material.

9.7 – Desvantagens da Terceirização

As principais desvantagens que podem ocorrer para a Contratante quando se faz uma Terceirização com lacunas, especialmente em contratos do tipo "Mão de Obra", são:

- Aumento da dependência de terceiros;
- Aumento do risco empresarial pela possibilidade de queda na qualidade;
- Redução da especialização própria;
- Aumento do risco de acidentes pessoais;
- Aumento do risco de passivos trabalhistas.

Estas desvantagens podem ser minimizadas, ou até mesmo eliminadas, quando se pratica uma correta Terceirização, assim como o emprego de contramedidas. Caso isto não seja possível para determinados serviços, deve ser reavaliada a conveniência de terceirizá-los.

9.8 – Condições Básicas para Terceirizar

É preciso ter em mente que a ferramenta "Terceirização" é uma opção técnica estratégica que somente deve ser utilizada quando agregar valor para todos os envolvidos: Contratante, Contratada e Trabalhadores.

Destacamos algumas condições importantes:

- Selecionar aquelas atividades que apresentem reais vantagens para a Contratante;
- Verificar a existência, no mercado, de empresas prestadoras de serviços com idoneidade Técnica, Administrativa e Financeira;
- Buscar resultados de médio e longo prazos e não, simplesmente, redução de custo no curto prazo;
- Buscar estabelecer relações de parceria com a empresa Contratada.

9.9 – Aspectos Legais

O objetivo não é fazer uma análise jurídica detalhada dos aspectos legais sobre esta importante ferramenta denominada "Terceirização", mas apenas tratar de alguns aspectos mais relevantes abordados pelas duas Súmulas do TST, em especial os seguintes pontos, que têm sido os mais questionados pelas autoridades e pelos sindicatos:

- **Caracterização da atividade de manutenção como Atividade-Fim ou não;**
- **Pessoalidade por parte da contratante;**
- **Supervisão direta por parte da contratante;**
- **Precarização das condições de trabalho dos contratados.**

São pontos relevantes para uma adequada análise técnica sobre Terceirização e que servem de orientação básica para os diversos profissionais que atuam na atividade de contratação, como gerentes, engenheiros, técnicos, administradores, entre outros. É importante ressaltar que este tema tem sido alvo de fortes debates jurídicos sobre a sua legalidade, principalmente quando se trata de Atividade--Meio e, em especial, quando se trata da atividade de Manutenção.

9.9.1 – Súmulas do TST

A SÚMULA 256, do Tribunal Superior do Trabalho – TST, definia: *"Salvo os casos de trabalho temporário e de serviço de vigilância, previstos nas Leis 6.019, de 03 de janeiro de 1974, e 7.102, de 20 de junho de 1983, é ilegal a contratação de trabalhadores por empresa interposta, formando-se o vínculo empregatício diretamente com o tomador de serviços."*

Esta Súmula 256 restringia bastante a possibilidade de contratação de serviços.

Posteriormente, os parâmetros de legalidade dos contratos de prestação de serviços foram regulamentados pelo TST, via Súmula 331:

SÚMULA 331 – Contratação de prestação de serviços – legalidade – revisão da Súmula 256:

"I – A contratação de trabalhadores por empresa interposta é ilegal, formando-se o vínculo de emprego diretamente com o tomador de serviços, salvo no caso de trabalho temporário (Lei 6.019)."

*III – "Não forma vínculo de emprego com o tomador a contratação de serviços de vigilância (Lei 7.102), de conservação e limpeza, bem como a de **SERVIÇOS ESPECIALIZADOS LIGADOS À ATIVIDADE-MEIO DO TOMADOR, DESDE QUE INEXISTENTES A PESSOALIDADE E A SUBORDINAÇÃO DIRETA.**"*

Entendemos que esta Súmula dá respaldo legal à contratação das Atividades-Meio e Acessórias.

A contratação de Atividade-Fim é entendida como ilegal; existe um projeto de lei sendo discutido há vários anos no Congresso Nacional e um dos pontos de discórdia tem sido a legalização da possibilidade de contratar, também, a atividade-fim. Ressalta-se, como já vimos, que esta questão da legalidade tem sido muito discutida e contestada, já apresentando algumas decisões de ilegalidade.

9.9.2 – Atividade-Fim x Atividade-Meio:

♦ Um das atividades que tem sido mais questionada na contratação de serviços é a atividade de Manutenção. Nas empresas que não têm como objeto prestar serviços de manutenção para terceiros, **a atividade de Manutenção deve ser classifi-**

cada, tecnicamente, como **Atividade-Meio**. Enquadra-se nesta categoria o segmento industrial, como, por exemplo, o petroquímico, o nuclear, o petróleo, a siderurgia e a mineração, e outros segmentos econômicos como, por exemplo, o transporte, o hospitalar, o de hotelaria etc.

Entendemos que, nestes casos, a Súmula 331 dá respaldo legal para a sua contratação.

♦ Nas empresas de prestação de serviços de manutenção e, como tal, este é o seu objeto, a sua vocação, **a manutenção deve ser classificada, tecnicamente, como Atividade-Fim**.

Da mesma forma, entendemos que, nestes casos, a Súmula 331 NÃO dá respaldo legal para a sua contratação.

É preciso distinguir atividades muito comuns nos segmentos industrial, de ensino, hospitalar, como, por exemplo, transporte de pessoal, vigilância, limpeza e alimentação, e que são classificadas, tecnicamente, como Atividades Acessórias. Quando se tratar de empresas que prestam os serviços citados para terceiros, aqueles devem ser classificados, tecnicamente, como Atividades-Fim.

9.9.3 – Pessoalidade e Supervisão Direta:

Nas décadas de 80/90, quando prevaleceu a contratação por "Mão de Obra" cujos inconvenientes foram amplamente abordados anteriormente, o processo de terceirização tinha como principal objetivo ou, até mesmo como único objetivo, a redução de custos a qualquer custo. Não temos nenhuma dúvida em afirmar que foi uma forma de contratar completamente equivocada, trazendo graves prejuízos para o Trabalhador assim como para os resultados estratégicos da Contratante.

A falsa verdade de redução de custos a qualquer custo por parte de uma prática equivocada destas empresas criou uma cultura de se buscar no mercado apenas empresas de fornecimento de mão de obra de execução que, na maioria dos casos, tinha uma forte influência da Contratante, caracterizando a **Pessoalidade,** ficando ainda o planejamento e a supervisão por conta da Contratante, caracterizando a **Supervisão Direta.**

Tanto a Pessoalidade como a Supervisão Direta caracterizam uma ilegalidade, conforme explicitado na Súmula 331.

Com a evolução do processo de terceirização, adotando-se as modalidades de contratação por Serviços e por Resultados / Performance, a prática da Pessoalidade e da Supervisão Direta deixa de existir. Contudo, mesmo nestas modalidades tem acontecido, ainda, até como resultado de uma cultura equivocada nos contratos tipo "Mão de Obra", a prática da Pessoalidade e da Supervisão Direta, o que volta a caracterizar uma ilegalidade. Não basta ter contratos bem feitos do ponto de vista legal, é preciso que a prática esteja sintonizada com o que fora contratado.

Resumindo: o que é praticado é tão importante quanto o que foi contratado.

9.9.4 – Precarização das condições de trabalho dos contratados:

A terceirização teve uma história inicial com bastantes lacunas, onde prevalecia a estratégia empresarial de redução de custos a qualquer custo, agravada pela predominância de contratação na modalidade tipo "Mão de Obra", que traz em seu bojo uma série de inconvenientes.

Esta conjunção de fatores levou a um resultado perverso, em que a redução de custos era conseguida adotando-se práticas inadequadas, como por exemplo:

- ♦ Muitas vezes se contratava empresas que não preenchiam os requisitos de idoneidade técnica, administrativa e financeira;
- ♦ Utilização de mão de obra de menor qualificação e de menor experiência, consequentemente mais barata;
- ♦ Condições de transporte, alimentação e saúde de qualidade inadequada;
- ♦ Treinamento de segurança e fornecimento e uso de EPI's com deficiências ou, até mesmo, inexistente;
- ♦ Existência de problemas quanto ao cumprimento das cláusulas trabalhistas por parte da Contratada;
- ♦ Locais inadequados ou falta de locais para instalação das contratadas no site da Contratante.

O resultado de tudo isto, infelizmente, levou à Precarização das condições de trabalho, com prejuízos para os trabalhadores.

Como o processo de terceirização tem evoluído positivamente, já temos, hoje, uma mudança substancial neste processo, principalmente por parte das várias Contratantes, que têm uma visão estratégica da gestão empresarial e, consequentemente, utilizam corretamente a ferramenta "Terceirização". Desse modo, os resultados que devem ser buscados são a disponibilidade, a confiabilidade, a segurança, a preservação ambiental, outros resultados de performance e **a otimização dos custos.**

Registre-se outro dado extremamente positivo: determinadas empresas prestadoras de serviço, de nível excelente, não estão mais participando de contratos do tipo "Mão de Obra" por entenderem que se trata de uma modalidade de baixos resultados para as próprias, assim como para as contratantes.

9.9.5 – Recomendações para Reduzir o Risco da Ilegalidade

- Não contratar **Atividades-Fim:** a contratação deve se restringir às atividades-Meio e Acessórias. A possibilidade de contratar Atividade-Fim é um dos principais pontos de conflito do projeto de lei que está em discussão no Congresso Nacional há vários anos;
- A empresa contratada deve estar legalmente constituída para atuar no ramo da atividade terceirizada, com idoneidade técnica, administrativa e financeira;
- Não praticar a **Supervisão Direta:** à empresa Contratante cabe avaliar, apenas, os parâmetros contratuais estabelecidos que, normalmente, são a qualidade, a confiabilidade, o atendimento, o prazo, o custo, a segurança e, mais recentemente, as variáveis ambientais.
- A Responsabilidade Técnica pela execução dos serviços é da empresa Contratada;
- A mão de obra deve ser especializada, com qualificação e experiência especificadas, adequadamente remunerada e com os direitos trabalhistas respeitados;
- Evitar a precarização do trabalho através de uma especificação contratual que abranja:
    - Mão de obra qualificada;

Capítulo 9 Gestão de Contratos – Terceirização   247

- Mão de obra certificada, sempre que possível e necessário;
- Qualidade mínima para o transporte do pessoal e alimentação definidas em contrato;
- Requisitos básicos para a saúde dos trabalhadores estabelecida no contrato;
- Garantia, pela contratada, de instalações físicas, refeitório e vestiários que tenham condições adequadas;
- Aspectos relacionados com a segurança incluindo treinamento, disponibilidade de EPIs em quantidade suficiente;
- Embora a capacitação técnica do pessoal contratado seja de responsabilidade da empresa Contratada, é responsabilidade da empresa Contratante dar orientações à empresa Contratada relativas às particularidades dos equipamentos, dos sistemas e dos riscos do seu processo produtivo;
- Não praticar a **Pessoalidade:** cabe exclusivamente à Contratada, observadas as especificações contratuais, fazer a seleção do seu pessoal;
- Evitar contratos excessivamente detalhados; o que pode mostrar que inexiste a prestação de serviços e caracterizar que a Contratada é, apenas, um fornecedor de mão de obra;
- Minimizar os contratos tipo "Mão de Obra", limitando-se somente, a aqueles casos previstos em lei;
- Utilizar unidades de medição de serviço que sejam reconhecidas, evitando homem-hora, sempre que possível;
- Não contratar prestadora de serviços que só tenha um cliente; o que caracteriza que a Contratada nada mais é do que um departamento da Contratante e, como tal, ilegal;
- Avaliar, periodicamente, o cumprimento das cláusulas contratuais, evitando-se o seu descumprimento, tanto pela Contratada, quanto pelos fiscais da Contratante.

Não há dúvida em se afirmar que a Terceirização é uma ferramenta estratégica muito importante para a produtividade e para a competitividade empresarial. Todavia, é necessário que seja utilizada corretamente para que possa trazer ganhos a todas as partes envolvidas: Contratante, Contratada e Trabalhadores e, principalmente, que sejam respeitados os limites legais estabelecidos. É importante lembrar que:

> *"Quem contrata mal corre alto risco de tornar-se responsável solidário com o seu prestador de serviço, além de criar questionamentos jurídicos sobre a legalidade da prática da Terceirização".*

9.10 – A Questão da Segurança

Serão abordados aqui os aspectos de segurança pessoal, já que a questão da segurança operacional não é escopo deste livro. Entretanto, existe uma ligação muito próxima entre a segurança pessoal e a operacional, sendo que uma pode influenciar na outra. Assim como uma emergência operacional pode ter como consequência acidentes envolvendo pessoas, intervenções indevidas na instalação podem causar ocorrências operacionais.

Os mesmos programas e os mesmos resultados buscados e praticados pela Contratante devem ser buscados pela Contratada. É preciso unificar a maneira de ver as pessoas, os resultados e a abrangência dos programas de segurança (Contratante e Contratada).

Para que a terceirização seja bem-sucedida, é preciso que os resultados empresariais sejam alcançados. Os indicadores básicos de Qualidade, Disponibilidade, Confiabilidade, Atendimento, Custo, Motivação da Equipe, Segurança e Meio Ambiente andam juntos, não sendo possível otimizar somente uma parte destes indicadores.

> *De um modo geral, a Contratada que apresenta resultados ruins em segurança também tem maus resultados em qualidade, disponibilidade, confiabilidade, atendimento, custo, motivação da equipe e meio ambiente, sendo, por conseguinte, má parceira.*

9.10.1 – Recomendações para a Contratante Relativas à Segurança

- Utilizar instrumentos contratuais prioritariamente por resultados e por serviços onde couber, desde que esses tipos de contratos empreguem pessoal mais capacitado;

- Exigir pessoal qualificado de acordo com o tipo de serviço;
- Exigir pessoal certificado para serviços de média e de alta tecnologia;
- Propiciar treinamento de segurança relativo aos riscos dos processos da Contratante;
- Garantir e participar das apurações de ocorrências anormais envolvendo Contratadas, nos mesmos moldes da Contratante;
- Implementar práticas de segurança nas Contratadas semelhantes às da Contratante;
- Prever, em anexo de segurança no contrato, os EPIs que a Contratada deverá disponibilizar para uso de seu pessoal;
- Ter Padrões Mínimos de Segurança, repassá-los para as Contratadas e monitorar a sua utilização.
- Ter procedimentos para utilização de EPIs e exigir a aplicação pelas Contratadas;
- Estabelecer condições básicas adequadas de transporte, alimentação e instalações físicas;
- Garantir a existência de CIPA para as Contratadas, conforme legislação;
- Definir e acompanhar indicadores de segurança, aplicando um sistema de consequências que deve estar previsto no contrato;
- Adotar técnicas de análise de risco para intervenções não rotineiras;
- Exigir os exames médicos admissionais compatíveis com o trabalho contratado e conforme legislação;
- Adotar programa de auditorias periódicas.

9.10.2 – Sinais Visíveis de Segurança

Além de tudo que já foi dito, existem os "sinais visíveis", que mostram se a organização está a caminho da excelência nos aspectos de segurança em serviços contratados:

- Nível crescente, com metas estabelecidas, de qualificação e, se possível, de certificação da força de trabalho da Contratada. Quanto melhor habilitados, menor a chance de ocorrência de acidentes;

- Nível educacional adequado dos contratados;
- Nível adequado de "Ordem – Arrumação – Limpeza", não só das instalações industriais, mas também, das administrativas, aí incluídos o escritório, o restaurante e o vestiário dos contratados.
- Grau de conhecimento e aplicação dos padrões / procedimentos de segurança por parte dos profissionais da Contratada, aferidos através de observações no dia a dia e nas auditorias.

9.11 – A terceirização de Atividades de Manutenção

O debate e os questionamentos não ocorrem, normalmente, na contratação de Atividades Acessórias já que, nestes casos, existe um consenso em relação às vantagens e sobre a sua legalidade, desde que sejam respeitados os limites estabelecidos pelo Enunciado 331 do TST, com destaque para:

- Inexistência da Pessoalidade;
- Inexistência da Subordinação Direta.

Além disto, devem ser observadas, ainda, as questões de Segurança, a não Precarização das Condições de Trabalho e a contratação de empresas idôneas.

A questão está voltada para as Atividades-Meio e, mais especificamente, para a atividade de Manutenção; destaca-se, entretanto, que muitas das observações relativas à contratação de atividades de Manutenção são, também, válidas para outras atividades.

Com relação a esta atividade de Manutenção que, tecnicamente como já vimos, deve ser classificada como Atividade-Meio, exceto para empresas que prestam serviços de manutenção, além do foco estratégico da empresa de concentrar seus maiores esforços na Atividade-Fim, outros aspectos são considerados para definir a estratégia de terceirizar ou não determinadas atividades de manutenção. São elas:

- Toda atividade de manutenção requer gerenciamento, o que pode levar à perda de foco na Atividade-Fim assim como das atividades de manutenção que estão sendo executadas pelo pessoal próprio;

- Além de praticamente ser impossível especializar-se em tudo, o mundo avança, rapidamente, na inovação tecnológica. Existem, no mercado, várias empresas especializadas desenvolvendo soluções de manutenção que agregam muito valor ao processo de manutenção;
- A manutenção de recursos humanos próprios para tarefas de alta tecnologia, mas com baixo grau de intervenção e utilização, além de trazer custos adicionais, não mantém o pessoal próprio com a adequada qualificação pelo simples fato de as intervenções serem realizadas com grande intervalo de tempo entre elas. Por exemplo, um turbo-compressor de grande porte, com sofisticado sistema de controle e com uma montagem bastante delicada e complexa, que passa por manutenção a cada seis anos, não possibilita que o pessoal próprio da Contratante mantenha um conhecimento atualizado e adequado. Ao contrário, o fabricante deste equipamento, por ter vários instalados no Brasil e até mesmo no mundo, consegue manter o seu pessoal com um alto grau de experiência pela oportunidade que de participar de frequentes intervenções. Esta maior qualificação da empresa prestadora de serviço é um fator crítico de sucesso para a maior disponibilidade destes equipamentos;
- Como a Contratada tem a prestação de serviços de manutenção como Atividade-Fim, aquela tem mais condições de aumentar a produtividade do processo naqueles serviços que a Contratante avaliou e selecionou como possíveis de serem terceirizados;
- Existência no mercado de empresas prestadoras de determinados serviços de boa qualidade.

9.11.1 – A Terceirização *versus* Primeirização na Manutenção

A alternativa de executar determinadas atividades de Manutenção com recursos próprios ou partir para terceirizá-los deve ser reavaliada periodicamente pela Contratante, isto porque as condições de mercado evoluem rapidamente, assim como a própria complexidade das atividades. Esta reavaliação periódica é o que permite otimizar, continuamente, o processo decisório.

Duas variáveis são muito importantes para que sejam definidas atividades que devem ser executadas com pessoal próprio e outras que podem ser terceirizadas. A seguir, informamos quais são estas variáveis:

- **Atividades de manutenção que exigem, além do conhecimento técnico, um maior conhecimento do processo produtivo visto que a tendência empresarial, hoje, tem sido manter estas atividades executadas por pessoal próprio.**

  Exemplo destas atividades:
  - Malhas de controle e de intertravamento de sistemas mais complexos de instrumentação e elétrica;
  - Equipamentos de grande complexidade;
  - Macroplanejamento das atividades, em especial em Paradas de grandes sistemas operacionais;
  - Gestão da Atividade de Manutenção.

- **Quando determinadas atividades de manutenção requerem apenas conhecimento técnico não exigindo grandes conhecimentos do processo produtivo, a tendência empresarial, hoje, tem sido a de maximizar a terceirização destas atividades.**

  Podemos exemplificar as seguintes atividades, dentre outras, que têm sido, preferencialmente, terceirizadas:
  - Serviços de caldeiraria e tubulação em geral;
  - Serviços em Paradas de Unidades de Processo e de Utilidades;
  - Atividades de mecânica de baixa e média complexidade;
  - Enrolamento de motores elétricos;
  - Manutenção de válvulas em geral;
  - Serviços de pintura, isolamento térmico, refratário, montagem de andaime e movimentação de carga.

9.12 – Exemplos de contratos por Resultados / Performance

De forma sintética, vamos apresentar alguns modelos de contratos por resultados:

9.12.1 – Manutenção de uma ETE – Estação de Tratamento de Efluentes

Objeto: Serviço de Manutenção Corretiva, Preventiva, Preditiva, Detectiva e Engenharia de Manutenção dos Sistemas de Caldeiraria, Complementar, Mecânica, Instrumentação e Elétrica.

Principais premissas:

- Duração – três anos renováveis por mais três anos;
- Exigência que a empresa já tenha realizado serviços de manutenção em pelo menos uma ETE;
- Disponibilidade Requerida de 98%;
- Prêmio: 2% para cada 0,5% a maior na Disponibilidade Trimestral;
- Multa: 2% se a Disponibilidade for menor ou igual a 97,5%.

Observações:

- Em caso de mais de um acidente com afastamento no ano, é cancelado eventual Prêmio e aplicada a Multa de 2% no mês do acidente;
- Em caso de um acidente fatal ou com mutilação, além do citado no item anterior, o Contrato pode ser cancelado;
- São definidas obrigações das partes em termos de materiais de consumo, EPI's, sobressalentes, etc;
- 40% do prêmio deve ser distribuído para os funcionários da Contratada.

9.12.2 – Montagem Industrial

Objeto: Montagem de Médio Porte, Contratação por Resultado com Foco em Segurança.

Principais premissas:

- Duração: seis meses (esse contrato refere-se a uma montagem, daí a sua curta duração).
- Prêmio "P" = VTM (FCA x FSA x FG) x 3 / 100
    - VTM = Valor Total da Medição;
    - FCA: Fator de Acidentes com Afastamento:
        - 1,00 em caso de zero acidente;
        - 0,5 em caso de um acidente;
        - Zero em caso de dois ou mais acidentes.
    - FSA: Fator de Acidentes sem Afastamento:
        - 1,00 em caso de até dois acidentes;
        - 0,5 de três a cinco acidentes;
        - Zero, em caso de mais de cinco acidentes.
    - FG: Fator de Gerenciamento: calculado em função do número de notificações da Fiscalização com relação ao não cumprimento dos itens previamente acordados entre Contratante e Contratada, como por exemplo: uso de EPI's, cumprimento da Norma de Permissão para Trabalho, cumprimento dos padrões mínimos de segurança, ordem – arrumação – limpeza, cumprimento de horários etc.

Fator FG:
- 1,00 em até três notificações;
- 0,5 de quatro a oito notificações;
- Zero, acima de oito notificações.

Observações:

- O contrato prevê, também, cláusula de multa em função dos maus resultados em segurança;
- 40% do prêmio deve ser distribuído para os funcionários da Contratada;
- Evidentemente, além do resultado definido para a Segurança, outros indicadores são estabelecidos como, por exemplo, prazo e qualidade.

9.12.3 – Parada de Manutenção

Objeto – Parada de Manutenção de Unidade Industrial com foco no prazo.

Principais premissas:

- Duração: 32 Dias;
- Prazo: Fator determinante;
- Prêmio "P" = VTM x (PC – PR) / 24 x 100
  - VTM = Valor Total da Medição;
  - PC = Prazo Contratual em horas, conforme Planejamento efetuado;
  - PR = Prazo de Realização em horas, até a efetiva entrada em operação da Unidade

Observação:

- Em caso de acidente com lesão incapacitante ou óbito, a eventual premiação é cancelada;
- No mínimo 40% do Prêmio deve ser repassado para os empregados da Contratada;
- O percentual máximo de Prêmio é de 3%;
- É prevista cláusula de multa para atrasos.

9.13 – Considerações Finais

Vamos destacar aqui alguns aspectos que julgamos fundamentais.

- **Sequelas existentes:** a má prática da Terceirização por parte da grande maioria das empresas, ocorrida nos anos "90", deixou sequelas muito fortes e que têm influenciado, até hoje, os questionamentos legais e sindicais. Isso se agrava, ainda, devido à prática inadequada do processo por várias empresas.
- **Redução de custo a qualquer custo:** esta prática incorreta de gestão levou, e ainda leva, ao uso indiscriminado dos contratos tipo "Mão de Obra" que, salvo os casos previstos em lei, traz inúmeros problemas: mão de obra de menor qualificação e mais barata, produtividade baixa, Supervisão Direta por par-

te da contratante, prática da Pessoalidade, serviços de menor qualidade, piora na segurança etc.

- **Terceirização correta x Prática incorreta:** observa-se ainda que, mesmo em contratos do tipo "Serviço" ou de Resultados / Performance que seguem os princípios da boa gestão, uma parte da Fiscalização da Contratante ainda adota práticas incorretas nos quesitos **Pessoalidade e Supervisão Direta.** Isso pode ser fruto de uma cultura anterior e ultrapassada, mas que, infelizmente, ainda predomina em determinados Fiscais. Cabe ao bom gestor coibir esta má prática. **Lembre-se: o que é praticado é tão importante quanto o que foi contratado. Em uma auditoria, estes dois aspectos são analisados.**

- **Evolução da Terceirização:** diversas empresas no Brasil, Contratantes e Contratadas, tem praticado a Terceirização de maneira correta e com resultados muito positivos.

- A nossa mensagem final é reafirmar que consideramos a Terceirização uma ferramenta estratégica muito importante para a produtividade e para a competitividade empresarial; todavia, é necessário que aquela seja utilizada corretamente a fim de trazer ganhos para todas as partes envolvidas: **Contratante, Contratada e Trabalhadores.**

Capítulo 10

Análise do Custo do Ciclo de Vida

10.1 – Introdução

Os custos do ciclo de vida dos ativos se compõem de custos operacionais e custos de capital, assim denominados pelas suas características contábeis. Os Custos de Capital são conhecidos pela sigla CAPEX e os custos operacionais pela sigla OPEX.

CAPEX – *Capital Expenditure*
ou *Capital Expense* **(Gastos de Capital)**

As despesas de capital são gastos que criam benefícios futuros. A despesa de capital ocorre quando uma empresa aplica dinheiro para compra de ativos fixos ou para aumentar o valor de um ativo existente com uma vida útil que se estende para além do ano fiscal.

Os gastos de capital não podem ser integralmente deduzidos no período em que são efetuados. Os ativos fixos tangíveis são depreciados e os ativos intangíveis são amortizados ao longo do tempo.

Exemplos de CAPEX – Compra de máquinas e outros equipamentos, aquisição de ativos de propriedade intelectual, como patentes, grandes reformas em equipamentos ou unidades operacionais.

OPEX – *Operational Expenditure*
ou *Operational Expenses* **(Gastos Operacionais)**

As despesas operacionais referem-se àquelas efetuadas no curso de operações comerciais normais, tais como despesas com vendas, manutenção, operação e administrativas.

As despesas operacionais são integralmente deduzidas no exercício em que foram efetuadas.

Os custos associados com a operação e a manutenção dos ativos são OPEX.

As etapas do custo do ciclo de vida estão indicadas na figura 10.1. Os custos de Projeto Básico, Detalhamento, Fabricação, Montagem e Comissionamento são considerados custos de capital (CAPEX). O custo de aquisição do ativo é aquele cobrado pelo fornecedor para entregá-lo conforme a especificação de projeto. De modo similar à

Capítulo 10 Análise do Custo do Ciclo de Vida 259

compra de uma geladeira, o custo de aquisição é o valor pago na loja pelo bem.

Os custos de operação, manutenção e descarte são enquadrados como custos operacionais ou OPEX. De modo similar, os custos decorrentes do funcionamento da geladeira adquirida, como custos de energia elétrica, reparos e descarte, são os custos operacionais ou OPEX.

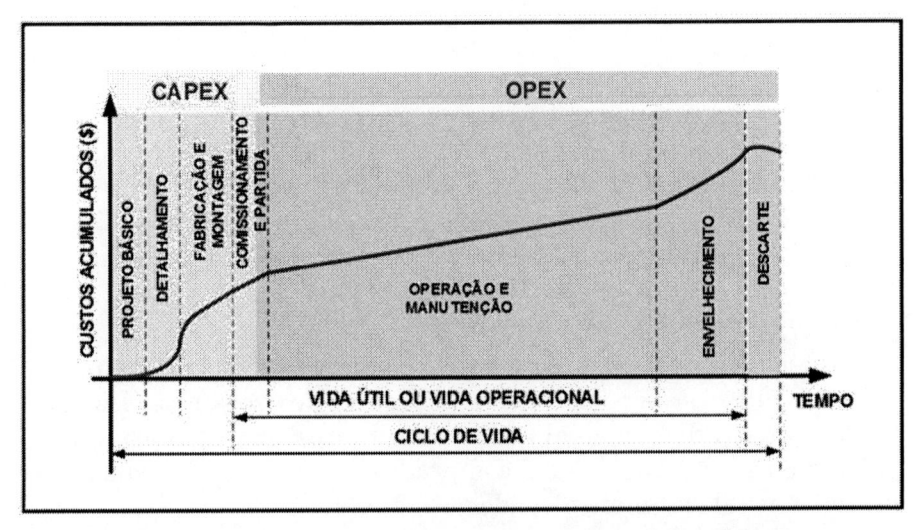

Figura 10.1: Custo de Ciclo de Vida – CAPEX e OPEX.

Em todo o mundo, tanto nas empresas pública como nas empresas privadas, é comum a prática de adquirir ativos, representados por equipamentos ou bens de capital, levando en consideração apenas o custo inicial de aquisição.

Isso pode implicar em custos maiores ao longo da vida, desde que os custos de Operação e Manutenção respondem por 60 a 75% dos custos do ciclo de vida dos ativos.

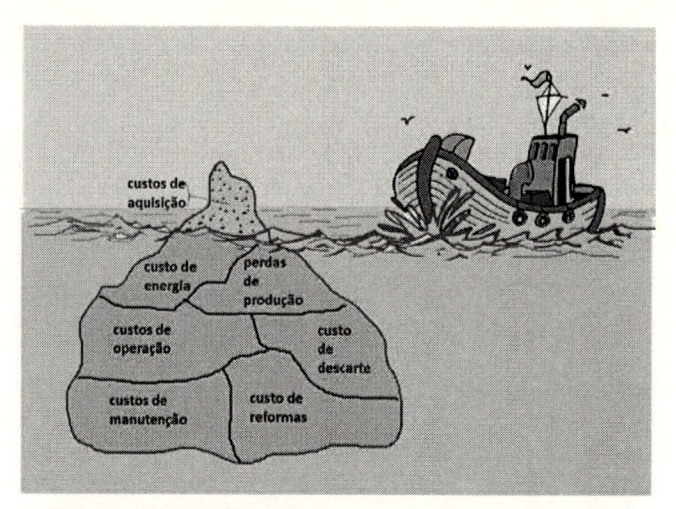

Figura 10.2: Iceberg dos custos de ciclo de vida mostrando a "visibilidade" do custo de aquisição.

Na área militar, há evidencias de avaliação dos equipamentos a serem adquiridos pelos seus custos ao longo da vida. Em empresas privadas que já se encontram em patamares de excelência, essa prática é encontrada principalmente para equipamentos considerados críticos ou para aqueles que, comprados em conjuntos maiores, representam valores mais elevados.

A **vida de um ativo** é conceituada como sendo o intervalo de tempo entre o reconhecimento de uma necessidade ou de uma oportunidade até a disposição final do ativo. Isso compreende as seguintes etapas:

- Reconhecimento da necessidade (projeto básico);
- Especificação e detalhamento (projeto de engenharia);
- Fabricação ou produção do ativo;
- Instalação, montagem e comissionamento;
- Partida ou *start up*;
- Operação e Manutenção – período produtivo do ativo;
- Reformas ou rejuvenescimento, que ocorrem dentro do periodo de produção e manutenção;
- Disposição, Descarte ou Descomissionamento.

Capítulo 10 Análise do Custo do Ciclo de Vida 261

Dois aspectos devem ser levados em consideração quando se faz referência à vida de um ativo:

- ♦ A influência das falhas de seus componentes fundamentais, que está relacionada com a sua confiabilidade. Muitas empresas exigem, do provavel fornecedor, uma declaração de fornecimento de ativos semelhante a de outras empresas, de modo que não sejam adquiridos protótipos ou equipamentos ainda não testados por um período de tempo não inferior a dois anos de trabalho contínuo;
- ♦ A capacidade de o ativo de atender às condições exigidas ou de prestar o serviço adequadamente. Isso pode ocorer por diversos motivos, como má especificação, má aquisição, por modificações na planta, o que exige do ativo condições que este não é capaz de atender.

A análise de custo do ciclo de vida (LCC) é uma metodologia que tem, como objetivo principal, quantificar o custo total de ativo durante o seu ciclo de vida completo, o que inclui pesquisa, ou definição da necessidade; desenvolvimento, ou especificação e detalhamento; construção, ou fabricação; operação e manutenção e disposição, ou descarte.

O LCC é uma informação útil para a tomada de decisão na compra de um ativo, na otimização de design do projeto, no planejamento da manutenção e no planejamento de renovação ou de reformas.

Dessa forma, a análise do custo do ciclo de vida pode servir para as seguintes avaliações:

- ♦ Comparação de projeto alternativo;
- ♦ Viabilidade econômica de projetos / produtos;
- ♦ Comparação de estratégias alternativas para o uso do produto ou de um ativo, com referência à operação, teste, inspeção, manutenção etc ;
- ♦ Avaliação e comparação de diferentes abordagens para o rejuvenescimento da planta.

Basicamente, a Análise do Custo do Ciclo de Vida tem como objetivo principal, de acordo com a NBR ISO 55000, "garantir que os seus ativos sejam capazes de entregar os produtos ou serviços requeridos e alcançar os seus objetivos organizacionais."

Uma afirmação de Ron Moore [10.2] define, com clareza, o não atendimento a esse objetivo:

"Vai ser muito difícil gerir eficazmente os novos ativos se esses forem mal projetados para os serviços e os requisitos do negócio, bem como deixar de considerar implicações de custo de ciclo de vida e de desempenho." [10.2]

O histórico da utilização da Análise do Custo do Ciclo de Vida [10.1 + 10.5] indica que o início de sua utilização ocorreu na década de 1960 pelo Departamento de Defesa dos Estados Unidos. Em 1970, a técnica foi difundida para aquisição de material militar e, nessa ocasião, começou a ser empregada na indústria, ainda que timidamente.

Em 1974, o Departamento de Defesa do Reino Unido adotou algumas orientações, mas de acordo com o relatório de 1992, somente em 1990 procedimentos adequados de LCC foram colocados em prática e/ou sistematizados. Na Austrália, algumas iniciativas foram adotadas na área militar em 1980, mas a primeira instrução da Defesa sobre o assunto data de 1992.

Até 1980 a análise do custo do ciclo de vida era praticamente restrita à área militar; após esse período, as aplicações de análise LCC se espalharam para outras indústrias, tais como aviação, usinas de geração de energia elétrica, área de petróleo, indústrias químicas e ferrovias.

Apesar disso, "a adoção do conceito de ciclo de vida tem sido muito lenta nas indústrias *[Lindholm & Suomala, 2005]*. Em um estudo finlandês, por exemplo, apenas 5% das grandes empresas do setor industrial haviam utilizado a análise do custo do ciclo de vida [Hyvönen 2003]. Estes estudos nem sequer mencionam o uso de análise do custo do ciclo de vida em pequenas e médias empresas." [10.6]

10.2 – Termos e Definições do Ciclo de Vida de Ativos

◆ Ciclo de Vida (*Life Cycle*)

Intervalo de tempo entre a concepção de um produto ou ativo e sua disposição.

◆ Custo do ciclo de vida (*Life Cycle Cost – LCC*)
Custo cumulativo de um produto ao longo do seu ciclo de vida ou custos totais que ocorrem em todas as fases do ciclo de vida do produto ou do ativo.

◆ Análise do custo do ciclo de vida (*Life Cycle Costing*)
Processo de análise econômica para avaliar o custo do ciclo de vida de um produto ou de um ativo ao longo do seu ciclo de vida ou de uma porção desse ciclo de vida.

◆ Custo mais representativo (*Cost Driver*)
Elemento que tem o maior impacto sobre o LCC.

◆ Perfil de Custo (*Cost Profile*)
Representação, em gráfico ou tabela, mostrando a distribuição dos custos ao longo do ciclo de vida ou de sua porção, para um produto ou um ativo.

◆ Custo total de propriedade (*Total Cost of Ownership*)
Estimativa de todos os custos diretos e indiretos associados a um ativo ou aquisição ao longo de todo o seu ciclo de vida.

◆ Taxa de Desconto ou de atualização (*Discount Rate*) [10.7]
É a taxa que utilizada para transformar os custos futuros nos seus valores presentes, através do cálculo do valor atual. Há dois tipos de taxas de desconto: taxa de desconto real e taxa de desconto nominal. A taxa de desconto real não considera a inflação, enquanto a taxa de desconto nominal a considera.

A taxa de desconto é calculada através da fórmula:

$$\text{Taxa de desconto (td)} = ts + ti + tr$$

Onde:
ts – representa uma remuneração real mínima sem qualquer risco ou taxa de iliquidez; ti - representa a taxa de inflação;
tr – representa a rentabilidade adicional ou a taxa de risco.

Enquanto a taxa de inflação indica o aumento contínuo dos preços dos bens, a taxa de risco depende das incertezas que estão atreladas ao tipo de investimento.

♦ Inflação / Deflação (*Inflation / Deflation*)
Aumento / diminuição do nível geral de preços
♦ Valor Presente Líquido (*Net Present Value*)
É o valor atual da soma do fluxo de caixa futuro.
♦ Taxa Nominal ou Taxa de Inflação (*Nominal Rate*)
É a Taxa utilizada para relacionar os valores de dinheiro presentes e futuros levando em consideração a taxa de inflação ou de deflação. Representada na fórmula acima por "ti".
♦ Período de análise (*Analysis Time*)
Período de tempo durante o qual um investimento, ou avaliação LCC, é analisado.
♦ Análise de Risco (*Risk Analysis*)
Utilização sistemática de informações disponíveis para determinar a frequência na qual podem ocorrer eventos especificados e a magnitude da sua provável consequência.

10.3 – Quando fazer Análise de Custos do Ciclo de Vida

A Análise de Custo do Ciclo de Vida pode ser realizada em qualquer uma das fases do ciclo de vida de um produto ou de um ativo de modo a dar o suporte necessário à tomada de decisão.

Entretanto, as mais comuns e melhores ocasiões para a realização dessa análise são as fases de aquisição e de reformas ou rejuvenescimento dos ativos.

A Figura 10.3 mostra as curvas que indicam o percentual de tomada de decisão e percentual de oportunidades de ganhos na minimização do LCC – custos de capital ou CAPEX.

À medida que se caminha para a direita no gráfico, o que implica em realização do projeto, reduz-se a possibilidade de redução dos custos do ciclo de vida. Verifica-se que, geralmente, 80% do LCC é alocado por decisões que são feitas dentro dos primeiros 20% da vida do projeto.

Em novos projetos, devem ser inseridas as especificações para compra, uma solicitação para que os fornecedores informem dados que permitam a análise do custo do ciclo de vida. Sem essas informações, torna-se praticamente impossível fazer as devidas comparações.

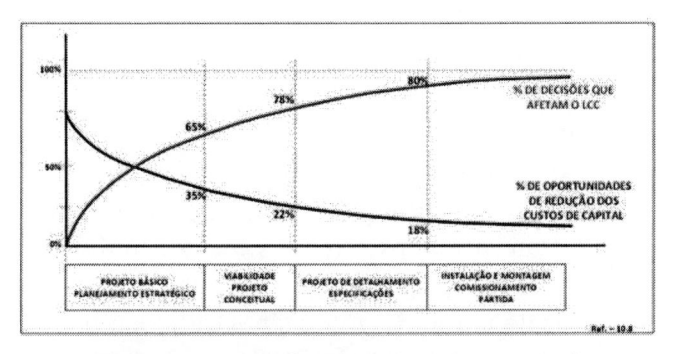

Figura 10.3: Relação entre o percentual de tomada de decisão e impacto no LCC.

10.4 – Análises de Custos do Ciclo de Vida

10.4.1 – Fundamentos da Análise de Custos do Ciclo de Vida

A NBR ISO 55000 define as questões típicas, entre outras, que são abordadas pelos objetivos e incluem, para ativos, o seguinte:

- Confiabilidade (tempo médio/ distância entre falhas);
- Condição dos ativos, desempenho, ou nível de saúde;
- Custo do ciclo de vida;
- Expectativa de vida;
- Desempenho energético dos ativos.

A NBR ISO 55000 ainda considera que o custo do ciclo de vida, que pode incluir investimento, financiamentos e custos operacionais, deve ser considerado no processo de tomada de decisão.

Dessa forma, na análise, o somatório dos custos do ciclo de vida pode ser dado pela fórmula abaixo:

$$LCC = C_{aq} + C_{in} + C_{en} + C_{op} + C_{mt} + C_{dt} + C_{ma} + C_{de}$$

Onde:

LCC – custo do ciclo de vida ou *life cycle cost*

Caq – custo de aquisição

Cin – custos de montagem/instalação e comissionamento, incluindo treinamento

Cen – custos com energia

Cop – custos de operação – pessoal

Cmt – custo de manutenção e reparos, que inclui também os custos de monitoramento, como pessoal, material, contratação, entre outros.

Cdt – custos de perda de produção – indisponibilidade

Cma – custos ambientais, como gastos com contaminações, vazamentos etc.

Cde – custo de descarte, disposição ou descomissionamento

Em função das considerações dos parágrafos anteriores, verifica-se que é necessário estabelecer um procedimento para garantir as informações que permitam a análise do LCC. A figura 10.3 elenca as áreas diretamente envolvidas na aquisição de um ativo e as informações que permitirão proceder à análise de LCC e decidir qual a melhor proposta para a aquisição desse ativo.

Uma importante consideração sobre a aplicação de análise do custo do ciclo de vida é feita por John S. Mitchel:[10.9]

"Na maioria das instalações, especificações de projeto rigorosas são aplicadas aos equipamentos críticos, geralmente em máquinas grandes, sem reserva, assim como a outros equipamentos cuja parada interrompe a produção.

Em função disso, os equipamentos críticos geralmente são bastante confiáveis. Estes são projetados com excepcional atenção aos detalhes, instalados com muito cuidado e submetidos à atenção e vigilância ao longo de sua vida. Como resultado, os equipamentos críticos normalmente operam por longos períodos sem problemas. Com base nos custos de ciclo de vida agrupados, equipamentos críticos podem ser menos caros para serem mantidos se comparados aos equipamentos pequenos ou às máquinas de uso geral.

Apesar de o custo de qualquer manutenção ser, normalmente, muito menor para equipamentos de uso geral, a população é muito maior e pode consumir maiores custos ao longo da vida do que as máquinas críticas.

Problemas crônicos, ou repetitivos, que não são tolerados em máquinas críticas, "podem ser permitidos" em equipamentos menores pelo fato de estes terem sido, simplesmente, projetados dessa forma!

Quando os custos do ciclo de vida são examinados em detalhes, torna-se óbvio que falhas crônicas e repetitivas, muitas delas causadas por falhas de projeto e, basicamente ignoradas, são uma grande oportunidade de melhoria. A Análise do Custo do Ciclo de Vida deve ser tomada como fundamental durante o processo de projeto."[10.9]

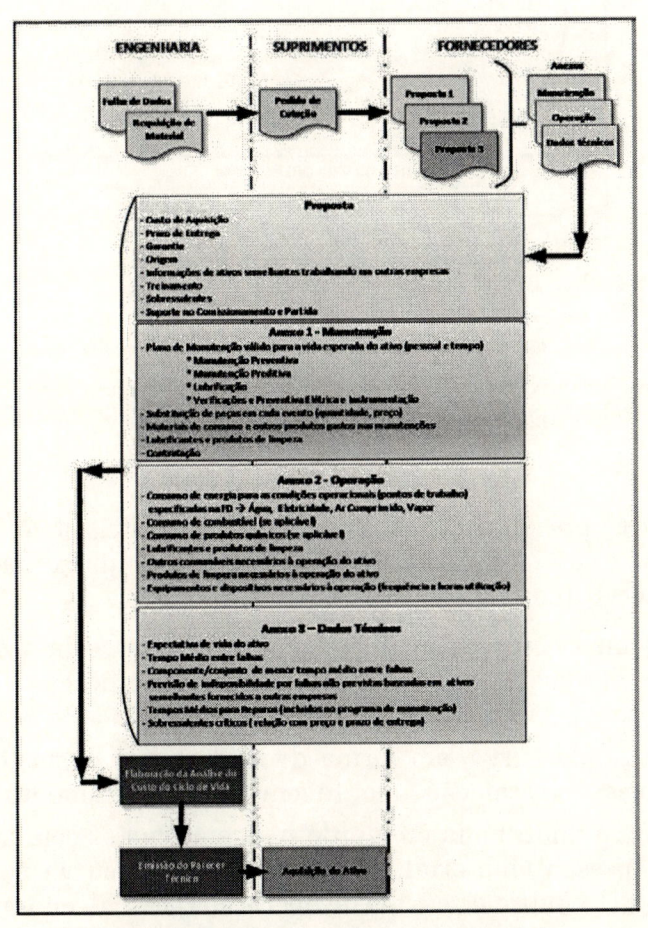

Figura 10.4: Sistemática recomendada para fundamentar a Análise do LCC.

Algumas particularidades devem ser conhecidas antes de se proceder à análise do LCC.

A primeira é o comportamento do fluxo de caixa em cada uma das etapas do ciclo de vida dos ativos, mostrado na figura 10.5. As curvas pontilhadas mostram o fluxo de caixa nas principais etapas do ciclo de vida. A curva cheia, em azul, mostra o custo acumulado.

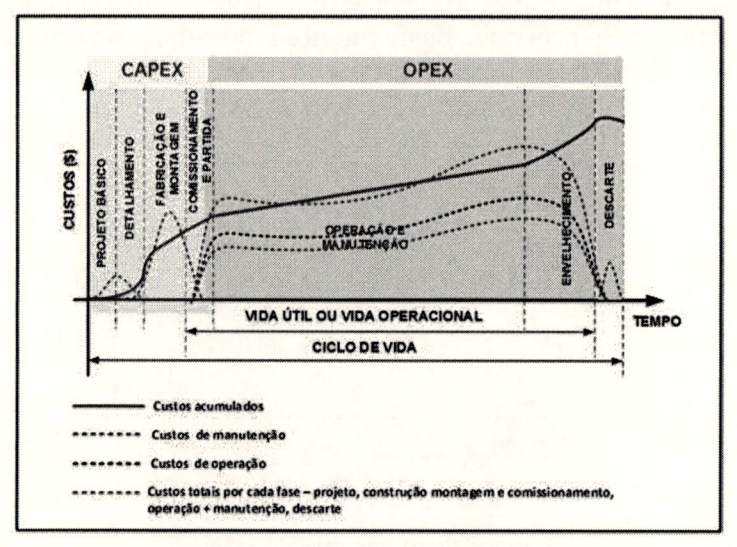

Figura 10.5: Custo e Fluxo de caixa nas várias etapas do ciclo de vida de ativos.

O gráfico apresenta os dados de forma indicativa, isto é, o aspecto das curvas e seu tamanho relativo são projeções aproximadas. Permite perceber que:

- A primeira curva, pontilhada em forma de sino, indica o somatório dos custos com o projeto básico, especificação e detalhamento.
- A segunda curva, em forma de sino, indica os custos com a aquisição, instalação / montagem e comissionamento.
- A curva pontilhada em verde indica os custos com manutenção (pessoal, material, sobressalentes) e a curva pontilhada em preto indica os custos de operação (pessoal, energia elétrica, vapor, ar comprimido, água, dentre outros). Esses custos, somados, que estão indicados pela linha pontilhada de cima,

Capítulo 10 Análise do Custo do Ciclo de Vida **269**

têm o seu início antes do término do projeto e se estendem por todo o período produtivo do ativo, que pode ser de 15 anos, 20 anos ou mais. Convém observar que esse é o maior custo do ciclo de vida, representado pelo somatório dos custos de Manutenção e de Operação.

♦ A curva em formato de sino à direita representa os custos relativos ao descomissionamento e descarte do ativo, que ocorrem no final de sua vida útil.

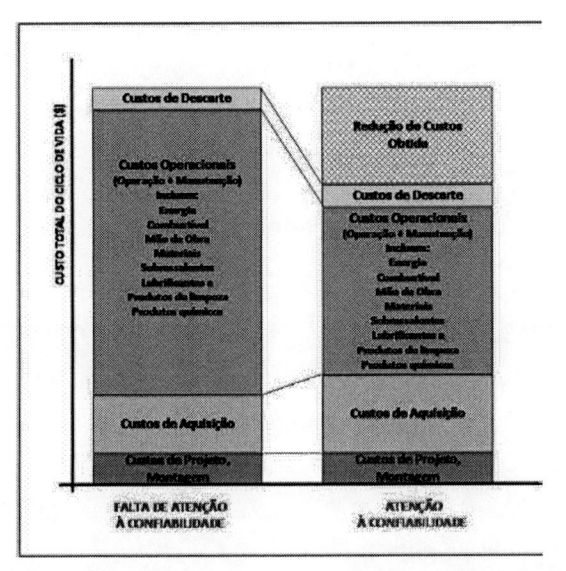

Figura 10.6: LCC com e sem foco na confiabilidade.

A figura 10.6 apresenta um fator extremamente relevante para o Custo do Ciclo de Vida do Ativo, desde que o foco esteja na confiabilidade. Quanto maior a confiabilidade do ativo, melhor será o retorno para a empresa. A figura mostra que, caso o custo de aquisição seja privilegiado em detrimento da confiabilidade, a economia inicial será rapidamente suplantada pelos custos operacionais, que serão maiores durante a vida do ativo.

É válido observar que os Custos Operacionais, formados pelo somatório dos custos de Manutenção e de Operação durante a vida do ativo, representam o item mais significativo no LCC. Um ativo confiável que ofereça um custo menor ao longo de sua vida útil deve ser privilegiado. Aliás, a Análise do Custo do Ciclo de Vida é uma metodologia que fornecerá essa conclusão através da análise econômica, daí a sua importância.

> Os Custos Operacionais podem representar 60 a 75% do Custo do Ciclo de Vida de um ativo.

10.4.2 – Processo de Análise do Custo do Ciclo de Vida

Existem diversas abordagens de como deve ser o processo de análise do custo do ciclo de vida. No entanto, de um modo geral, as etapas básicas são comuns e podem ser consideradas ou adotadas como a seguir:

Etapa	Título
1	Definir o projeto e indicar o objetivo
2	Identificar as alternativas possíveis
3	Estabelecer parâmetros
4	Calcular valor atual
5	Tabular e comparar as diversas alternativas e/ou propostas
6	Avaliar grau de incerteza dos dados de entrada
7	Considerar os efeitos dos custos ou benefícios que não puderam ser estimados
8	Emitir Parecer Técnico com as recomendações

Tabela 10.1: Etapas do processo de Análise do Custo do Ciclo de Vida.

ETAPA 1 – Definir o projeto e indicar o objetivo

A etapa inicial consiste em definir o que será objeto da análise, como esta será feita e qual tipo de decisão será subsidiada pela análise. Em função disso poderá ser escolhida a metodologia de avaliação econômica.

Os tipos de decisão em relação a um projeto podem ser, dentre outras:

- Aceitar ou rejeitar o projeto;
- Selecionar a proposta mais econômica, atendidas as demais condições;
- Elaborar um ranking dos proponentes de modo a permitir a decisão em relação a limitações na disponibilidade financeira;
- Permitir a melhor alternativa técnico-econômica durante a vida do ativo.

ETAPA 2 – Identificar as alternativas possíveis

Na análise e seleção das alternativas, recomenda-se privilegiar aquelas que apresentam maior potencial de redução de custos oriundos de menor consumo energético, preservação do meio ambiente e com maior tempo médio entre falhas.

Nessa fase devem ser listadas as restrições e alternativas técnicas que atuem como diferencial positivo.

Durante a análise, deve ser constatado o atendimento aos requisitos técnicos e outros, incorporados à solicitação de compra. Deve-se lembrar que todas as propostas apresentadas podem não atender – por um motivo, ou por outro –, o que implicará, possivelmente, em solicitação de novas informações, modificações de proposta ou modificação nas especificações.

ETAPA 3 – Estabelecer parâmetros

Alguns parâmetros devem ser estabelecidos para que as avaliações econômicas possam indicar a relação entre o investimento, os custos e os benefícios. Essa relação interessa particularmente ao investidor ou acionista.

Esses parâmetros são:

- Ciclo de vida em anos;
- Custo de aquisição;
- Custos de operação, manutenção e reformas;
- Custos de projetos de melhoria (*sustaining*);
- Custos de descarte.

Ciclo de Vida

É o primeiro parâmetro a ser considerado, representado pelo número de anos.

Esse parâmetro normalmente deve ser definido quando se trata de novos projetos, desde que os estudos de viabilidade econômica sejam levados a efeito nas primeiras etapas. Servem também para confirmar ou não a continuidade do projeto. Ocorre que, nem sempre, esse parâmetro é visível para a área de Engenharia ou Suprimentos quando é feita a especificação (FD e RM) e o Pedido de Compras. Assim, em grande parte dos projetos, a compra é realizada sem que esse parâmetro seja mencionado para os fornecedores.

No caso de análises do LCC para reformas ou rejuvenescimento, esse parâmetro também tem que ser definido. No entanto, é pouco comum que essa definição ocorra para substituições de equipamentos de uso geral, nas quais ainda ocorre a prática de privilegiar o custo de aquisição.

O ciclo de vida (*life cycle* ou *life span*) pode variar dependendo do tipo de ativo considerado. Para equipamentos em plantas industriais, esse período situa-se entre 15 e 20 anos. No caso de edificações, o ciclo de vida é geralmente considerado entre 30 e 50 anos apesar de, no estudo, adotar-se um ciclo de vida de 10-15 anos para sistemas com componentes mecânicos, como ar condicionado, sistema hidráulico, dentre outros.

Quanto maior o ciclo de vida considerado, maior o grau de incerteza na correção de custos futuros.

A tabela a seguir fornece alguns ciclos de vida médios para edificações e seus sistemas. [10.10]

Componente ou Sistema	Ciclo de vida médio (anos)
Telhado	80
Cobertura (metal e concreto)	50
Edifícios (exterior, portas e janelas)	80
Elevadores e sistemas de transporte	25
Ar condicionado – equipamentos e controles	20
Ar condicionado – sistema de distribuição	40
Equipamentos elétricos	30
Sistemas de proteção contra incêndio	40
Sistemas de detecção de incêndios	20
Acabamento de interiores	15

Tabela 10.2: Ciclo de vida de edificações e seus sistemas.

Segundo alguns autores, o ciclo de vida de construções é função da destinação ou utilização da construção: [10.7]

Utilização	Δt entre intervenções (anos)		Natureza da mudança
	Andersen et al. (1999)	Gaspar (2000)	
Comércio	3 a 5	3 a 5	Mudanças rápidas. Muito dependente do mercado imobiliário e da respectiva performance econômica.
Serviços	10 a 20	10 a 15	Grande rotatividade e dependência da infraestrutura como comunicação e climatização.
Habitação	20 a 50	30	Mudanças pequenas e permanentes.
Administração		50	Mudanças lentas e crescimento constante, muitas vezes para além da capacidade do edifício.
Obras de Arte		100 a 200	Longos períodos de serviço. Intervenções para manutenção e reforço estrutural.

Tabela 10.3: Ciclo de vida de construções em função da utilização.[10.7]

A tabela 10.4 fornece o ciclo de vida de diversos ativos utilizados em plantas industriais.[10.11 + 10.12+10.13]

Ativo (equipamento)	Ciclo de vida médio (anos)
Compressores alternativos	15 a 20
Compressores centrífugos	20
Bombas centrífugas	15 a 20
Caldeiras flamo tubulares	25
Caldeiras aquatubulares	25 a 30
Ventiladores centrífugos	25
Ventiladores axiais	20
Trocadores de calor casco e tubo	25
Chiller (compressor alternativo)	20
Chiller (compressor centrífugo)	25
Torre de resfriamento	20 a 30
Máquinas alternativas	15 a 20
Turbinas a vapor	30
Motores elétricos	20
Transformadores (elétricos)	30
Controles pneumáticos	30
Controles elétricos	20
Controles eletrônicos	15
Atuadores de válvulas pneumáticos	20
Atuadores de válvulas hidráulicos	15

Tabela 10.3: Ciclo de vida de ativos de plantas industriais.

Custo de Aquisição

É o custo para aquisição do ativo, indicado nas propostas dos fornecedores. O valor total a ser pago pelo ativo pode incluir todas as etapas definidas nos documentos de engenharia e de suprimentos, se aplicáveis, tais como:

- Custo da fabricação / aquisição dos ativos incluindo inspeção e testes;
- Documentação;
- Treinamento de operadores e mantenedores;
- Transporte;
- Montagem no campo;
- Comissionamento;
- Apoio à partida.

Os itens acima são típicos para instalações industriais como petroquímicas, cimenteiras, siderúrgicas e assemelhadas.

Para equipamentos rotativos típicos, o custo de aquisição representa 10 a 15% do LCC.[10.9]

Custo de Operação e Manutenção

Barringer[10.14] lista os Custos de Operação e Manutenção conforme mostrado a seguir:

Capítulo 10 Análise do Custo do Ciclo de Vida 277

Manutenção	Operação	Descarte
Custos programados e não programados	**Custos de Utilização**	**Custos de descarte**
Mão de Obra, Material e Custos diversos	Custos com energia e utilização do ativo	Custos com licença e legalização do descarte do ativo
Custos de substituições e reformas (renovação)	Custos de fornecimento e suporte de manutenção	Custos com demolição, desmontagem e disposição
Custos de transporte com substituições e reformas	Custos de Operação	Custos de remediação
Custos de modificações em equipamentos e sistemas	Custos de capacitação contínua para operadores e mantenedores	Recuperação dos custos de amortização (depreciação)
Custos com documentação de engenharia.	Custos de gestão de dados técnicos.	Custos com limpeza e melhoria ambiental

Tabela 10.4: Custos OPEX, segundo Barringer[10.14]

Na figura 10.3, esses custos também estão detalhados, mas apesar da consideração de Barringer, colocando os custos de Descarte como custos de OPEX, optamos por mantê-lo separado, como explicado abaixo.

No caso dos Custos Operacionais, um ponto que deve ser demasiadamente observado, principalmente para máquinas de fluxo (compressores, bombas, ventiladores etc.) e máquinas de movimentação ou processamento de sólidos (peneiras, britadores, correias transportadoras etc.), é a análise para os diversos pontos de trabalho e/ou condições de trabalho especificadas.

Como exemplo, suponhamos um compressor centrífugo que trabalhará com gás de processo em uma planta petroquímica.

Em função da carga processada pela unidade, o compressor poderá receber o gás com características diferentes, suponhamos quatro tipos diferentes de gás. Ainda, por necessidade do processamento, o ativo poderá operar com vazões diferentes, dentro de uma faixa estabelecida no documento de engenharia.

Com esse panorama, faz-se necessário receber do fornecedor as informações relativas a todas as condições de modo que possa ser realizada uma análise global. Para cada uma dessas situações é necessário que sejam informados fatores como: consumo de energia elétrica, de água, temperaturas envolvidas etc.

O compressor pode ter um desempenho muito bom em determinadas condições, mas bem pior em outras, sejam estas relacionadas ao rendimento, consumo de energia etc.

Custo de Descarte

O descarte de ativos está, atualmente, sujeito a diversas questões que envolvem aspectos ambientais e, em consequência, podem implicar em custos adicionais. Nem sempre esses custos que ora vigoram foram previstos quando da aquisição do ativo no passado.

O descarte de ativos será mais fácil ou complicado em função do que será descartado. Por exemplo:

Descartar um conjunto de motor elétrico, bomba centrífuga, base metálica e acoplamento não deve constituir-se como um problema, pois tais equipamentos podem ser vendidos para o "ferro velho" e, em geral, não são tão grandes de forma a implicar em uma logística complexa. Além disso, após limpos, não oferecem riscos de contaminação ao meio ambiente.

Já o descarte de uma Unidade Operacional completa implica em uma série de providências que acabam por se constituir em uma operação complexa. Algumas indústrias que não têm problemas de espaço físico preferem, por vezes, manter a unidade desativada no seu local original para evitar altos custos com o descarte.

No entanto, isso pode não ser possível para empresas que, situadas em áreas densamente construídas, carecem de qualquer espaço que possa ser reocupado.

Outro aspecto que deve ser levado em consideração são descartes ligados à atividade produtiva, conhecidos como resíduos do processo de produção, cujos custos devem ser levados em consideração e atendidas as Leis Federais, Estaduais, bem como as Resoluções do Conama – Conselho Nacional do Meio Ambiente do Ministério do Meio Ambiente.

Finalmente, para o descarte da instalação ou do ativo, é importante conhecer ou estimar o custo assim como o seu valor residual.

ETAPA 4 – Calcular o valor atual

O Valor Presente Líquido – VPL (*Net Present Value* – NPV), também conhecido como Valor Atual Líquido (VAL) ou Método do Valor Atual, é a fórmula matemático-financeira capaz de determinar o valor presente de gastos futuros descontados a uma taxa de juros apropriada, menos o custo do investimento inicial.

Como técnica, seria o transportar para a data zero (presente) de um diagrama de fluxos de caixa todos os recebimentos e desembolsos esperados, descontados a uma taxa de desconto considerada representativa para o custo de capital da empresa.

O cálculo é feito da seguinte forma:

Supondo que temos um fluxo de caixa de uma proposta de investimento que envolve uma série de valores, ora como receitas (entradas), ora como despesas (saídas).

O Valor Presente Líquido desse fluxo será a somatória algébrica de todos esses valores envolvidos nos "n" períodos considerados, reduzidos ao instante inicial (instante zero) e descontados cada um desses valores a uma taxa de juros que também é denominada de taxa de desconto ou de taxa mínima de atratividade ou custo de capital, fornecida pela empresa.

Para exemplificar, temos o fluxo de caixa mostrado na figura 10.6, onde:

VP – valor presente ou valor atual

VF – valor futuro

n – número de períodos

i – taxa de juros

A figura, que mostra a fórmula de cálculo do VP, disponibiliza, no exemplo, apenas um período.

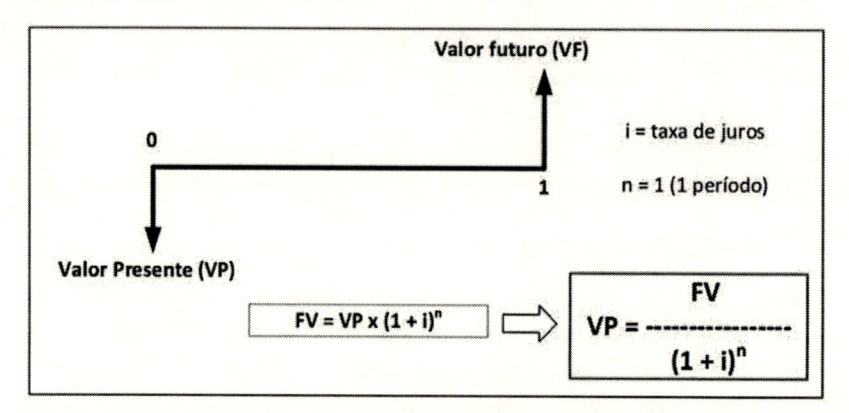

Figura 10.6: Exemplo do cálculo do Valor Presente para um período.

O cálculo do Valor Presente Líquido (VPL) para um investimento, projeto ou construção, com "**n**" períodos (ou "**n**" anos de ciclo de vida) seguirá o mesmo raciocínio do exemplo da figura 10.6.

A figura 10.7 mostra como se chega à fórmula geral do VPL, supondo um diagrama de fluxo de caixa hipotético com valores diferentes ao longo dos anos. Obviamente, esses valores do Fluxo de Caixa (FC) poderiam ser iguais para todos os períodos.

Os fluxos de caixa são representados pela sigla FC. FC0 é o valor do fluxo de caixa na data zero. Por se tratar de um desembolso, está representado por uma seta apontada para baixo e, sendo uma saída, terá sinal negativo.

Os demais fluxos de caixa, FC1, FC2, FC3....FCn, indicam os fluxos de caixa líquidos do projeto nos diferentes períodos – 1, 2, 3....n.

Desde que representem entradas, a seta estará apontada para cima e os seus valores serão positivos

Como no exemplo anterior, "i" é a taxa mínima requerida para realizar o investimento ou o custo de capital do projeto do investimento.

O prazo do projeto, ou o ciclo de vida, de modo análogo, é representado pela letra "n".

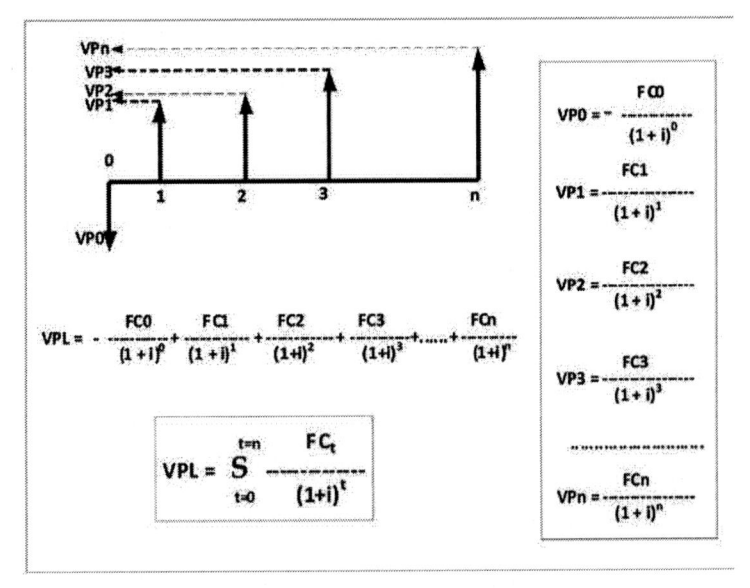

Capítulo 10 Análise do Custo do Ciclo de Vida   281

Figura 10.7: Cálculo do Valor Presente Líquido.

Como mencionado anteriormente, o Valor Presente Líquido será o somatório dos fluxos de caixa trazidos para os valores atuais.

Assim, a fórmula final do VPL representará o valor presente líquido de uma serie FCt de recebimentos e desembolsos, descontados a uma taxa de desconto "i", sendo o horizonte do projeto igual a "n" períodos. Caso estivéssemos analisando o ciclo de vida de um ativo, "n" seria o ciclo de vida de "n" anos.

Exemplo de aplicação do cálculo do Valor Presente Líquido

A siderúrgica Ferraço considera a realização de um investimento de modo a alavancar suas vendas para os estados vizinhos àqueles onde a empresa está instalada.

Os parâmetros são os seguintes:

- Tempo do projeto (número de períodos em anos) = 5;
- Taxa de custo do capital (taxa de desconto) = 10% ao ano;
- Custo de aquisição dos ativos = R$ 2.500.000,00;
- Fluxo de caixa operacional = ver tabela a seguir:

Ano	1	2	3	4	5
Valores (R$)	500.000,00	800.000,00	950.000,00	1.200.000,00	1.400.000,00

O Diagrama de Fluxo de Caixa está mostrado abaixo:

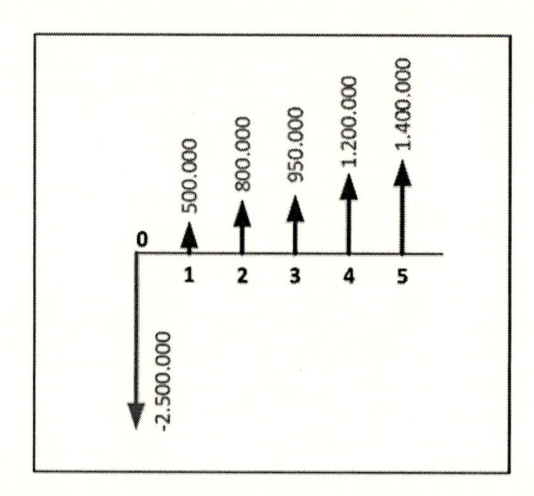

Cálculo do Valor Presente para o fluxo de caixa de cada período:

$$VPL = -\frac{FC_0}{(1+i)^0} + \frac{FC_1}{(1+i)^1} + \frac{FC_2}{(1+i)^2} + \frac{FC_3}{(1+i)^3} + \frac{FC_4}{(1+i)^4} + \frac{FC_5}{(1+i)^5}$$

$$VPL = -\frac{2.500.000}{(1,10)^0} + \frac{500.000}{(1,10)^1} + \frac{800.000}{(1,10)^2} + \frac{950.000}{(1,10)^3} + \frac{1.200.000}{(1,10)^4} + \frac{1.400.000}{(1,10)^5}$$

$VPL = -2.500.000 + 454.545 + 661.157 + 713.749 + 819.616 + 869.289$

$VPL = -2.500.000 + 3.518.536$

VPL = R$ 1.018.356,00

O resultado obtido nos cálculos de VPL permitem que sejam feitas as seguintes considerações:

- No Valor Presente Líquido estão considerados os cinco retornos, o custo de aquisição e inserida a taxa requerida de 10% a.a.
- O valor do VPL de R$ 1.018.356,00 (um milhão, dezoito mil, trezentos e cinquenta e seis reais) é o valor extra gerado pelo projeto depois de ser recuperado o investimento com uma taxa de desconto de 10% ao ano. Isso é o mesmo que dizer que, fazendo o investimento pretendido, o valor da empresa terá um acréscimo de R$ 1.018.356,00 na data zero.

ETAPA 5 – Tabular e comparar as diversas alternativas e/ou propostas

A Análise do Custo do Ciclo de Vida é um processo que permite prever ou indicar a solução que apresenta a melhor relação custo-benefício, além de fornecer aos gerentes, que são os responsáveis pela decisão, uma comparação matemática entre as alternativas disponíveis.

Apesar de o processo ser matemático, suas informações dependem da precisão, consistência ou veracidade dos dados.

Em projetos de plantas industriais, as análises do LCC se dão como mostrado na figura 10.3.

ETAPA 6 – Avaliar o grau de incerteza dos dados de entrada

Essa etapa não necessariamente deve ser feita na ordem em que está listada. Pode ocorrer nas seguintes ocasiões:

- Tão logo a área técnica receba as propostas com as informações constantes dos Anexos (Vide figura 10.3);
- Durante a elaboração dos cálculos de VPL;
- Durante a comparação (tabulação) dos valores encontrados na Análise.

O questionamento dos dados de entrada, como consumo de energia, vazão de água de resfriamento necessária etc., devem ser analisados por técnicos especialistas; caso contrário, tais dados passarão desapercebidos para outros profissionais que não sejam da área técnica.

ETAPA 7 – Considerar os efeitos dos custos ou benefícios que não puderam ser estimados

Essa etapa recomenda que sejam observados os possíveis custos adicionais ou benefícios que não foram contemplados anteriormente.

♦ Custo da Energia Elétrica

Tomemos o exemplo do custo do kWh no Brasil para a área industrial. As definições da Agência Reguladora, ANEEL, estabelecem preços diferentes para o kWh consumido dependendo de várias situações ou da combinação delas. As definições estão relacionadas a seguir e a tabela 10.5 apresenta os valores de custo em função da demanda.

Tarifa Horária Azul	Demanda R$/kW	
	Ponta	Fora de Ponta
Sub Grupo A1 (230 kV)		
Indústria – Comércio – Poder / Serviço Público	3,07	1,56
Sub Grupo A2 (88 a 138 kV)		
Indústria – Comércio – Poder / Serviço Público	14,21	4,75
Servs. Públicos Água, Esgoto e Saneamento	15,91	5,46
Sub Grupo A4 (2,3 a 25 kV)		
Indústria – Comércio – Poder / Serviço Público	34,37	12,52
Tarifa Horária Verde	Demanda R$/kW	
	Ponta	Fora de Ponta
Sub Grupo A4 (2,3 a 25 kV)		
Indústria – Comércio – Poder / Serviço Público	12,52	10,97
Tarifa Convencional	Demanda R$/kW	
	Ponta	Fora de Ponta
Sub Grupo A4 (2,3 a 25 kV)		
Indústria – Comércio – Poder / Serviço Público	37,26	27,47

Fonte: AES Sul - Novas Tarifas de energia elétrica da AES Sul - Resolução ANEEL nº 1.1514 de 16/04/2013 – Aplicação 19/04/2013

Observa-se que a variação de tarifas é significativa. Veja, por exemplo, os valores das tarifas para o Subgrupo A4 (2,3 a 25kV) para Indústria. Note que os valores por kWh são de R$ 12,52 para a Tarifa Horária Verde, R$ 34,37 para a Tarifa Horária Azul e R$ 37,26 para a Tarifa Convencional. Cada uma dessas tarifas varia se o consumo se der no horário de ponta ou fora dele.

Capítulo 10 Análise do Custo do Ciclo de Vida   285

Obviamente, quando for se proceder à análise do custo do ciclo de vida, esses fatores têm que ser levados em consideração.

♦ Serviços Públicos

Na análise do LCC, a existência de fornecimento de serviços públicos à empresa, de modo abrangente ou para determinados sistemas ou ainda determinados ativos, deve ser levada em consideração. Nesses serviços públicos, prestados por empresas estatais ou particulares, devem ser incluídos o fornecimento de água, tratamento de esgoto, fornecimento de energia elétrica, telecomunicações – telefonia, internet –, dentre outros.

De modo similar ao que foi mostrado para as tarifas de eletricidade, os custos ou as tarifas podem variar em função do nível de consumo, de aspectos contratuais particulares e de outras negociações.

♦ Impostos, taxas adicionais e incentivos
♦ A carga tributária nacional é elevada, sendo muitos impostos aplicáveis às empresas. Alguns incidem em função do tipo de atividade da empresa e outros são, praticamente, padrão para todas elas.
♦ Além dos impostos existem também incentivos que devem ser levados em consideração nas análises de LCC.
♦ A tabela 10.5 relaciona impostos que são aplicados às empresas no Brasil.
♦ Existem diversos incentivos. Dentre eles citamos, apenas para exemplificar:
  ♦ CFEM – Compensação Financeira pela exploração de recursos minerais
  ♦ (BEFIEX) Concessão de Benefícios Fiscais a Programas Especiais de Exportação que, dentre outros, prevê compensação de prejuízo fiscal; depreciação acelerada de máquinas e instrumentos utilizados no processo de produção e atividades de desenvolvimento tecnológico nacional.

IMPOSTOS	
Sigla	**Nome completo**
IRPJ	Imposto de Renda de Pessoa Jurídica
CSSL	Contribuição Social sobre o Lucro Líquido
COFINS	Contribuição para Financiamento da Seguridade Social
PIS	Programa de Integração Social
PASEP	Programa de Formação do Patrimônio do Servidor Público
ICMS	Imposto de Circulação de Mercadorias
IPI	Imposto sobre Produtos Industrializados
II	Imposto de Importação
IE	Imposto de Exportação
IPTU	Imposto Predial e Territorial Urbano

Tabela 10.5: Alguns impostos e incentivos aplicados no Brasil.

ETAPA 8 – Emitir Parecer Técnico com as recomendações

Entende-se por Parecer Técnico o documento que, contendo todas as informações técnicas e econômicas, apresenta as recomendações para decisão do nível gerencial pertinente.

Recomenda-se que esse tipo de documento tenha a seguinte estruturação:

1. Objetivo
2. Documentação de Referência
3. Processo de Análise (listagem das etapas percorridas até a conclusão)

4. Documentos Anexos (todos os documentos pertinentes ao processo de análise)
5. Avaliação Técnica
   Este item indica, em forma de tabela, a recomendação técnica final. Veja o exemplo a seguir:

Item	Proponente (Fornecedor)	Proposta Número	Data	Prazo de entrega (Dias)	Avaliação (Ver legenda)
1	Proponente A	12345	18.02.14	120	A
2	Proponente B	9876-2	22.02.14	100	NA
3	Proponente C	5764-32	27.02.14	160	AC
Legenda					
A	Aceitável	AC	Aceitável com Comentários	NA	Não Aceitável

Essa tabela indica uma análise para propostas de um ativo ou conjunto de ativos em fase de aquisição para um determinado projeto. No caso de uma análise de investimento ou reforma, as propostas serão substituídas por alternativas referentes ao tipo de serviço, projeto ou investimento em tela.

6. Comentários
   Comentários que justifiquem e tornem claro o porquê da Avaliação do item anterior. Apesar de sucinto, deve ser objetivo e centrar-se nos desvios e vantagens oferecidas. Os comentários devem ser feitos para cada uma das propostas, projetos ou alternativas.

   Caso sejam necessários comentários relativos a requisitos adicionais, estes devem ser feitos dentro do item comentários, em um subitem com título para destacá-lo dos demais.

7. Anexos

Ao Parecer Técnico devem ser juntados os Anexos, dentre os que seguem abaixo:

- Planilha comparativa – contém todos os dados técnicos necessários para os cálculos. Ao final, uma tabela deverá indicar os custos comparando todas as propostas recebidas, projetos e alternativas apresentadas;
- Cálculo do LCC, baseado na Planilha comparativa;
- Proposta, projetos e alternativas;
- Agendas de Esclarecimento;
- E-mails trocados e correspondências.

Capítulo 11

Planejamento e Execução de Paradas

11.1 – Introdução

A interrupção periódica da produção de uma unidade, um sistema ou equipamento de grande porte para realizar trabalhos de manutenção, de inspeção e/ou modificações de projeto, é denominada como "Parada de Manutenção".

As paradas de manutenção merecem um tratamento específico em função de serem consideradas eventos críticos. Afinal, durante o tempo de parada, a unidade ou até mesmo a empresa terá cessação de produção e, consequentemente, de faturamento.

Devido ao volume de trabalho envolvido, da participação de diversas áreas da empresa, como operação, manutenção, engenharia, suprimentos, segurança e outras, com o emprego de maior contingente de pessoas e as consequentes questões de segurança e proteção do meio ambiente, é necessário que seja feito um planejamento bem estruturado para que a Parada de Manutenção alcance os resultados pretendidos, dentre eles:

- **Qualidade:** garantia de um nível de disponibilidade e de confiabilidade estabelecidos e necessários para a próxima campanha;
- **Segurança Pessoal:** ocorrências abaixo das metas planejadas;
- **Meio Ambiente:** preservado de acordo com as especificações vigentes;
- **Custo:** cumprimento do orçamento estabelecido.

É preciso definir diretrizes e procedimentos que devem ser adotados com a finalidade de otimizar os resultados da parada.

11.2 – Tipos de Parada de Manutenção

Para fins de caracterização, as Paradas de Manutenção são classificadas conforme mostramos a seguir:

Parada programada por vencimento do período de campanha: É aquela que, ocorrendo ao final de cada campanha, destina-se à manutenção e inspeção geral das unidades (planejamento de longo prazo).

Parada de emergência: É aquela que ocorre devido a algum problema inesperado, não havendo, portanto, planejamento prévio.

Parada por oportunidade: É aquela parada que não estava prevista para acontecer, mas tem a sua realização decidida em função de variáveis externas (mercado, greves e outros) ou de ocorrências em algum equipamento cuja manutenção demande um prazo maior.

Para as paradas programadas, a gerência da planta pode definir dois tipos:

Parada de mínimo tempo: É a parada que deverá ser executada no menor tempo possível, face aos valores decorrentes de perda de produção e compromisso de atendimento aos clientes. Neste caso, o custo tende a ser maior.

Parada de mínimo custo: É a parada cujo prazo, superior ao tempo mínimo possível, será definido pelo ponto que minimizará a soma dos custos.

DENOMINAÇÃO	TIPO DE PARADA		FATOR DETERMINANTE	TIPO DE ATUAÇÃO USUAL
	PROGRAMADA	NÃO PROGRAMADA		
PARADA DE FINAL DE CAMPANHA			Final da vida útil de equipamentos	Mínimo Tempo
				Mínimo Custo
PARADA DE EMERGÊNCIA			Ocorrência não prevista	Mínimo Tempo
PARADA POR OPORTUNIDADE			Aproveitar oportunidade, que implica em paralização da operação	Mínimo Tempo

Tabela 11.1: Classificação das Paradas de Manutenção.

A Parada de Manutenção Programada é um evento único e temporário, com início e fim definidos em relação ao tempo, assim como escopo e recursos delimitados. Dessa forma, pode-se afirmar que as Paradas de Manutenção são muito semelhantes às Montagens.

As Paradas de Emergência são aquelas indesejáveis, fruto de alguma anomalia ocorrida no processo, causada por algum tipo de falha: falha de equipamento, falha de operação, falha de utilidades e falha humana.

Convém ressaltar a diferença entre Parada de Emergência e Parada Operacional. A Parada de Emergência é um evento que requer intervenção da Manutenção. A Parada Operacional, também denominada *Trip* ou *Shutdown,* ocorre por alguma ação errada da Operação ou pela falta de um insumo básico para a continuidade operacional como Energia Elétrica ou Combustível. Nesses casos, a própria Operação executa os procedimentos necessários para que a Unidade parta e opere novamente.

As Paradas por Oportunidade "aproveitam" uma situação para realizar serviços que, em condições normais, não poderiam ser executados. Os exemplos a seguir esclarecem melhor:

a. O trecho de Via Permanente de uma estrada de ferro compreendido entre duas cidades distantes 250 km já apresenta necessidade de troca de trilhos em diversos locais, notadamente em curvas. Como o tráfego é muito intenso, com um intervalo de apenas uma hora e meia entre duas composições, esse tempo (ou janela de manutenção) é muito pequeno para que sejam realizadas essas substituições.

Supondo que por causa de uma chuva forte repentina tenha ocorrido um desbarrancamento sob a via permanente (figura 11.1), o tempo de reparo ficara estimado em dois dias, ou 48 horas.

Capítulo 11 Planejamento e Execução de Paradas 293

Figura 11.1: Erosão causada pela chuva sob a via permanente.

Esse fato permitirá uma OPORTUNIDADE para que os serviços de substituição de trilhos possam ser executados.

b. Em uma planta petroquímica, uma das Unidades apresentou um vazamento em operação causado pela redução da espessura de uma tubulação, o que ocasionou em um rompimento de aproximadamente 50 mm de comprimento na parte inferior. Essa redução ocorreu em um trecho reto, local onde a inspeção não fazia o controle. A verificação detalhada feita após o desligamento (*trip*) da Unidade indicou a necessidade de troca de diversos trechos dessa tubulação, na descarga da bomba de alimentação dos tanques. O tempo estimado para o serviço foi de cinco dias, ou 120 horas, o que ensejou a decisão de antecipar a Parada por final de vida, que ocorreria oito meses após esta ocorrência. Essa decisão só se deu em função da ocorrência ou da oportunidade inesperada. Obviamente, o planejamento que estava sendo feito auxiliará nessa parada inesperada.

11.3 – Principais serviços realizados nas Paradas de Manutenção

Os diversos tipos de serviços que ocorrem nas Paradas de Manutenção podem ser classificados em:

Serviços específicos: São todos os serviços caracterizados como realmente necessários e cuja liberação para execução em campanha é impossível ou acarretaria grandes transtornos operacionais com perda total ou parcial de produção e/ou elevados riscos à segurança de pessoas ou instalações.

Serviços típicos: São os serviços que sempre ocorrem nas paradas programadas por vencimento do período de campanha, tais como: abertura e fechamento de bocas de visita de equipamentos, instalação de acessos, limpeza interna de equipamentos, lubrificação de válvulas, pintura de estruturas e equipamentos etc.

Serviços de Pré-Parada: São todos aqueles serviços que devem ser executados no período que antecede ao corte de produção, caracterizando-se como preparatórios para o suporte dos serviços de parada, pré-fabricação para redução do tempo total da parada bem como a execução de serviços liberáveis em campanha com o intuito de diminuir o volume de serviços durante a Parada e liberar espaço na área operacional.

Serviços de Condicionamento de Parada: São os serviços levados a efeito em sua maior parte pela Operação de modo a preparar as unidades que vão receber os serviços de manutenção. Nessa etapa, os equipamentos são despressurizados, drenados, purgados e limpos a fim de permitirem a execução da inspeção e da manutenção dos equipamentos com segurança.

Serviços de Manutenção: Os serviços de Manutenção, razão de ser da Parada, englobam, dentre outras, as seguintes atividades:

- Limpeza interna dos equipamentos;
- Inspeção metalúrgica, Inspeção mecânica, elétrica e de instrumentação;
- Quebra e descarte de refratários e isolamentos;

- Montagem de equipamentos e acessórios para ventilação de vasos, torres, fornos e caldeiras;
- Montagem de dispositivos, separadores de ambiente, escadas, plataformas, e outros meios de acesso, proteção e segurança;
- Desmontagem e/ou retirada de equipamentos para manutenção na área ou na oficina;
- Retirada de equipamentos e instrumentos para manutenção externa;
- Posicionamento de máquinas de elevação de carga (guindastes);
- Desmontagem de tubulações para substituição e/ou reparo;
- Lubrificação em válvulas, cabos de aço e outros equipamentos;
- Operações de corte e solda;
- Limpeza de permutadores (trocadores) de calor na área;
- Retirada de feixes tubulares de permutadores de calor;
- Filtragem de óleo e limpeza de sistemas hidráulicos e de lubrificação;
- Substituição de chapas em chutes, tremonhas, coifas, vasos e torres;
- Recuperação de revestimento contra abrasão;
- Calibração de instrumentos e válvulas de segurança e alívio;
- Reaperto em ligações elétricas em barramentos e subestações;

Serviços de Condicionamento de Partida: São os serviços necessários para garantir que as unidades que sofreram manutenção, durante a parada, serão condicionadas para retornarem à operação. Esse condicionamento envolve:

- Testes nos equipamentos, dentre os quais:
  - Teste hidrostático em vasos, torres, tubulações;
  - Verificação de vazamentos;
  - *Steam out* (passagem de vapor nas linhas para limpeza e verificações);

- Testes nos sistemas de instrumentação, controle e automação;
- Testes no sistema elétrico;
- Verificações nos equipamentos dinâmicos;
- Reaperto a quente (em unidades ou sistemas que trabalhem em temperaturas elevadas);
- Testes nos sistemas auxiliares – hidráulico, de lubrificação, de refrigeração etc.

11.4 – Diretrizes Gerais

É importante que sejam estabelecidas diretrizes para nortear o planejamento da parada na busca dos objetivos estabelecidos. Entre as diversas diretrizes descritas neste item, destacamos quatro que são fundamentais:

- **Controle do Escopo:** deve ser limitado ao estritamente necessário a ser executado na parada. Uma cultura equivocada, ainda presente em muitas empresas, está sintetizada na seguinte frase: **"JÁ QUE PAROU, VAMOS APROVEITAR E FAZER TUDO"**! Esta cultura acaba "atropelando" a qualidade, a segurança e o custo pelo aumento, indevido, do escopo da parada. O prazo também fica comprometido aumentando a indisponibilidade, que resulta em faturamento zero
- **Controle de Campo:** deve ser mantida uma verificação *in loco* da evolução dos serviços críticos e não se basear, unicamente, nas curvas de avanço físico;
- **Controle sobre os Custos:** é importante planejar e estratificar, adequadamente, os custos e ter disciplina sobre o seu controle. A orçamentação da Parada de Manutenção é parte integrante do seu planejamento bem como o acompanhamento da alocação de custos durante a Parada e a análise após a parada;
- **Segurança:** é importante manter sempre presente a diretriz de sua prioridade sobre qualquer outro aspecto. Para ficar bastante claro, nem o cumprimento do prazo nem o custo podem se sobrepor à segurança.

Os itens a seguir detalham outras importantes diretrizes que devem orientar as Paradas de Manutenção.

11.4.1 – Minimizações de Serviços

A filosofia de redução dos serviços de parada deverá sempre ser mantida. Desta forma, todos os serviços viáveis e passíveis de execução em campanha deverão ser deslocados para fora da ocasião de parada da unidade, desde que não comprometam a segurança, o meio ambiente, a redução do fator operacional da unidade e o consumo específico de energia.

Dentro deste enfoque de escopo limitado de trabalhos em parada, deverá ser maximizada a execução dos planos preventivos e preditivos de equipamentos em campanha e a intensificação de preparativos e pré-fabricação no período de pré-parada. As principais vantagens destas medidas residem em possibilitar a redução do efetivo de pessoal, como também simplificar a gerência e o controle da parada em função da diminuição das frentes de trabalho. Adicionalmente, essas diretrizes favorecem a redução do custo da Parada e reduzem o tempo de indisponibilidade pelo retorno mais rápido à operação.

Aqueles equipamentos, liberáveis em campanha, deverão sofrer inspeção/manutenção no dia a dia, dentro de um período definido e particularizado para cada equipamento.

11.4.2 – Previsibilidade

Previsibilidade indica que as coisas acontecerão conforme se espera, isto é, os serviços serão os listados, a quantidade de recursos será a estimada e o prazo de execução será cumprido conforme planejado.

Para que isso seja possível, é necessário que haja uma redução no grau de incerteza que, por vezes, acompanha os serviços de manutenção.

A abertura de um forno ou de uma torre pode apresentar surpresas em relação ao que se estimava em relação ao seu estado. Assim, quanto maior a atuação das atividades de inspeção, maiores as chances de garantir, também, a previsão feita.

Além da inspeção, a consulta aos relatórios de paradas de manutenção anteriores contribui bastante para a previsibilidade. Essa documentação, gerada pelo Planejamento de Paradas, incorpora relatórios de equipamentos, relatórios de inspeção, fotos, vídeos e outros documentos que permitem estimar, com razoável precisão, o estado dos equipamentos. A Operação também pode contribuir para a previsibilidade ao transmitir informações sobre as características da matéria-prima processada. Assim, um mineral com maior dureza ou um petróleo com maior teor de enxofre irão indicar um nível de desgaste mais acentuado, permitindo que se faça a correção no planejamento inicial, por exemplo.

A realização de ensaios não destrutivos (END's) nos equipamentos e tubulações em operação, também aumenta a previsibilidade.

11.4.3 – Plano de Contratação

Para atendimento a todos os trabalhos relacionados e aprovados para a parada, e não possuindo recursos próprios suficientes, deverão ser providenciados contratos específicos, de modo a se obter um nível adequado e necessário de recursos humanos, de equipamentos auxiliares e de movimentação de carga, de serviços específicos ou especializados.

Os prazos contratuais dos serviços não críticos deverão ser inferiores ao prazo do caminho crítico; sugere-se algo em torno de 70%, objetivando que, em caso de descontrole na execução dos serviços não críticos, não ocorra influência nos prazos planejados de parada.

Como a contratação demanda um tempo que compreende a elaboração do contrato, aprovação pelo departamento jurídico, licitação, contratação e, em muitos casos, mobilização, deve-se ter cuidado para que essa sequência não crie problemas para o planejamento final.

A qualidade dos serviços contratados será tanto maior quanto:

♦ A empresa contratada tenha capacidade e experiência no tipo de serviço;
♦ O pessoal da empresa contratada tenha qualificação e seja capacitado;

- Ferramentas sejam adequadas e em número suficiente;
- Instrumentos de medição estejam calibrados e disponíveis.

11.4.4 – Inclusão de Serviços

Deverá ser estipulado um prazo limite voltado ao recebimento de solicitações para inclusão de serviços de manutenção e inspeção, bem como para a execução de projetos na parada. A inclusão de serviços fora dos prazos regulamentados será algo restrito a casos excepcionais, após análise dos possíveis reflexos em termos de segurança, custos, contratação, prazo, qualidade e dificuldades para a aquisição dos materiais.

Modificações de projeto só devem ser executadas com o documento de engenharia correspondente. A realização de projetos pelo campo, por pessoal sem as informações necessárias, coloca em risco a integridade da planta e a segurança das pessoas.

11.4.5 – Compromisso com os Resultados

O compromisso com as metas fixadas deve ser de responsabilidade de todas as gerências envolvidas, considerando suas áreas de contribuição e atuação sobre as causas que possam impactar nos resultados, observando-se os seguintes valores:

- Segurança, Meio Ambiente e Saúde – SMS: deve ser prioritária sobre qualquer outro aspecto;
- Qualidade: fundamental na garantia da confiabilidade das instalações para o desempenho pretendido na próxima campanha e com a disponibilidade requerida;
- Prazo: foco no período total de cessação de produção, englobando as fases de condicionamento de parada, manutenção e partida, desde que essa indisponibilidade total determine o impacto sobre a produção e, consequentemente, o atendimento aos clientes e o faturamento;
- Custos: atendimento ao orçamento definido para a parada, seja para a parcela de custeio ou de investimento.

11.4.6 – Sistemática de Liberação de Serviços

A liberação das áreas para a entrada e trabalho do pessoal da Manutenção é prerrogativa da Operação assessorada pela Segurança. Dependendo do tipo de equipamento, haverá mais ou menos exigências. Por exemplo:

- Espaços confinados: obrigatório o atendimento à NR 33 – Segurança e Saúde nos Trabalhos em Locais Confinados. Condição severa que deve ser verificada, ter orientação para os executantes e suporte da segurança;
- Locais elevados: obrigatório o atendimento à NR 18 – Segurança no trabalho em altura. Condição que exige orientação e aptidão do executante. Equipamento de Proteção Individual específico;
- Paradas de Manutenção Geral, quando todas as Unidades param, oferece menor risco do que Paradas para Manutenção em uma Unidade, enquanto as demais permanecem operando;
- Isolar fisicamente as Unidades que continuam em operação daquela Unidade que está Parada;
- Estabelecer rotas de fuga e construir acessos alternativos para facilitar o deslocamento;
- Verificação de explosividade em tubulações (onde é aplicável).

No entanto, pelo fato de a Unidade estar parada, com os equipamentos despressurizados, drenados, limpos e ventilados (onde necessário), a Operação pode fazer a liberação por áreas ou por equipamento (isso varia de acordo com o tamanho do equipamento). Esse procedimento agiliza os serviços de manutenção, mantendo o nível de segurança adequado.

A Análise Preliminar de Risco (APR) será obrigatória para serviços que não tenham procedimento previamente elaborado. Nesse caso, a APR subsidia a emissão da Permissão de Trabalho (PT).

11.4.7 – Regime de Trabalho

Os serviços de parada, principalmente dos caminhos críticos e subcríticos, deverão ser executados de tal forma a não sofrerem solução de continuidade, a fim de aproveitarem o máximo do tempo disponível alocado à parada.

A programação dos regimes de trabalho deverá considerar a minimização de realização de horas extras tanto para o pessoal próprio quanto para o contratado, bem como a avaliação do custo-benefício da realização do(s) serviço(s) em regime especial.

Atenção especial deverá ser dada ao cumprimento de todos os requisitos da norma SA-8000 – Sistema de Gestão de Responsabilidade Social.

Deverá ser observado, no planejamento das jornadas de trabalho na parada, o cumprimento da Legislação Trabalhista vigente:

- ♦ Descanso diário interjornadas de 11 horas consecutivas – mínimo, de acordo com a CLT, Artigo 66;
- ♦ Repouso semanal de 35 horas (mínimo), ou seja, 11 horas interjornada mais 24 horas do repouso semanal;
- ♦ Limite máximo de duas horas suplementares diárias, de acordo com a CLT, Artigo 59, salvo autorização expressa da Delegacia Regional do Trabalho.

11.4.8 – Utilização de Pessoal de outras Unidades da Empresa

Sempre que possível, sugere-se a utilização de pessoal de outras unidades da empresa, caso haja. Além de um reforço de pessoal capacitado, trata-se de uma excelente oportunidade para conhecer o interior dos equipamentos, observação de serviços de alta complexidade, acompanhamento da execução dos projetos etc.

11.4.9 – Plano de Paradas

A empresa deve ter um Plano Geral de Paradas, contemplando um horizonte de médio prazo. Sugere-se cinco anos.

11.4.10 – Plano de Contingências

Para garantir a execução da parada conforme o planejado, torna-se importante estar preparado para possíveis mudanças do planejamento inicial devido a imprevistos. É necessário definir algumas estratégias gerenciais para fazer frente a estes imprevistos (pensar antes do acontecimento).

Esta estrutura de estratégias é denominada de "Plano de Contingências", que deverá ser elaborado durante a execução do planejamento.

Enquadram-se neste Plano as estratégias para fazer frente a imprevistos, tais como:

- Greve cada vez mais comum, ocorrendo logo que a parada for iniciada;
- Falências de contratadas ou subcontratadas ou descumprimento contratual;
- Serviços adicionais – entrada de novos serviços não previstos inicialmente;
- Compra de materiais de difícil aquisição cuja necessidade foi detectada tardiamente;
- Acidentes e ocorrências graves.

11.5 – Aspectos Organizacionais

Um dos pontos mais importantes para os resultados das Paradas de Manutenção é o processo de Gestão Sistematizado, que detém as atividades de coordenação e o acompanhamento de todos os assuntos e providências relativos ao planejamento de uma parada já definida. Uma das formatações possíveis para essa importante atividade está mostrada a seguir:

11.5.1 – Grupo de Preparativos de Parada (GPP)

Esse grupo tem como finalidade acompanhar, coordenar e acionar as providências necessárias para a execução dos serviços de parada, com ênfase para os itens de projetos, materiais, contratações e pré-fabricação.

O GPP deve iniciar suas atividades com bastante antecedência e, dependendo do porte da parada, sugere-se 18 meses antes da data de início da parada programada, encerrando-se as suas atividades após a elaboração do Relatório Final de Parada.

Sugere-se a seguinte composição do GPP:

- Gerente da unidade a ser parada – Operação;
- Gerente do Planejamento de Manutenção;
- Representante da Gerência de Inspeção de Equipamentos;
- Representante da Gerência Suprimento;
- Representante da Gerência de Segurança, Meio Ambiente e Saúde (SMS);
- Representante da Gerência de Engenharia.

É recomendável que a coordenação do GPP seja exercida pelo Gerente da Unidade Operacional onde acontecerá a parada.

Importante: dependendo do porte da parada, é conveniente que os representantes selecionados para o GGP sejam os próprios gerentes das áreas citadas.

No entanto, independentemente do porte da Parada, devem participar do GPP o Gerente da Unidade Operacional e o Gerente do Planejamento da Manutenção.

É importante que cada membro do GPP conheça as suas atribuições para que o Grupo tenha uma atuação sistêmica de forma que não haja lacunas na atuação.

Atribuições dos integrantes do GPP:

- **Gerente de Operação**
  - Convocar e coordenar as reuniões do GPP;
  - Definir a carteira de serviços liberáveis exclusivamente em paradas;
  - Definir os serviços de interesse da sua Gerência para serem executados na parada;
  - Elaborar, em conjunto com o Gerente de Planejamento, o cronograma de liberação de equipamentos e sistemas necessários à parada e partida das unidades;

- Definir e formular, com a área de SMS, o plano de liberação de equipamentos e a sistemática de permissão de trabalho, visando, sobretudo, a condição de segurança dos equipamentos e sistemas para os trabalhos de manutenção, a preservação do meio ambiente bem como a otimização de atendimento das necessidades e expectativas do planejamento de execução de serviço;
- Definir, com a Manutenção, todos os trabalhos de preparativos da parada passíveis de serem executados antes e durante o condicionamento operacional da parada;
- Elaborar as atas de reuniões e distribuir cópias para todos os integrantes do grupo.

Além das atividades de coordenação, a Operação deve acompanhar a execução de serviços durante a Fase de manutenção com os seguintes objetivos:

- Detecção de eventuais problemas relacionados aos procedimentos de manutenção e montagem que possam interferir na operação da unidade durante a próxima campanha;
- Familiarização dos operadores com os novos projetos e modificações que são implementadas dentro da parada;
- Prestar apoio ao pessoal de Manutenção na fiscalização dos serviços executados pelas contratadas;
- Participar das inspeções finais de fechamento dos equipamentos.
- **Gerente de Planejamento de Manutenção**
    - Centralizar e coordenar o processo de coleta de informações e solicitações de serviços de parada junto aos órgãos integrantes do GPP;
    - Analisar as solicitações de serviços, com os solicitantes e executantes, visando sua aprovação;
    - Identificar o caminho crítico da parada com base no detalhamento dos serviços previstos com o objetivo de definir a duração real da parada;
    - Coordenar, elaborar e distribuir as listas de serviços de parada;

- Emitir, periodicamente, o Relatório de Acompanhamento do Planejamento;
- Elaborar Relatório de Planejamento de Parada para apreciação e aprovação do GPP;
- Operar *software* de Parada de Manutenção, monitorando o desenvolvimento da execução das atividades previstas no cronograma de planejamento pelas diversas gerências e emitir os relatórios específicos do sistema;
- Analisar, com as áreas especializadas da Manutenção e Contratadas (se houver), os métodos de execução dos serviços críticos da parada, objetivando a sua otimização;
- Dimensionar a necessidade de recursos de mão de obra e máquinas de apoio necessárias à execução dos serviços previstos, providenciando, junto às demais áreas da Manutenção, a obtenção dos mesmos;
- Detalhar e programar a execução dos serviços de parada, cabendo aos órgãos executantes prestar total assessoria ao Planejamento no detalhamento técnico dos serviços, assim como a estimativa de duração e os recursos de mão de obra necessários;
- Elaborar e projetar, com as demais áreas da Manutenção, dispositivos de melhoria da manutenibilidade bem como encarregar-se da sua guarda, controle e manutenção dos mesmos nos períodos de pós-parada. Ver figura 11.2
- Coordenar a execução dos serviços preparatórios de pré-fabricação e pré-montagem referentes à parada;
- Elaborar matriz de coordenação, supervisão e apoio à parada;
- Levar, para as reuniões do GPP, dados sobre as providências tomadas referentes aos serviços de parada;
- Recusar os serviços solicitados fora dos prazos, sem a aprovação prévia do Gerente da Parada;

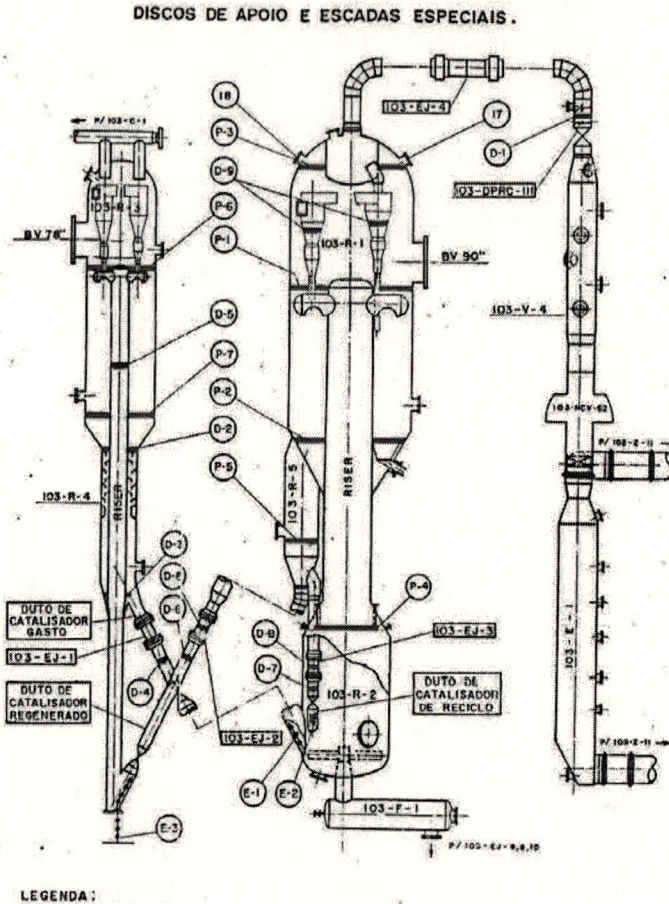

Figura 11-2: Melhoria de Manutenibilidade na Unidade FCC – cortesia Petrobras Regap.[11.1]

- **Representante da Gerência de Inspeção de Equipamentos**
  - Elaborar ou revisar a listagem de equipamentos que deverão ser inspecionados;

- Relacionar todos os equipamentos e sistemas que podem ser inspecionados durante a campanha de modo a minimizar os serviços de inspeção durante a Parada;
- Providenciar a elaboração das recomendações de serviços a serem realizados na parada através da emissão de Recomendação de Inspeção de Parada.
- Assessorar as áreas da Manutenção na especificação dos ensaios requeridos de controle de qualidade, para fins de compra de materiais;
- Elaborar planos de inspeção relativos aos equipamentos a serem inspecionados durante a parada, indicando prazos, recursos e apoios necessários;
- Fazer, durante o período de campanha da unidade, inspeções preliminares externas nos equipamentos, objetivando coletar mais subsídios para as recomendações dos serviços de parada;
- Elaborar procedimentos de controle de qualidade, critérios de aceitação e especificações de execução;
- Qualificar procedimentos de controle de qualidade e de execução a serem utilizados na parada;
- Efetuar registro fotográfico e outros tipos de imagens que servirão para compor a memória técnica da empresa e auxiliarão em futuras paradas.
- **Representante da Gerência de Suprimento**
  - Assessorar o GPP quanto aos aspectos de suprimento de materiais pertinentes à execução dos serviços de parada, visando, sobretudo, a definição de alternativas que assegurem o atendimento às necessidades da parada aos menores custos globais para a Companhia. Incluem-se nesse item informações de prazo, procedência, desembaraço alfandegário, transporte, armazenamento, custos, dentre outros;
  - Levar, para as reuniões do GPP, as estratégias de suprimento contidas no Plano de Suprimento e, principalmente, os casos em que a decisão da compra estiver nos limites de decisão destes Grupos;
  - Manter o GPP informado sobre a situação dos processos de obtenção dos materiais da parada em curso;

- Diligenciar os processos de compra, dispensando atenção especial aos itens críticos, conforme orientação do GPP e das áreas da Manutenção;
- Analisar, com o Planejamento de Parada, as melhores alternativas para fornecimento de materiais e sobressalentes durante a parada, incluindo almoxarifado no campo.

♦ **Representante da Gerência de SMS**
- Assessorar o GPP quanto aos aspectos de segurança pertinentes à liberação e execução dos serviços de parada;
- Coordenar o treinamento de segurança em parada, destinado aos empregados de empresas terceirizadas;
- Buscar, com a Produção, formas de liberação de serviços que permitam maior produtividade aos serviços de parada;
- Buscar formas de garantia da segurança na execução dos serviços de parada, sem, contudo, influenciar no andamento dos trabalhos;
- Coordenar a implantação de sistemáticas de segurança definidas pelo GPP;
- Apresentar o Plano de Segurança ao GPP. Aquele deverá conter: base de apoio no campo, almoxarifado de EPI (equipamento de proteção individual) localizado na área, efetivo que será deslocado para a Parada, formas de atuação pontuais em relação aos serviços de maior risco, elaboração e distribuição de cartilhas de segurança.

♦ **Representante da Gerência de Engenharia**
- Informar sobre os projetos em andamento e colher subsídios para futuros detalhamentos;
- Verificar os serviços que devem ser executados exclusivamente durante a parada, cujos projetos deverão estar concluídos no prazo definido;
- Antecipar, sempre que possível, a emissão de compra dos itens críticos e de aquisição demorada;
- Monitorar o desenvolvimento das atividades relacionadas à elaboração de projetos, deliberando, com o solicitante e as gerências envolvidas, ações corretivas diante de eventuais desvios;

Capítulo 11 Planejamento e Execução de Paradas 309

- Definir a liberação parcial dos projetos relativa aos itens ou sistemas que podem (e devem) ser feitos antes da parada (pré-fabricação);
- Informar o tipo de apoio que será disponibilizado durante a Parada, incluindo engenheiros e projetistas escalados, horários de trabalho e facilidades de comunicação.

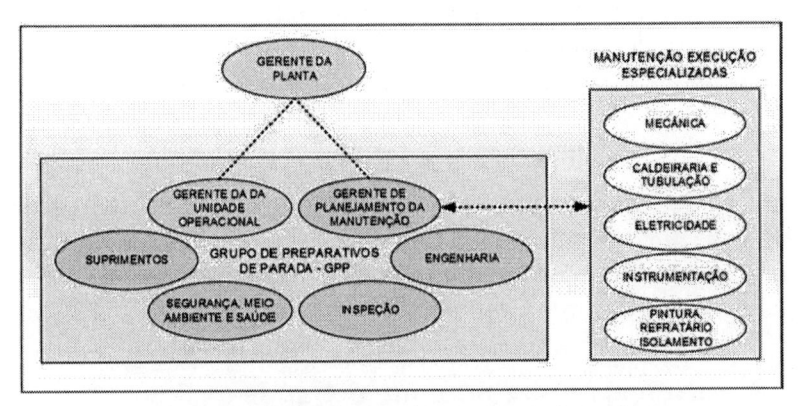

Figura 11.3: GPP e suas principais interfaces.

11.5.1.1 – Reuniões do GPP

O GPP deve manter uma programação de reuniões visando um acompanhamento sistemático de todo o processo, analisar eventuais lacunas surgidas e corrigi-las. Dependendo do porte da parada, sugere-se uma primeira reunião 18 meses antes da parada, devendo ser programadas outras reuniões em função das diversas necessidades surgidas e compatíveis com o acompanhamento dos prazos necessários para as diversas providências.

Estas reuniões têm os seguintes objetivos:

- Inteirar sobre as pendências relativas ao planejamento da parada, a fim de implementar ações corretivas cabíveis;
- Avaliar a situação das emissões de Solicitações de Projeto, sobretudo com relação à observância de prazos. Esta ação deverá ser complementada por reuniões específicas de monitoramento dos projetos;

- Checar o desenvolvimento das providências relativas à emissão das reservas de material com as gerências envolvidas;
- Acompanhar a situação dos processos de compra de materiais, principalmente dos itens críticos;
- Checar o atendimento ao cronograma de planejamento, corrigindo eventuais desvios;
- Apresentação dos serviços específicos já definidos com base nas constatações e previsões das áreas de Manutenção e Inspeção;
- Elaborar o Relatório Final de Parada.

11.5.1.2 – Subcomissões do GPP

O GPP poderá constituir subcomissões para a condução de assuntos específicos voltados a determinadas áreas. Tais subcomissões sempre deverão ser coordenadas por um integrante das mesmas a fim de que seja mantida uma gestão centralizada e composta por pessoas indicadas pelas gerências setoriais envolvidas, como por exemplo:

- **Segurança, Meio Ambiente & Saúde**
    - Finalidade: Elaboração do Plano de Segurança, Meio Ambiente e Saúde da Parada;
    - Coordenador: Representante da SMS do GPP;
    - Membros indicados: Operação, Manutenção e SMS.
- **Materiais**
    - Finalidade: Elaboração do Plano de Aquisição de Materiais
    - Coordenador: Representante do Suprimento do GPP;
    - Membros indicados: Áreas especializadas da Manutenção.
- **Engenharia**
    - Finalidade: Acompanhamento dos Projetos da Parada;
    - Coordenador: Representante da Engenharia do GPP;
    - Membros indicados: Gerência de Planejamento de Manutenção e da Operação
- **Contratação**
    - Finalidade: Elaboração e execução do Plano de Contratação da Parada;
    - Coordenador: Representante do Planejamento de Manutenção GPP;

- Membros indicados: Áreas especializadas da Manutenção.

♦ **Pré-Operação**
- Finalidade: Elaboração e aplicação de Check-list de aceitação de serviços e acompanhamento técnico de partida;
- Coordenador: Representante da Gerência setorial da Operação
- Membros indicados: Operação, áreas especializadas da Manutenção e Inspeção de Equipamentos.

11.5.1.3 – Sistemática e Instrumentos de Planejamento

Atualmente estão disponíveis softwares que auxiliam sobremaneira o planejamento dos serviços em Paradas de Manutenção. Devido à semelhança com Projetos de Engenharia, as Paradas de Manutenção podem ser planejadas em softwares também utilizados em projetos. Dentre estes, os mais utilizados no Brasil são:

Primavera: Considerado um dos melhores softwares de planejamento de paradas, principalmente para aquelas que envolvam *revamps* (reformas ou ampliações). Sua utilização é reduzida em função de uma maior dificuldade no treinamento do operador e da disponibilidade do MS Project. **11.1**

MS-Project: Software de larga utilização em todo o mundo por ser muito popular e produzido pela Microsoft. Tem interface mais fácil e requer pouco treinamento para que seja operado. É capaz de produzir listas, cronogramas, diagramas Pert, Curvas de acompanhamento, dentre outros. Acredita-se que detém a primazia no planejamento de paradas de manutenção no Brasil.

ERP: A sigla ERP (*Enterprise Resource Planning*), que pode ser traduzida como Planejamento de Recursos da Empresa, representa sistemas integrados de controle na Gestão Empresarial. A grande vantagem desse tipo de software é o fato de congregar vários módulos que se intercomunicam e atendem às várias áreas e especialidades da empresa. Assim, temos módulo para Projeto, módulo para Manutenção, módulo Financeiro, dentre outros. Apesar de existir ERP de vários fornecedores, o que mais é utilizado, principalmente por empresas grandes, é o SAP.

No SAP, o Planejamento da Manutenção é feito nos módulos PM, para o Planejamento da Rotina (dia a dia) e no módulo PS para o Planejamento de Paradas.

Pelo fato de uma Parada ser tratada como um Projeto, o Módulo PS (*Project System*) é utilizado, apresentando as seguintes vantagens:

- Integração com a Contabilidade Financeira (FI), Administração de Materiais (MM), Controladoria (CO), Manutenção (PM) e outros.
- Interfaces gráficas que auxiliam no Planejamento e na visualização;
- Informações em tempo real.

Sugere-se que seja contemplado um horizonte de 18 meses anteriores à data da parada e quatro meses após o seu término, acompanhadas pela gerência de planejamento de manutenção, utilizando o software disponível na empresa.

Deve ser gerado um cronograma resumido das principais atividades padronizadas que compõem a fase de planejamento de uma parada programada. No entanto, tão importante quanto a elaboração do cronograma de Parada é a observância, pelos órgãos envolvidos, quanto aos prazos assinalados, o que se constitui como um fator preponderante para um bom desenvolvimento dos trabalhos de planejamento.

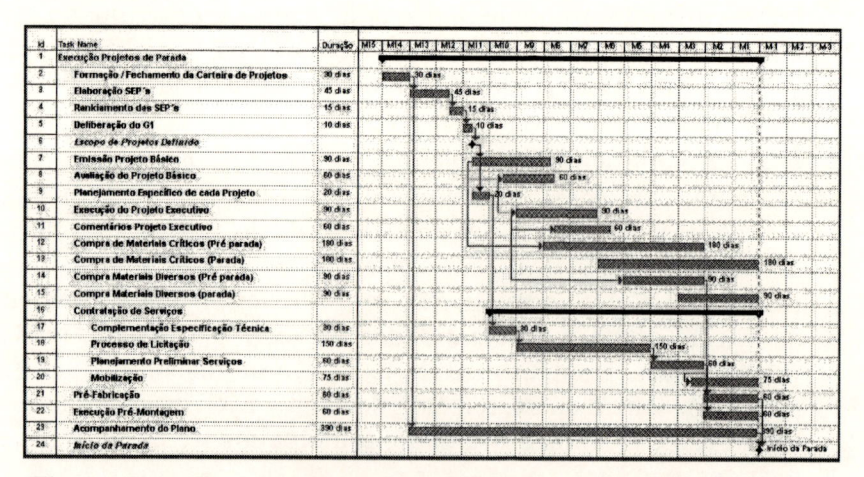

Figura 11.4: Cronograma de Parada de Manutenção MS Project [11.1]

11.5.1.4 – Acompanhamento do Cronograma

Apesar de parecer redundante, todas as atividades cadastradas no cronograma devem conter data de início, prazo e responsável, possibilitando que, assim, o sistema identifique eventuais atrasos, em tempo hábil, para a adoção das ações corretivas cabíveis.

Devido à importância de execução das atividades de planejamento dentro dos prazos, é necessário um acompanhamento contínuo, que deve ser de responsabilidade da gerência de planejamento de manutenção.

Periodicamente deve ser emitido e enviado ao Gerente da Planta ou ao Diretor, o que depende do organograma da empresa, o Relatório de Acompanhamento do Planejamento contemplando a situação referente ao andamento das atividades e as providências tomadas para que possam ser definidas ações visando a correção de possíveis distorções em relação ao planejamento inicial.

No caso de desvios causados por inserção de novos serviços, alteração nos prazos e modificação dos custos previstos, além de envio para o nível de decisão na empresa, sugere-se a realização de reunião para definição e aprovação.

11.5.1.5 – Relatório de Planejamento

É importante que seja emitido e divulgado para toda a organização um Relatório de Planejamento cuja finalidade é definir e divulgar, para todos os envolvidos, os parâmetros administrativos e o planejamento de recursos a serem observados na parada.

Este Relatório, que pode ser impresso ou disponível no sistema informatizado da empresa, deve abordar os seguintes itens:

- Objetivo da parada;
- Datas e prazos dos eventos de parada e cessação de produção;
- Duração prevista para a próxima campanha;
- Regime de trabalho durante a Parada;
- Sistemática de programação e controle de serviços;
- Estrutura de Coordenação e Fiscalização com nome, telefone e e-mail dos responsáveis;
- Atribuições das funções na parada;
- Plano de apropriação de custos;

- Dimensionamento de recursos de mão de obra e equipamentos auxiliares;
- Esquema de comunicação, transporte, alimentação e layout das instalações;
- Metas da parada;
- Cronograma simplificado.

11.5.1.6 – Lista de Serviços

Constitui-se na relação geral de todas as atividades a serem executadas na parada.

A elaboração desta lista é uma atividade típica do Planejamento da Manutenção, que deve consolidar todos os serviços solicitados e aprovados pelo GPP.

Apresenta todos os serviços aprovados para execução e é um documento de referência para o planejamento, a programação, a orçamentação, o aprovisionamento de materiais e o controle dos trabalhos da parada, assim como para o dimensionamento dos recursos de máquina e mão de obra.

A fim de garantir a eficiência do esquema de liberação das unidades, especialmente em paradas imprevistas ou de emergência, torna-se indispensável a consolidação final da lista de serviços, entre a Gerência de Produção e do Planejamento de Manutenção, antes da sua divulgação.

Os serviços solicitados estão sujeitos a uma análise prévia para aprovação de sua execução. Estas análises serão efetuadas com base nas premissas e diretrizes emanadas na primeira reunião do GPP, devendo contar com a participação do Planejamento de Manutenção e da Gerência solicitante.

Independentemente do tipo de Parada, deve ser elaborada uma Lista de Serviços. Nas Paradas Programadas há, obviamente, muito mais tempo para isso. Para Paradas de Emergência, enquanto as primeiras providências estão sendo tomadas, seja pela Operação ou pela execução especializada da Manutenção, o Planejamento e a Operação, com a Inspeção, elaboram a primeira lista, que pode ser complementada ou ratificada a seguir.

Nas Paradas por Oportunidade, o procedimento é o mesmo. Desde que já se tenha um registro do que é necessário, deve-se aguardar a ocasião para que seja feito. A Lista incorporará os serviços que estão aguardando, além do que motivou a Parada.

11.5.1.7 – Prazo para solicitação de Serviços

Deve ser estipulado, pelo GPP, um prazo limite para a solicitação de inclusão de serviços na Parada.

Objetivando uma melhor preparação e planejamento dos serviços e, até mesmo, a licitação de contratos quando for o caso, recomenda-se que os solicitantes de serviços antecipem as suas necessidades.

É recomendável que aqueles serviços de parada já detectados durante a campanha da unidade sejam informados ao Planejamento de Manutenção à medida que forem sendo identificados.

11.5.1.8 – Solicitações de Serviços durante a Parada

Apesar de todos os esforços no sentido de se obter uma Lista de Serviços o mais confiável possível, ao serem abertos os equipamentos poderão ser detectados novos serviços necessários. Isso é muito comum à medida que se faz a inspeção e se emitem as recomendações de inspeções. Para este tipo de serviço deve ser estabelecido um prazo máximo compatível com a data prevista para o término da Parada, ou seja, o prazo de inspeção tem que ser bem menor que o prazo da Parada.

Novos serviços também poderão ser detectados pela execução especializada (Mecânica, Eletricidade, Instrumentação) e, nesse tipo de ocorrência, deve ser feita a comunicação imediata ao Planejamento de Parada.

11.5.1.9 – Contratação de Serviços

Havendo necessidade de contratação de serviços, é importante definir e seguir uma estratégia.

Objetivando a contratação de empresas qualificadas e capacitadas para atender às expectativas quanto aos resultados da parada (SMS, prazo, qualidade, custos etc.), é recomendável:

- ♦ Convidar as empresas em função da experiência e bons resultados alcançados em outras paradas;
- ♦ Evitar que uma mesma Empresa seja a vencedora na licitação de dois ou mais contratos;

- Exigir *Curriculum Vitae* dos empregados das contratadas que desempenharão "funções críticas e de comando", para prévia avaliação e aceite;
- Preparar um Plano de Contingência de contratação para fazer frente a casos de greves, falências, ou qualquer impedimento na realização dos serviços;
- Prever, nos contratos, o microplanejamento de todos os serviços pela Contratada, com rigoroso acompanhamento e avaliação pelo pessoal de planejamento da Contratante;
- Incluir, nos contratos críticos, cláusulas de bonificação, contemplando resultados de Prazos, Segurança e Qualidade tanto na fase de pré-parada quanto na parada;
- Praticar prazos de contratos diferenciados para os contratos de serviços não incluídos nos caminhos críticos;
- Prever, nos contratos, uma verba para o fornecimento de materiais de pequeno valor pela Contratada;
- Exigir da Contratada um Plano de Segurança, Meio Ambiente e Saúde detalhado, para análise e aprovação prévia da SMS;
- Prever, nos contratos, formas de garantir o cumprimento das orientações de segregação e disposição final dos resíduos sólidos gerados pela Contratada;

11.5.1.10 – Suprimento

O Suprimento dos Materiais, Sobressalentes, Consumíveis, Ferramentas e outros itens destinados às paradas de manutenção, inclusive para as obras a elas vinculadas, devem ser de responsabilidade da gerência de Suprimentos que, em articulação com as gerências envolvidas no GPP, elaborará um Plano de Suprimento de forma a atender às necessidades da parada, minimizando o Tempo Médio de Permanência no Estoque desses itens e maximizando o uso dos itens disponíveis na Companhia.

A reserva de materiais deve ser de responsabilidade das gerências usuárias, que devem proceder o levantamento dos materiais necessários com base nas listas de serviços consolidadas e nos projetos emitidos pela Engenharia.

A identificação dos materiais, assim como a segregação na hora do armazenamento, é responsabilidade da área de Suprimentos. Tal procedimento visa garantir que não haverá a retirada para outros serviços daquilo que poderia ocasionar falta de itens destinados a serviços da Parada.

A elaboração da lista de materiais para os serviços de parada a serem executados via contratos específicos será de responsabilidade da gerência responsável pela elaboração do contrato. Por exemplo, se for contratação para executar um projeto, é da gerência de Engenharia; se for contratação para executar serviços de mecânica, é da gerência de Mecânica.

A gerência de Suprimento deve definir os prazos para que os solicitantes peçam os materiais em função dos prazos do mercado para os diversos tipos de materiais.

11.5.1.11 – Segurança, Meio Ambiente, Saúde – SMS

Deve ser estabelecido um Plano de Segurança, Meio Ambiente e Saúde, que deve ser elaborado em conjunto com as demais áreas envolvidas e contemplar, por exemplo:

- Esquema de liberação da(s) unidade(s);
- Sistemática de permissão de trabalho, nas fases de condicionamento e manutenção;
- Procedimento para serviços de maior risco;
- Isolamento da área;
- Trânsito na região de parada;
- Sinalização de segurança (Placas de Advertência);
- Sistema de comunicação de emergência;
- Rotas de fuga;
- Programa de treinamento de segurança;
- Auditagens e Plano de inspeções planejadas;
- Liberação dos atestados de saúde ocupacional para ingresso à instalação no caso de serviços contratados;
- Verificação do cumprimento da NR-7 por parte das contratadas, se houver;
- Programa de treinamento – informações na área de saúde e serviço social;

- Programa de treinamento em primeiros socorros em atividades de risco (espaço confinado);
- Sistemática de comunicação de emergência médica;
- Monitoramento, pela equipe de saúde, das atividades de risco;
- Procedimento de combate a emergências e resgate de acidentados;
- Esquema de proteção contra queda de materiais;
- Esquema de iluminação da área de parada;
- Aplicação do Programa "5S" na parada;
- Esquema de acompanhamento de partida.
  - Deve ser realizado um treinamento de segurança objetivando informar a todos os participantes da parada (pessoal próprio e contratados) os procedimentos básicos de segurança a serem seguidos, bem como os itens do Plano de SMS daquela.

Figura 11.5: Trabalho em local elevado.[11.4]

11.5.1.12 – Esquema de Liberação e Recebimento da Unidade

A liberação da unidade de produção, pela Operação, deve, preferencialmente, ser total. Liberações parciais devem ser consideradas como casos excepcionais, restritos à situação de um mínimo de trabalho de manutenção. O Plano de Segurança, Meio Ambiente e Saúde deverá definir uma delimitação clara das partes da unidade liberadas para a execução dos serviços.

Para todo o trabalho em ambientes confinados ou em equipamentos onde o risco de processo não possa ser eliminado (Ex.: Serviços em atmosfera inerte), a sistemática de permissão a ser aplicada deverá ser especial, contemplando todas as contramedidas necessárias.

Durante a Parada de Manutenção, a Operação manterá um sistema de apoio através dos operadores para algum procedimento que se faça necessário, emissão de Permissão de Trabalho e outras atividades.

À medida que se aproxima o final da Parada de Manutenção, os operadores atuam na inspeção da Unidade, verificando detalhes de limpeza, ligação nas tubulações e dispositivos ainda não retirados, mantendo contato com o Planejamento da Parada.

O recebimento da unidade pela gerência setorial de Produção para início dos procedimentos de comissionamento e partida deve, preferencialmente, ocorrer sem pendências de manutenção. Durante a fase de comissionamento e de partida, a Manutenção deverá prever o acompanhamento pelo Planejamento e pelas especializadas para dar suporte à Operação.

A gerência de Operação deve elaborar um manual específico de procedimentos contendo, pelo menos, os seguintes dados:

♦ Locais de isolamento da área;
♦ Relação de sistemas pressurizados a serem identificados;
♦ Plano de isolamento e tamponamento da rede oleosa;
♦ Cronograma do condicionamento de partida;
♦ Relação de equipamentos susceptíveis a riscos de processo.

11.5.1.13 – Cartilha de Segurança

É recomendável, em função dos riscos envolvidos, que seja elaborada e distribuída uma Cartilha de Segurança destinada a disponibilizar todas as informações, prioritariamente aos executantes e supervisores envolvidos na parada.

11.5.1.14 – Diálogo Diário de SMS

Trata-se de uma prática eficaz e bastante utilizada em empresas que têm a segurança como princípio. O objetivo é informar e estabelecer uma consciência preventiva dos empregados próprios e contratados antes do início da jornada de trabalho, sendo realizada diariamente, com duração máxima de 15 minutos.

11.5.1.15 – Auditagens e Monitoramento de SMS

O objetivo é verificar o cumprimento do planejamento de segurança, meio ambiente e saúde por parte do pessoal próprio e do pessoal contratado, sobretudo nos seguintes aspectos:

- Condição de segurança na execução dos serviços;
- Condição de segurança dos equipamentos sujeitos a riscos de processo;
- Condição de ordem, arrumação e limpeza;
- Sistemática de permissão para trabalho;
- Nível de conhecimentos básicos de segurança dos executantes e supervisores (eficiência do treinamento);
- Condições de saúde dos executantes de acordo com o que requer a atividade e a NR-7;
- Verificação da aplicação do Plano de Segurança na Parada e das ações corretivas executadas em decorrência das avaliações e auditagens;
- Avaliar as condições de saúde das Contratadas acompanhando as condições sanitárias básicas da infraestrutura de parada;
- Verificar o cumprimento da jornada de trabalho definida.

11.5.1.16 – Meio Ambiente

No planejamento da parada deve ser feita uma analise criteriosa pela Operação, em conjunto com a SMS, da melhor forma de racionalizar a lavagem dos equipamentos, principalmente no que se refere ao tempo de lavagem objetivando minimizar o uso e descarte de água.

O planejamento da parada deverá conter os procedimentos operacionais prevendo ações para minimizar a geração de resíduos líquidos e atmosféricos.

Os procedimentos operacionais devem contemplar operações de esgotamento de produtos para seus tanques de armazenamento, evitando-se reprocessamento posterior.

Durante o planejamento dos serviços de manutenção deverão ser previstas as quantidades de resíduos sólidos a serem gerados, classificando-os por fonte e tipo. O planejamento também deverá contemplar a logística e o local de destino dos resíduos gerados.

Devem ser estabelecidos locais e caçambas para acondicionamento dos diversos tipos de resíduo sólido. A segregação dos resíduos sólidos deve ser feita com assessoria da SMS, que deverá vistoriar periodicamente esses locais.

11.5.1.17 – Transporte e Alimentação na Parada

O Planejamento deve definir os horários de trabalho e quantitativos de mão de obra para planejar os esquemas de alimentação e transporte.

11.5.1.18 – Relatório Final após o Término da Parada

É altamente recomendável a emissão de um Relatório Final de Parada, que deverá ser emitido pelo GPP em um prazo máximo de até dois meses após o término da parada, com as seguintes finalidades:

- ♦ Registrar os acontecimentos e dados da parada;
- ♦ Registrar as novas sistemáticas adotadas, bem como os ganhos obtidos pelas mesmas.
- ♦ Subsidiar a gerência setorial da Produção para os possíveis cuidados operacionais visando eliminar as causas de carac-

terísticas operacionais que provocaram os danos encontrados nos equipamentos durante a parada e, desta maneira, garantir a próxima campanha programada;
- Subsidiar a elaboração do escopo de serviços para a parada seguinte, oriunda dos relatórios das gerências que compõem o GPP;
- Alertar sobre os cuidados operacionais a serem observados, resultantes das análises dos serviços realizados;
- Fazer a avaliação preliminar dos projetos implementados na Parada

11.6 – Grupo Gestor da Parada (GGP)

Em se tratando de uma Parada de grande porte, pode haver necessidade de um Grupo de maior nível para analisar e tomar decisões de maior impacto, do ponto de vista estratégico, denominado como GGP.

Constatada esta necessidade, deve ser implementado durante a fase de planejamento.

O GGP tem por finalidade ratificar as diretrizes gerais para o planejamento da parada reorientando-as quanto a eventuais alterações, deliberar sobre as proposições do GPP com relação aos principais parâmetros da parada (datas, prazos, regime de trabalho, custo etc.), avaliar e definir as linhas de ação para assuntos pendentes, sobretudo nas áreas de materiais e projetos.

Sugere-se que o GGP seja formado pelos integrantes do GPP, acrescido de determinados gerentes de nível acima dos integrantes do GGP.

A coordenação do GGP deve ser exercida pelo Gerente de maior nível responsável pela área de produção.

11.7 – Estabelecimento de Itens de Controle Globais

É importante que sejam definidos itens de controle globais que traduzam, efetivamente, os resultados finais do processo da "Parada".

Seguem algumas recomendações:

FOCO	ITENS DE CONTROLE
QUALIDADE	Número de ocorrências causadoras de interrupção no condicionamento de partida
	Número de pendências não solucionadas até o início do condicionamento de partida
ATENDIMENTO	Desvio do prazo de cessação de produção
CUSTO	Desvio de horas extras programadas para a parada
	Sobras de Materiais adquiridos para a Parada
	Desvio do custo total planejado
SEGURANÇA	Taxa de frequência de acidentes TOTAL Taxa de frequência de acidentes com afastamento
	Taxa de gravidade de acidentes

Anexo

Gestão de ativos no MetrôRio

Joubert Fortes Flores Filho e Ricardo Pereira Malato

O Metrô do Rio de Janeiro foi inaugurado em 1979. Em 1998, este serviço de transporte público passou a ser controlado por meio de concessão. Neste mesmo ano, o MetrôRio assumiu a operação, assim como o controle e a manutenção da infraestrutura e do material rodante por um período de 20 anos. Em 2007, o contrato de concessão foi renovado por mais 20 anos, e em 2009 o MetrôRio passou a fazer parte do Grupo Invepar. Portanto, para que o MetrôRio pudesse implantar efetivamente a gestão de ativos, foi determinante levar em conta todo este contexto: o histórico de 35 anos de operação e o regime de concessão, que mostra que o MetrôRio não tem a propriedade dos ativos, e cujo contrato passou a ter vigência até 2038.

O Governo do Estado do Rio de Janeiro é o proprietário dos ativos que, em muitos casos, estão em serviço desde o início da operação metroviária na cidade. Para manter o nível de qualidade, confiabilidade e segurança do serviço prestado, é imperioso que se faça um investimento adicional destinado a renovar diversos ativos distribuídos pelos principais sistemas de toda a infraestrutura. Porém, o contrato de concessão, revisto em 2007, não considerava nenhuma provisão para os investimentos necessários a quaisquer programas de extensão de vida útil e/ou renovação dos ativos existentes, apesar de ser previsto contratualmente que esses ativos devem ser devolvidos ao final da concessão em condições operacionais de serviço tal como foram entregues no início do contrato de concessão.

Considerando este cenário, para não comprometer o equilíbrio do contrato de concessão face às eventuais renovações, é indispensável que sejam obtidas respostas para algumas perguntas, tais como:

♦ Quais são os ativos mais críticos para o negócio?
♦ Quais destes ativos devem ser substituídos?

É evidente que as respostas a estas perguntas suscitam novas perguntas, tais como: Por que alguns destes ativos devem ser substituídos, e/ou quando deveriam ser substituídos? Para embasar as respostas e o consequente plano de ação, é necessário:

♦ Fazer uma análise crítica dos ativos levando em consideração a sua função, disponibilidade / confiabilidade e em que fase do ciclo de vida se encontram;

♦ Fazer uma análise crítica sobre como foram e estão sendo gerenciados tais ativos, e o que se espera destes.

Os ativos operacionais de uma operadora Metrô Ferroviária podem ser divididos em duas categorias:

♦ Material Rodante (Frota - carros)
♦ Infraestrutura, com destaque para: energia, sinalização, via permanente, estações/ túneis.

O Material Rodante, principal ativo da empresa, que também está em operação no MetrôRio deste 1979, foi tratado em outro estudo realizado anteriormente, ou seja, as ações de renovação já foram determinadas para os trens, portanto, não fazem parte deste estudo de ativos de infraestrutura. Carros em aço inoxidável como os do MetrôRio, desde que a estrutura esteja íntegra, podem operar por mais de 60 anos. O condicionante para que um ciclo tão longo possa ser atingido é a perfeita execução das grandes revisões, além de, na meia vida, efetuar-se uma atualização tecnológica dos subsistemas.

Após pesquisa e adaptação das melhores práticas, além de análises envolvendo equipes de diversas áreas, foi criada uma listagem que selecionou 51 ativos estratégicos de infraestrutura que, em sua maioria, estão em final de vida útil (ou obsoletos), cuja renovação totalizaria R$ 460.280.000,00. Esses 51 ativos estão distribuídos em sistemas de energia, sinalização, via permanente, sistemas operacionais, aparelhos de transporte, TI e manutenção civil.

Entretanto, para que não haja interferências na operação, desembolso concentrado e necessidade de contratação significativa de mão de obra, foi elaborada uma metodologia de priorização pela criticidade de risco, mostrada a seguir:

Probabilidade de Falha	Segurança	Ciclo de Vida
1. F > 1 Falha / 6 meses	1. não afeta	1. após 2038
2. F < 1 Falha / 6 meses	2. incidente	2. após 2030
3. F < 1 Falha / mês	3. acidente	3. após 2020
4. F < 1 Falha / semana	4. acidente com vítima	4. antes de 2016
Operação	**Imagem**	**Valor de Investimento**
1. não afeta	1. não afeta	1. menos que R$ 1 milhão
2. 50% aumenta intervalo	2. baixo impacto	2. entre R$ 1 e 4 milhões
3. 100% aumenta intervalo	3. danos na imagem	3. entre R$ 4 e 7 milhões
4. Paralisação	4. exposição nacional	4. mais que R$ 7 milhões
Custos de Manutenção	**Regulamentação**	**Meio ambiente**
1. < R$ 4.000,00	1. não afeta	1. não afeta
2. > R$ 4.000,00	2. baixo risco de multas	2. impacto localizado
3. > R$ 20.000,00	3. provável penalidade	3. impacto moderado
4. > R$ 100.000,00	4. potencial restrição de operação	4. impacto severo

Tabela 1: *Variáveis e Critérios para priorização pela criticidade de risco.*

As pontuações deste método de criticidade foram calculadas com base na fórmula abaixo, possibilitando a criação de um ranking de criticidade:

> Probabilidade de falha x (Impacto das Operações + Impacto na Segurança + Impacto na Imagem + Impacto na Conformidade + Impacto do Valor do Investimento + Impacto no Meio Ambiente) + Impacto do Fim do Ciclo de Vida do Ativo.

O mapeamento inicial dos ativos de infraestrutura priorizado pela criticidade também refletiu o objetivo mais recentemente adotado pelo MetrôRio de *"estabelecer um plano de Gestão de Ativos através do qual a vida física de um ativo seja analisada contra sua vida econômica a fim de garantir a segurança e confiabilidade operacional, com fins de aumentar a disponibilidade de sistemas, otimizando os custos de manutenção de equipamentos, contribuindo para o desafio de ser a referência entre os metrôs das Américas visando a excelência operacional"*. Esta metodologia de priorização pela criticidade também reflete os princípios de normas internacionais de Gestão de Ativos, incluindo PAS 55 (2008) e a recente NBR ISO 55000-02.

Para que fosse possível determinar o melhor momento de substituição de cada ativo, além da priorização pela criticidade, tornou-se necessário avaliar os ativos substitutos candidatos com características funcionais e econômicas distintas. Além disso, foi preciso entender profundamente todos os dados históricos e as estimativas futuras para ambos os grupos de ativos, considerando todos os potenciais benefícios a serem obtidos em cada renovação, tais como: redução nos custos de manutenção, melhoria do serviço para o cliente (redução do tempo de viagem e de interrupções de serviço), melhoria das instalações, aumento do número de partidas e de passageiros, além de redução das necessidades de energia e/ou custos relacionados. Por outro lado, também foram avaliados os prejuízos e consequências da opção de "não fazer nada", e opções de extensão de vida, considerando os riscos da obsolescência tecnológica para a segurança do sistema. Após este processo de refinamento e simulações, a seguinte pergunta deveria ser respondida pela equipe do

MetrôRio: Qual é o tempo ideal para substituir os ativos selecionados a fim de minimizar o custo total e maximizar o retorno sobre o investimento?

Foram feitas simulações utilizando a ferramenta LCC – *Life Cycle Costing* apoiada por software específico, o que permitiu a avaliação temporal das ações e seu impacto econômico.

Considerando todos os aspectos envolvidos, foi possível elaborar o Gráfico 1 para 25 anos à frente, até o término da concessão, em um cenário realista.

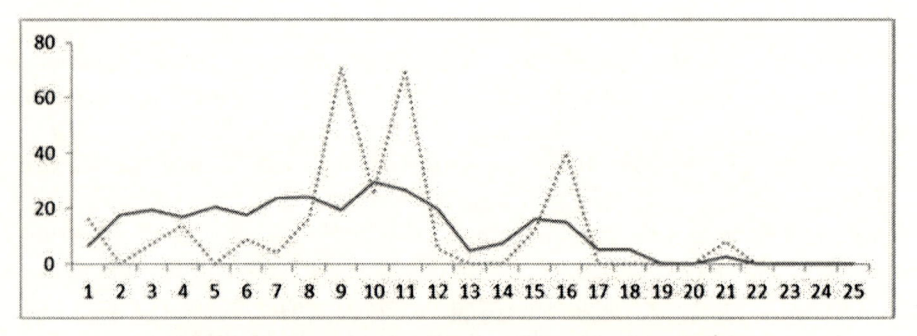

Gráfico 1: *Curvas dos investimentos em renovação nos próximos 25 anos de concessão.*

O Gráfico 1 mostra o ótimo nível de investimento necessário destinado aos programas de renovação de ativos sem que as operações da empresa sejam comprometidas, reduzindo ao máximo o nível de risco devido à obsolescência dos ativos críticos, o que proporciona uma boa previsibilidade e planejamento. Porém, há de se considerar mais uma vez que o MetrôRio é responsável apenas pela manutenção e operação desses ativos, não sendo o proprietário dos mesmos. Isso significa que tal empresa não tem autonomia para simplesmente substituir os ativos sem antes negociar com o poder concedente, responsável pela decisão final de substituí-los. Dessa forma, outros aspectos, como o cenário político, podem influenciar nas decisões.

É necessário que o MetrôRio esteja preparado para a possibilidade de que os investimentos voltados à renovação dos ativos mais prioritários não seja autorizada de imediato. Caso isto ocorra, os gestores do MetrôRio precisam ter uma visão mais focada no impacto operacional gerado por cada ativo, caso estes não sejam substituídos, ou seja, é preciso que seja realizada uma análise comparativa considerando tal impacto.

Para se chegar a essa análise fora realizada uma analogia baseada na análise dos riscos de probabilidade x impacto, pois a probabilidade de um evento seria proporcional ao grau de urgência referente à troca de cada ativo estudado. O impacto seria o quanto, relativamente, cada ativo gera de prejuízos à operação caso não seja substituído no tempo certo. Assim, chegou-se ao Gráfico 2, no qual os projetos enumerados de 1 a 51 estão distribuídos conforme a sua prioridade de substituição e o respectivo impacto operacional. Tal Gráfico proporciona uma visão mais profunda sobre o negócio e sobre como cada ativo que necessita de renovação está inserido nesse contexto.

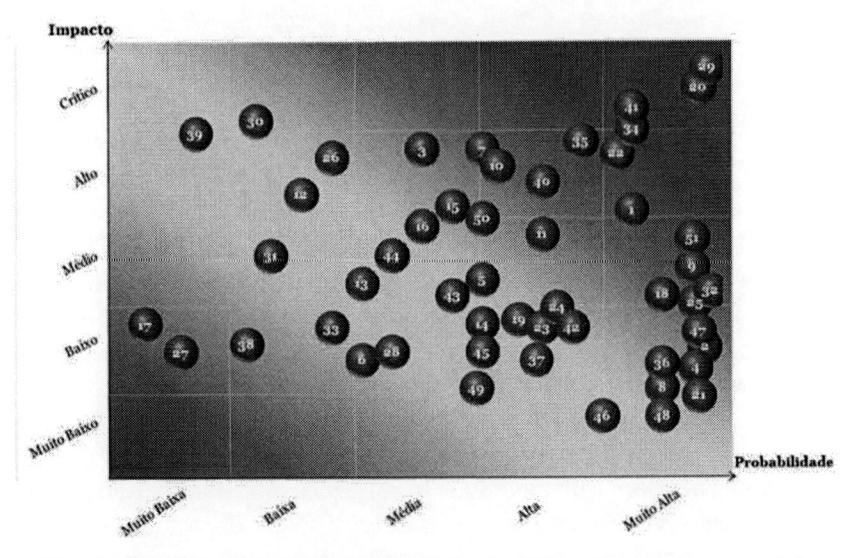

Gráfico 2: *Impacto x Probabilidade de cada ativo para o negócio.*

Todavia, além da urgência de substituição dos ativos e do impacto que estes trariam à operação caso não fossem substituídos, a concessionária também precisava visualizar a proporção do valor dos investimentos que seriam necessários para renovar cada um desses ativos criteriosamente distribuídos. Para gerar esse entendimento foi então inserida a proporcionalidade das esferas de cada projeto em função do valor do investimento no gráfico anterior. A maior esfera representa o ativo de maior valor, ou seja, R$ 70.000.000; a menor esfera, o de menor valor, ou seja, R$ 200.000. Essa modificação do gráfico anterior pode ser percebida através do Gráfico 3.

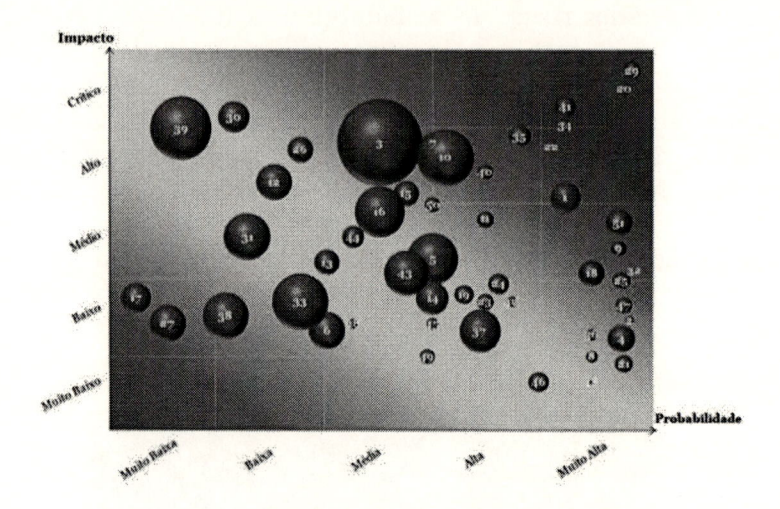

Gráfico 3: *Impacto x Probabilidade
e o Investimento de cada ativo para o negócio.*

Com este novo gráfico, pode-se ter uma visão mais detalhada do risco para o negócio com relação aos ativos em operação, considerando-se, sobretudo, o investimento necessário para os projetos de renovação de cada ativo. Observa-se, por exemplo, que os ativos mais críticos, localizados na zona de maior impacto e probabilidade, não são aqueles cujos projetos de renovação têm valores mais altos. Observa-se também que os ativos que requerem investimentos mais altos para renovação têm alto impacto, apesar de a sua renovação integral não ser algo urgente. De qualquer forma, representam projetos de renovação com alta complexidade e restrições, e necessitam de muito tempo para serem concluídos, portanto, poderiam ser antecipadas algumas renovações parciais desses ativos.

Desta maneira, mesmo não sendo o proprietário dos referidos ativos, o MetrôRio concluiu todas as análises e definiu o programa de renovação para a totalidade dos ativos, além de um plano alternativo para renovação dos ativos mais críticos a fim de dar suporte à melhor decisão sobre a renovação. É dessa forma que se espera obter resultados empresariais sustentáveis, além de se extrair a melhor relação custo x benefício e a melhor confiabilidade dos ativos em operação.

É de fundamental importância que a cultura de Gestão de Ativos seja incorporada às práticas da companhia. Dessa forma, os novos ativos terão seu ciclo de vida acompanhado de forma integral, o que lhes possibilitará frequentes atualizações tecnológicas.

Bibliografia

CAPITULO 1

1.1 – Notas de aula Daniel Alves – http://pt.slideshare.net/DanielAlves4/aula-02-artesanato-manufatura-e-industria]

1.2 – http://pt.wikipedia.org/wiki/Industria

1.3 – http://pt.wikipedia.org/wiki/IPad

1.4 – http://www.mundoeducacao.com/informatica/evolucao-dos-computadores.htm

1.5 – História da Administração – Prof. Denilson Nogueira – Disciplina: GST448 –

Coletânea de Trabalhos apresentados para GQ1

1.6 – http://www.adenacon.com.br/100-maiores-invencoes-do-mundo/

1.7 – Idalberto Chiavenato – livros: Introdução à Teoria Geral da Administração; Recursos Humanos – O Capital Humano das Organizações, Editora Campus e Administração de Recursos Humanos – Editora Manole.

1.8 – http://pt.wikipedia.org/wiki/Frederick_Taylor

1.9 – http://pt.wikipedia.org/wiki/Henry_Ford

1.10 – http://pt.wikipedia.org/wiki/Peter_Drucker

1.11 – ISO 55000 Asset Management Standards: Timeline – by Jim Dieter – Reliability web 2014

CAPITULO 2

2.1 – NBR-ISO-55.000, 2014. Gestao de Ativos – Visão geral, princípios e terminologia.

2.2 – *Asset Management Coucil*, AMC, 2013. Asset Management Fundamentals, Participant's workbook. Melbourne, AMC.

2.3 – Lafraia, J. et ali, 2002. Gestão Estratégica e Confiabilidade. Rio de Janeiro, Qualitymark.

2.4 – Lafraia, J. et ali, 2006. Criando o Habito da Excelência. Rio de Janeiro, Qualitymark.

2.5 – Lafraia, J., 2011. Liderança para SMS. Rio de Janeiro, Qualitymark.

2.6 – Lafraia, J., et ali. 2010. Liderança baseada em Valores. Rio de Janeiro, Campus.

2.7 – Lafraia, J. e Hardwick, J., 2013. Living Asset Management. Sidney, Australia. Engineers Australia.

2.8 – Hastings, N. A. J., Physical Asset Management. Brisbane, Australia. Springer.

2.9 – Lloyd, C., Asset Management. Whole-life management of physical assets. Brisbane, Australia. Springer.

2.10 – Asset Management – an anatomy. Version 1.1 February 2012. The Institute of Asset Management, UK.

2.11 – Woodhouse, J. Asset Management decision–making: The SALVO Process – Strategic Assets Life-cycle optimization. Hampshire, UK. The Woodhouse Partnership.

2.12 – Teboul, J. Service is front stage. Positioning services for value advantage. Great Britain, INSEAD Business Press.

2.13 – George, M, et alli. The Lean Six Sigma Pocket Toolbook. New York, USA. McGraw-Hill.

2.14 – Pande, P. S. The Six Sigma leader. New York, USA. McGraw-Hill.

2.15 – Lafraia, J., 2001. Manual de Confiabilidade, Mantenabilidade e Disponibilidade. Rio de Janeiro, Qualitymark.

2.16 – *Asset Management Coucil*, AMC, 2014. Framework for Asset Management. Melbourne, AMC.

2.16 – Hardwick, J. *Asset Management Journey Presentation*. AMC, 2011. Melbourne, AMC.

CAPITULO 3

3.1 – NBR-ISO-55.000, 2014. Gestao de Ativos – Visão geral, princípios e terminologia.

3.2 – *Asset Management Coucil*, AMC, 2013. Asset Management Fundamentals, Participant's workbook. Melbourne, AMC.

3.3 – Global Forum on Maintenance and Asset Management. The Asset Management Landscape Second Edition. www.gfmam.org.

3.7 – Lafraia, J. e Hardwick, J., 2013. Living Asset Management. Sidney, Australia. Engineers Australia.

3.8 – Hastings, N. A. J., Physical Asset Management. Brisbane, Australia. Springer.

3.9 – Lloyd, C., Asset Management. Whole-life management of physical assets. Brisbane, Australia. Springer.

3.10 – *Asset Management Coucil*, AMC, 2014. Companion Guide to ISO 55001. Melbourne, AMC.

CAPITULO 4

4.1 – MORAES, Fernando Romero Galvão de. Contribuição ao estudo da concepção de projetos de capital em megaempreendimentos. 2010. 196 f. Dissertação (Mestrado em Engenharia Civil) – Universidade Federal de Minas Gerais, Departamento de Engenharia de Materiais e Construção. Belo Horizonte, 2010.

4.2 – BROOKS, K.; KLERIAN, R. Benchmarking the cost effectiveness of offshore pipeline projects. Houston, 2003. Disponível em: < http://www.ipaglobal.com/Portuguese/Index.asp> Acesso em 25 abr. 2008.

4.3 – PRADO, Darci. (A) Gerenciamento de Programas e Projetos nas Organizações. 3. ed. Nova Lima: INDG Tec, 2004.

4.4 – MERROW, Edward. The Business Stake in Effective Project Systems. Washington, 1997. Disponível em: <http://www.ipainstitute.com/home/publications/index.aspx> Acesso em 25 abr. 2008.

4.5 – VERRI, Luiz Alberto. Sucesso em projetos de capital com técnicas do PMI. Rio de Janeiro: Qualitymark, 2010.

4.6 – KOOLEN, J. L. A, Design of Simple and Robust Process Plants. WILEY-VCH, 2001.

4.7 – CHOMA, André Augusto. FEL e a Práticas de Gates para Projetos de Capital – Projetos de Infraestrutura e Contrução. Special Day Mundo PM; *Independent Project Analysis*-IPA, 08/04/2010.

4.8 – BRETT, W. Bailey. Consider a Cold Eye Review: Input from independent experts can bolster prospects for project success. Chemical Processing. Aug 21, 2012. http://www.chemicalprocessing.com/articles/2012/consider-a-cold-eye-review/. Acessado em 18/06/2014.

4.9 – DRESP, Henning. Onshore Pipelines the Road to Success. International Pipeline & Offshore Contractors Association: Sep 24, 2013. http://wiki.iploca.com/pages/viewpage.action?pageId=1803634. Acessado em 19 de junho de 2014.

4.10 – EBERT, JAMES M. The Right Tools for the Job: Front End Loading, 12/03/2013 – Chem Info.

CAPITULO 5

5.1 – PORTER, M. Vantagem Competitiva. Rio de Janeiro: Editora Campus, 2002.

5.2 – CORRÊA, Henrique Luiz. Gestão de Redes de suprimento: integrando cadeias de suprimento no mundo globalizado. São Paulo: Atlas, 2010.

5.3 – CHRISTOPHER, Martin. Logística e gerenciamento na cadeia de suprimentos. São Paulo: Cengage Learning, 2013.

5.4 – BALLOU, Ronald H. Gerenciamento da cadeia de suprimentos/logística empresarial. 5 ed. Porto Alegre: Bookman, 2006.

5.5 – NUNES, Fernando Ribeiro de Melo. A influência dos fluxos logísticos sobre o tamanho e a idade das empresas fabricantes de jeans femininos para adolescentes e jovens. 2001. Tese (Doutorado em Engenharia de Produção). Departamento de Engenharia de Produção e Sistemas, Universidade Federal de Santa Catarina, Florianópolis, 2001.

5.6 – Esmeraldo, J. Silva. Logística de empresarial. Notas de aula, mimeo. Universidade Federal de Ouro Preto, Escola de Minas – Departamento de Engenharia de Produção. Ouro Preto, 2010.

5.7 – Esmeraldo, J. Silva. Um modelo de programa de desenvolvimento de fornecedores em redes de empresas. 2004. 353 f. Tese (Doutorado em Engenharia de Produção). Departamento de Engenharia de Produção e Sistemas. Universidade Federal de Santa Catarina. Florianópolis, 2004.

5.8 – CHRISTOPHER, Martin. Logística e Gerenciamento de Cadeia de Suprimentos. São Paulo: Editora Pioneira, 1997.

5.9 – LEE, H. L. Cadeias de suprimentos do século XXI: Cadeia de suprimentos tripla A. *Havard Business Review*, p.74-84, outubro, 2004.

5.10 – LUMMUS, R. R.; VOTURKA, R. J. Defining supply chain management: a historical perspective and practical guidelines. *Industrial Mangement & Data systems*, n. 99/1, 1999.

5.11 – LAMBERT, D. M. Supply chain management. Disponível em: www.logisticssupplychain.org.articles. Acesso em: 25 jan. 2003.

5.12 – PIRES, Silvio R. I. Gestão da cadeia de suprimentos: conceitos, estratégias, práticas e casos (*Supply chain management*). São Paulo, Atlas, 2004.

5.13 – LAMMING, R. Japanese supply chain relationships in recession. *Long Range planning*, n. 33, 2000.

5.14 – COOPER, M.C.; LAMBERT, D. M.; PAGH, J. D. Supply chain management: more than a new name for logistics. *The Internacional Journal of Logistics Management*, v. 8, n. 1, p. 1-14, 1997.

5.15 – SLACK, N.l;CHAMBERS, S.;JOHNSTTON, R. Administração da Produção. 2a Edição, 2002. São Paulo: Atlas, 1997.

5.16 – LALONDE, B. Cadeia de Suprimento: Uma Gestão Estratégica. *Revista HSM Management*. São Paulo, n.21, p.55-61, jul-ago, 2000.

5.17 – BOWERSOX, D. J.,CLOSS, D.J. Logística Empresarial – O Processo de Integração da Cadeia de Suprimento. São Paulo: Atlas, 2001.

5.18 – IIDA, Itiro. Pequena e média empresa no Japão. São Paulo: Editora Brasiliense, 1986.

5.19 – MONCZKA, Robert M.; TRENT, Robert J.; CALLAHAN, Thomas J. Supply base strategies to maximize supplier performance. International Journal of Physical Distribution and Logistics Management, v. 23, n. 4, p. 42-54, 1993.

5.20 – MORGAN, James. Building a world class supply base from scratch purchasing. Purchasing, p. 56-57, 59, 61, 19 August, 1993.

5.21 – BAILY, Peter John Hartwell; FARMER, David; JESSOP, David; JONES, David. Compras: princípio e administração. São Paulo, SP: Editora Atlas S.A., 2000.

5.22 – WOMACK, James P.; JONES, Daniel T.; ROOS, Daniel. A máquina que mudou o mundo. Rio de Janeiro: Editora Campus, 1992.

5.23 – FIGUEIREDO, Kleber Fossati; FLEURY, Paulo Fernando; WANKE, Peter (Org.) Logística e gerenciamento da cadeia de suprimentos: planejamento do fluxo de produtos e dos recursos. São Paulo: Atlas, 2003.

5.24 – NETO, João Amato. Manufatura de classe mundial: conceitos, estratégias e aplicações. São Paulo: Atlas, 2001.

5.25 – SALERNO, Sergio Mário; ZILBOVICIUS, Mauro; ARBIX, Glauco; DIAS, Ana Valéria Carneiro. Mudanças e persistências no padrão de relações entre montadoras e autopeças no Brasil. Revista de administração. n. 3, p. 16-28, julho/setembro, 1998.

5.26 – DIAS, Marco Aurélio P. Administração de materiais: uma abordagem logística. 3. Ed.: Atlas, 1990.

5.27 – FISHER, M. L. What is the right supply chain for your product? *Harvard Business Review*, p. 105-116, Mar./Apr. 1997.

5.28 – MERLI, Giorgio. *Comarkership*: a nova estratégia para os suprimentos. Rio de Janeiro, RJ: Qualitymak Editora Ltda, 1994.

5.29 – GURGEL, Floriano do Amaral. Logística Industrial. São Paulo, SP: Editora Atlas S.A., 2000.

5.30 – AMMER, Dean S. Administração de Material. Rio de Janeiro, RJ: LTC – Livros Técnicos e Científicos. Editora S.A., 1983.

5.31 – ISM – disponível em: http://www.ism.ws/Glossary/GlossaryTermDetail.cfm?TermID=865, acessado em 10 de outubro de 2004.

5.32 – SILVA, J. E. As relações entre os fornecedores e as montadoras automobilísticas na década de 90. 1997. 117f. Dissertação (Mestrado em Administração). Pontifícia Universidade Católica de São Paulo, São Paulo, 1997.

5.33 – COSTA, Mauricio Hostalácio (coord); MACIEL, Elaine Pampolini; ABREU, Ana Maria Leal. A vantagem de ser parceiro. Revista Exame. São Paulo, 29 de abril de 1992.

5.34 – HAHN, Chan K.; WATTS, Charles A.; KIM, Keeyoung. The Supplier Development Program: A Conceptual Model. International Journal of Purchasing and Materials Management, v. 26, n. 2, p. 2-7, Spring 1990.

5.35 – GALT, Major J. D. A.; DALE, Barrie G. Supplier development: A British case study. International Journal of Purcharging and Materials Management, v. 27, n. 1, p. 16-22, Winter 1991.

5.36 – BERTAGLIA, Paulo Roberto. Logística e gerenciamento da cadeia de abastecimento. 2 ed. São Paulo: Saraiva, 2009.

5.37 – HEINRITZ, Stuart F.; FARRELL, Paul V. Compras: princípios e aplicações. São Paulo: Editora Atlas, 1986.

CAPITULO 6

6.1 – Ron Moore – Make Common Sense, Common Practice, Elsevier, 2004

6.2 – Cut the Cost and Raise the Reliability of Your Instrumentation – David W. King,

The Sinclair Group – CEP January 2001

6.3 http://www.ebah.com.br/content/ABAAAASdkAA/conceitos-basicos-controle – instrumentação-industrial

6.4 – http://www.controleinstrumentacao.com.br/arquivo/ed_193/cv 1.html

6.5 – http://www.calibracao.com.br/calibracao.htm – Centro Tecnológico de Metrologia

6.6 – Are You Using the Correct Grade of Raw Materials to Minimize Risk, Increase Product Integrity? 2013 Sigma-Aldrich Co. LLO. All rights reserved

6.7 – The Return of the Investments in Maintenance for the benefit of the company – Jan Frånlund Managing Director, SAMI Europe AB, Strategic Asset Management in Europe AB, Chairman of the Swedish Maintenance Society, UTEK e Chairman of the EFNMS European Certification Committee of Maintenance Professionals – 2002-2007

6.8 – Takt-Time: Conceitos e Contextualização dentro do Sistema Toyota de produção – Roberto dos Reis Alvarez e José Antonio Valle Antunes Jr. – 2001

CAPITULO 7

1 – Business dictionary.com

7.2 – Collaborative Asset Maintenance Strategies – Redefining the Roles of Product Manufacturers and Operators in the Service Chain – Aberdeen Group – Dec. 2006

7.3 – Kardec & Nascif – Manutenção Função Estratégica – 4ª. Edição – Editora Qualitymark – Rio de Janeiro

7.4 – Bradley Peterson – Strategic Asset Management Inc – SAMI Asset Management Pyramid Model – 2002-2010.

7.5 – Abraman – Associação Brasileira de Manutenção e Gestão de Ativos – Documentos Nacionais – A situação da Manutenção no Brasil, 1991-20137.

7.6 – Valores apresentados representam a média de diversas fontes dentre as quais: Terry Wireman, ERE Release 03 O&M Best Practices, SMRP, DiStefano&Schultz, Emerson, Universidade do Tennessee.

7.7 – Centrifugal Pumps for Petroleum,Heavy Duty Chemical, and Gas Industry Services – API Standard 610 / Tenth Edition, October 2004 – ISO 13709: 2003, (Identical) Centrifugal pumps for petroleum, petrochemical and natural gas industries

7.8 – On the Relation Between Operating Conditions and Changes in Vibration Signature: A Case Study in Paper Mill – Basim Al--Najjar – Inst. for Industrial Engineering, Lund University,Box 118, S-221 00 Lund, Sweden – Inst. for Mathematics, Statistic and Computer Science, Vaxjo University,351 95 Vaxj6, Sweden – 1998

7.9 – http://pt.wikipedia.org

7.10 – Manutenção Orientada para Resultados – Júlio Nascif & Luiz Carlos Dorigo – Editora Qualitymark – Rio de Janeiro.

7.11 – Failure Analysis Methods – What, Why and How – MEEG 466 – Special Topics in Design -Jim Glancey – Spring, 2006

7.12 – Asset Management? Or, Maintenance Management, Re-branded? By Ron Moore, The Ron Moore Group – As appeared in the August Edition of IMPACT – 2013

7.13 – Asset Lifecycle Management: Driving Profit in a Budget Constraint Environment – Mehul Shah – Research Analyst – Aberdeen Groupe – May 2010

7.14 – http://www.covaris.com.au/Services/AssetManagement/AssetManagementPlans/tabid 143/Default.aspx

CAPITULO 8

8.1 – PAS 55:2008. Gestão de Ativos – Parte 1: Especificação para Gestão Otimizada dos Ativos Físicos (PAS 55-1)

8.2 – PAS 55:2008. Gestão de Ativos – Parte 2: Diretrizes para a Aplicação do PAS 55-1 (PAS 55-2)

8.3 – NBR ISO 55.000, 2014. Gestão de Ativos – Visão geral, princípios e terminologia.

8.4 – NBR ISO 55.001, 2014. Gestão de Ativos – Sistemas de gestão – Requisitos.

8.5 – NBR ISO 55.001, 2014. Gestão de Ativos – Sistemas de gestão – Diretrizes para a aplicação da ABNT NBR ISO 55001.

8.6 – Global Forum on Maintenance and Asset Management. The Asset Management Landscape Second Edition. www.gfmam.org.

8.7 – Lloyd, C., Asset Management. Whole-life management of physical assets. Brisbane, Australia. Springer.

8.8 – Asset Management – an anatomy. Version 1.1 February 2012. The Institute of Asset Management, UK.

CAPITULO 9

9.1 – Alan Kardec & Júlio Nascif – Terceirização na Manutenção – Como otimizar os resultados – Editora Qualitymark 2013.

9.2 – Jeronimo Leiria, Terceirização, Editora Fast Book.

9.3 – Alan Kardec e Claudio Carvalho – Gestão Estratégica e Terceirização – Editora Qualitymark.

CAPITULO 10

10.1 – Life Cycle Cost (LCC) analysis in oil and chemical process industries – Yoshio KAWAUCHI – Toyo Engineering Corp & Marvin RAUSAND – Norwegian University of Science and Technology – June 1999,

10.2 – Asset Management? Or, Maintenance Management, Re-branded? :: Asset Management Resource Library :: Life Cycle Engineering – Ron Moore – The Ron Moore Group

10.3 – Asset Management vs. Equipment Maintenance Plan – R. Keith Mobley, CMRP, MBB Principal, Life Cycle Engineering, Inc. – SMRP

10.4 – Life Cycle Costing – Better Practice Guide, Dec. 2001 – Australian National Audit Office

10.5 – Life-cycle Costing in the Department of Defence – Australian National Audit Office – Canberra ACT – 12 May 1998

10.6 – Life Cycle Costing: an effective asset management tool – Applying LCC contributes to more cost-effective management control of the production facilities of small and medium enterprises (SMEs)" – Master of Science in Asset Management Control International Masters School – Student: Bas Kemps – Supervisor: Ir. Peter van Gestel – Date: 12-6-2012

10.7 – Contributo da análise dos custos do ciclo de vida para projectar a sustentabilidade na construção – Sofia Alexandra de Carvalho Ferreira Real – Dissertação para obtenção do Grau de Mestre em Engenharia Civil – Universidade Técnica de Lisboa – Outubro 2010

10.8 – Overview: What is Life Cycle Costing? 2011 WERF, Water Research Foundation, GWRC, GHD Consulting Inc.

10.9 – III Physical Asset Optimization Foundation Principles – Physical Asset Management Handbook – John S. Mitchel – Reliabilityweb.com; 4th Edition (July 16, 2012).

10.10 – Guidelines for life cycle cost analysis – Stanford University Land and Buildings – October 2005

10.11 – Equipment Service Life Revisited – CAIS User Group Meeting – Las Vegas, Nevada – April 12, 2006 – Lawrence Livermore National Laboratory – Whitestone Research (ASHRAE survey-based service lives)

10.12 – Estudo de análise de investimento de ativos utilizando a ferramenta LCCA – Análise de Custo do Ciclo de Vida em compressores de baixa pressão – Bruno José de Souza – UFSC – Joinville – 2013

10.13 – Pump life cycle costs: A guide to LCC Analysis for pumping systems – Executive Summary – Hydraulic Institute, Europump, and the US Department of Energy's Office of Industrial Technologies (OIT) – January 2001.

10.14 – A Life Cycle Cost Summary – H. Paul Barringer, P.E. – Barringer & Associates, Inc. – Humble, Texas – USA – International Conference of Maintenance Societies (ICOMS®-2003)

CAPITULO 11

11.1 – Informações sobre Paradas de Manutenção Petrobras – Refinaria Gabriel Passos – REGAP

11.2 – Manutenção Orientada para Resultados – Julio Nascif e Luiz Carlos Dorigo – Editora Qualitymark, Rio de Janeiro.

11.3 – Procedimentos de Parada de Manutenção da Petrobras REGAP.

11.4 – Dissertação Daniel Faria da Veiga – Gestão da Segurança do Trabalho em Paradas de Manutenção em Refinarias de Petróleo – UFF – 2004

11.5 – Luiz Alberto Verri – Sucesso em Paradas de Manutenção – Editora Qualitymark

Índice Remissivo